清代和林格尔厅通判研究

盖增莲 著

图书在版编目(CIP)数据

清代和林格尔厅通判研究 / 盖增莲著. -- 北京：华夏出版社有限公司, 2025. -- ISBN 978-7-5222-0970-8

Ⅰ. D691.42

中国国家版本馆 CIP 数据核字第 20253J9G22 号

清代和林格尔厅通判研究

著　　者　盖增莲
责任编辑　董秀娟
装帧设计　蔡易达
责任印制　周　然

出版发行　华夏出版社有限公司
经　　销　新华书店
印　　装　三河市万龙印装有限公司
版　　次　2025年6月北京第1版
　　　　　2025年6月北京第1次印刷
开　　本　880×1230　1/32
印　　张　9.75
插　　页　8
字　　数　215千字
定　　价　79.00元

华夏出版社有限公司　地址：北京市东直门外香河园北里4号　邮编：100028
网址：www.hxph.com.cn　电话：(010) 64663331 (转)

若发现本版图书有印装质量问题，请与我社营销中心联系调换。

图1 《晋省地舆全图》(1794年，局部)，图中昆都仑位置有误

图2 杀虎堡遗址（位于山西省右玉县右卫镇杀虎口村）

图3　和林格尔县黑老夭乡古城墙（米峻拍摄）

图4　石匣子沟杨树湾段

图 5　和林格尔县武松村乾隆十八年修桥补路碑及位置（霍志国供图）

图6　和林格尔县上土城子村附近的清代驿路铺墩（米峻供图）

图7　和林格尔县榆树梁附近的清代驿路铺墩（霍志国供图）

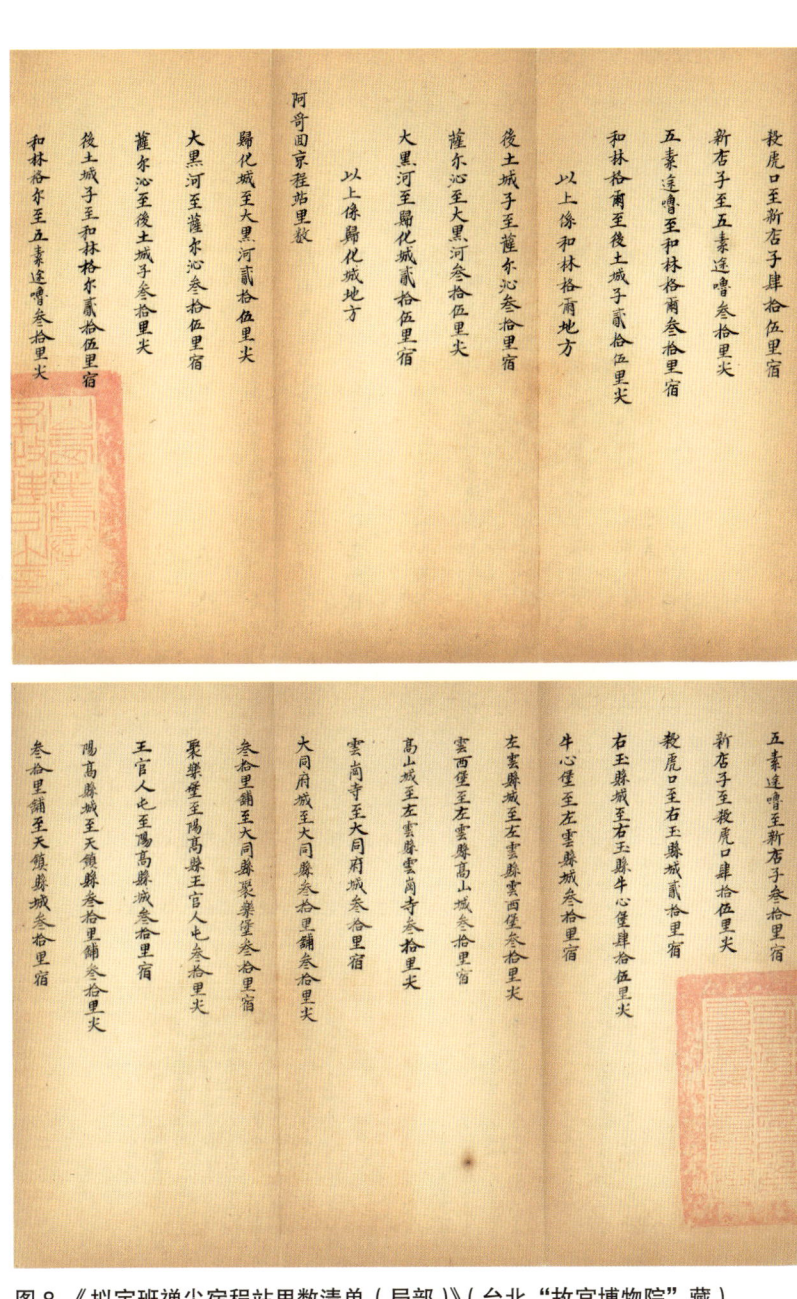

图8 《拟定班禅尖宿程站里数清单（局部）》（台北"故宫博物院"藏）

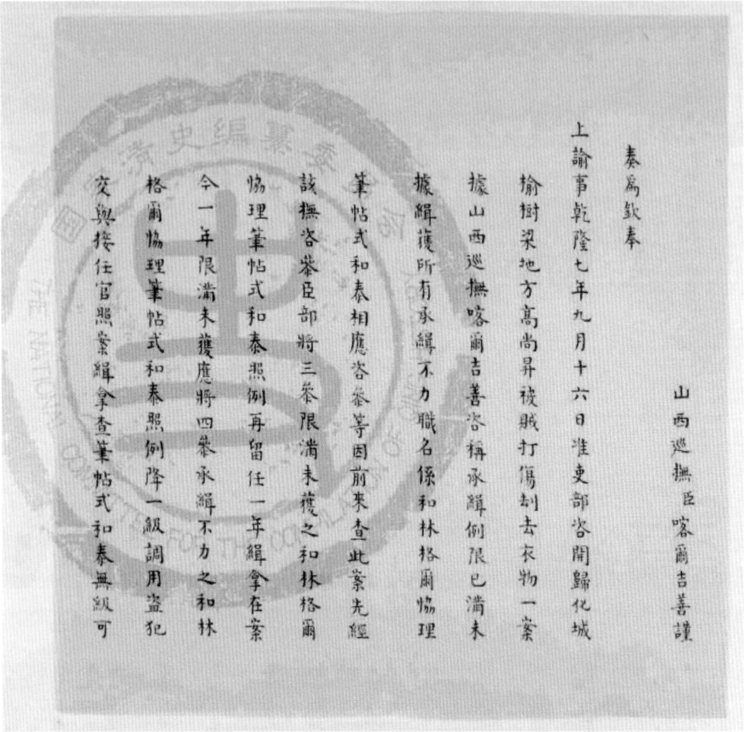

奏為欽奉

上諭事乾隆七年九月十六日准吏部咨開歸化城
榆樹梁地方高尚昇被賊打傷刮去衣物一案
據山西巡撫喀爾吉善咨稱承緝例限已滿未
據緝獲所有承緝不力職名係和林格爾協理
筆帖式和泰相應咨參等因前來查此案先經
該撫咨參臣部將三參限滿未獲之和林格爾
協理筆帖式和泰照例毋留任一年緝拿在案
今一年限滿未獲應將四參限滿未獲不力之和林
格爾協理筆帖式和泰照例降一級調用盗犯
交與接任官照案緝拿查筆帖式和泰無級可

山西巡撫臣喀爾吉善謹

图9　清代档案中的"和林格尔协理笔帖式和泰"（水印为整理者加）

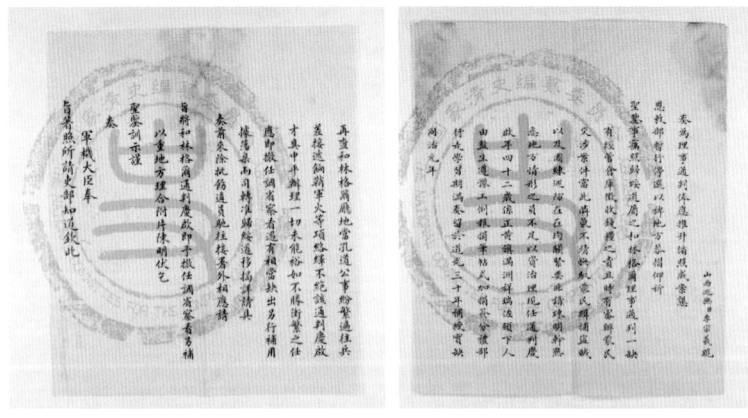

图10　清代档案中的"和林格尔通判庆启"（水印为整理者加）

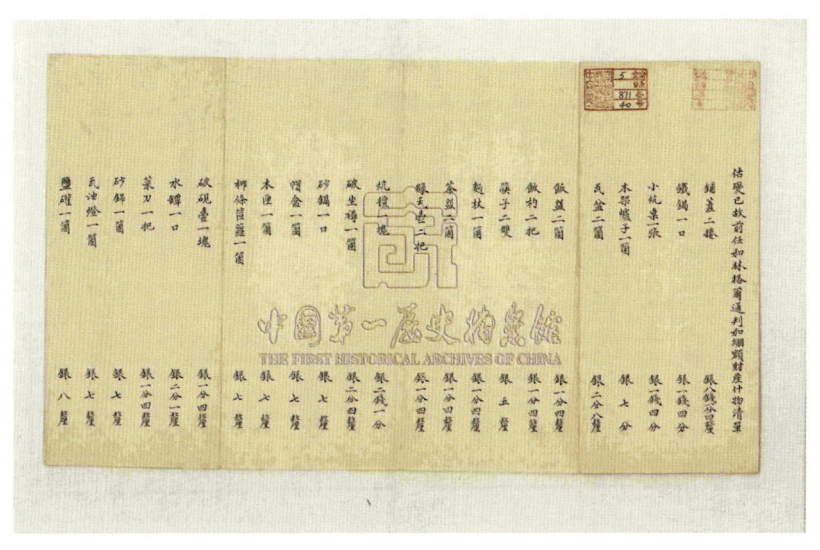

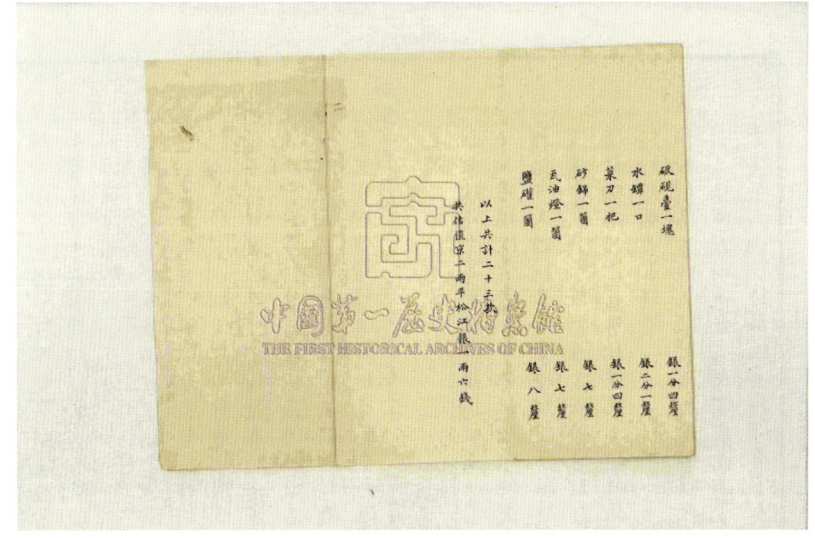

图 11 《估变已故前任和林格尔通判和绷额财产什物清单》（中国第一历史档案馆藏）

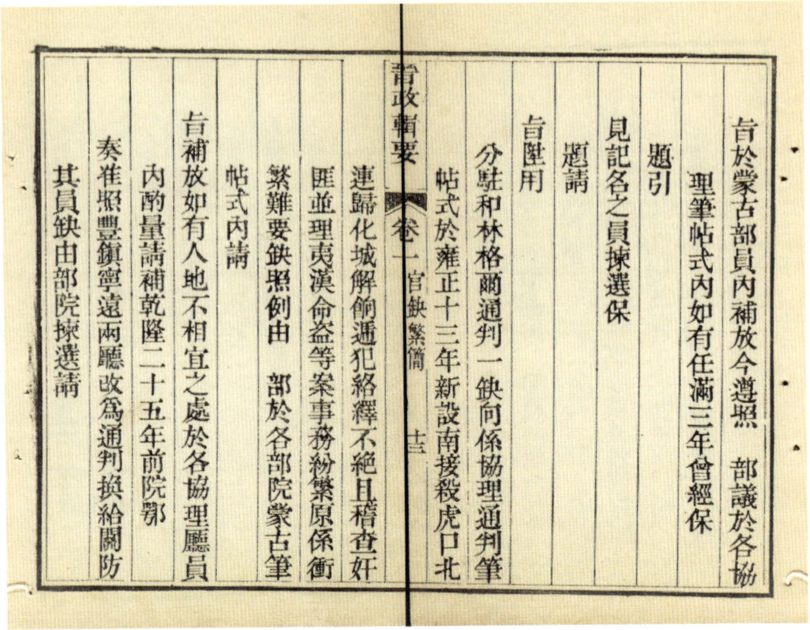
旨於蒙古部員內補放今遵照　部議於各協
理筆帖式內如有任滿三年曾經保
題引
見記名之員揀選保
題請
旨陞用
分駐和林格爾通判一缺向係協理通判筆
帖式於雍正十三年新設南接殺虎口北
晉政輯要　卷一　官缺繁簡　十三
連歸化城解餉遞犯絡繹不絕且稽查奸
匪並理夷漢命盜等案事務紛繁原係衝
繁難要缺照例由　部於各部院蒙古筆
帖式內請
旨補放如有人地不相宜之處於各協理廳員
內酌量請補乾隆二十五年前院鄂
奏准照豐鎮寧遠兩廳改爲通判換給關防
其員缺由部院揀選請

图 12　乾隆《晋政辑要》卷一《官缺繁简》（美国哈佛大学汉和图书馆藏）

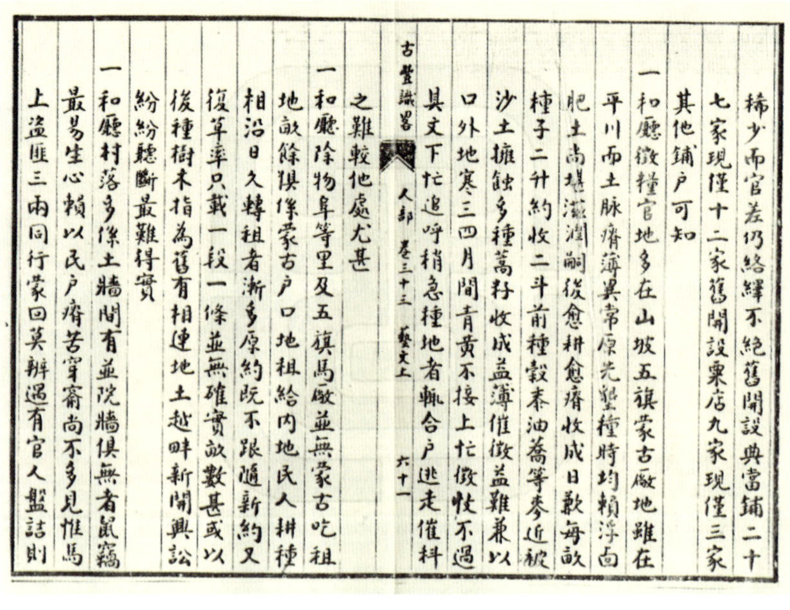
稀少而官差仍絡繹不絕舊開設典當鋪二十
七家現僅十二家舊開設棗店九家現僅三家
其他鋪戶可知
一和廳徵糧官地多在山坡五旗蒙古廠地雖在
平川而土脉瘠薄異常原先墾種時均賴浮面
肥土尚堪滋潤嗣後愈耕愈瘠收成日歉每畝
種子二升約收二斗前種穀黍油蕎等麥近被
沙土擁蝕多種蕎籽收成益薄催徵益難兼以
口外地寒三四月間青黄不接上忙徵收不過
具文下忙追呼稍急種地者輒合戶逃走催科
古豐識略　人部　卷三十三　藝文上　六十一
之難較他處尤甚
一和廳除牧廠等里及五旗馬廠並無蒙古吃租
地畝餘俱係蒙古戶口地租給內地民人耕種
相沿日久轉租者漸多原約既不跟隨新約又
復草率只載一段一條並無確實畝數甚或以
後種樹木指為舊有相連地土越畔新開興訟
紛紛聽斷最難得實
一和廳村落多係土牆間有並院牆俱無者鼠竊
最易生心賴以民戶瘠苦窮窩尚不多見惟馬
上盜匪三兩同行蒙回莫辨遇有官人盤詰則

图 13　《古丰识略·钟秀上抚宪禀》（国家图书馆藏）

序

增莲女士的书稿《清代和林格尔厅通判研究》终于完成了，我为她感到高兴，也为她的新著感到高兴。

有好几次，增莲向我请教清史档案的问题，我才知道她计划写一本书，一本与清代和林格尔厅历史有关的书。两年多来，她除了本职工作，几乎把所有的时间都花在查阅档案上面。查完清史编委会的档案，又跑到祈年大街的第一历史档案馆去查，常常周末也不得休息。她住在北五环外，穿城而往，穿城而归，很是辛苦。如今书已成稿，付梓在即，暂时不用再那么辛苦了，我为她高兴。

增莲向我请教的问题，有些已经记不清了，有些却印象深刻。记得有一次，她说有个名叫"林以绂"的清末和林格尔厅通判，费了好多功夫就是查不到，问我有没有什么好办法。我帮她查询，终于查到了一条，她兴奋的样子，好像是捡回了一颗丢失已久的珠子。又有一次，她说地方志里明确记载了一个名叫"吉泰"的署理通判，档案里全无线索，这种情况该怎么处理？我告诉她，有一说一，把方志里的信息如实挪移过来就可以了。类似的细碎的问题问多了之后，我便知道，她正在做的事情，看上去具体而简单，其实是一件不讨巧的活儿。研究清代和林格尔厅通判，前提是要有足够厚实的样本；要把所有的通判都找出来，谈何容易。

然而功夫不负有心人，增莲女士用了两年多的时间完成了数据收集工作，把遗落在草丛沙砾间的散珠碎玉一一拾起，串成项链。她没有慢待任何一个躺在故纸堆中的通判，总是耐心而认真地和他们对话，这是对历史的尊重，也是对学问的敬畏，所以我也为增莲女士的新作感到高兴。

通读书稿，至少有以下三个方面的优长。

其一，史料占有丰富。书稿大量使用档案材料，包括中国第一历史档案馆所藏内阁题本、军机处录副奏折、宫中朱批奏折、内务府档案等，台北"中研院"历史语言研究所所藏内阁大库档案、台北"故宫博物院"所藏宫中档及军机处档，内蒙古土默特左旗档案馆所藏归化城副都统衙门档案等。借助于档案，可以说把历任和林格尔厅通判搜求殆尽。我常常觉得，每件档案都承载着历史，只有利用好档案，才能真正体现它所蕴含的意义和价值。记录在清代中央档案中的和林格尔厅通判资料微渺而零散，当把这些资料排列组合在一起的时候，清代和林格尔历史文化的画卷就铺展在眼前。

其二，具有创新意识，往往能在前人研究的基础上推陈出新。下编关于和林格尔厅由"冲繁难"转为"繁疲难"的探讨，就很有代表性。和林格尔厅在光绪九年（1883）之前的大部分时段都属"冲繁难"要缺。光绪九年改为"繁疲难"要缺，其后撰成的光绪朝《晋政辑要》《光绪山西通志》《归绥道志》及《清史稿·地理志》都如实采录，无可厚非。后世研究者不详其情，直接沿用这几部典籍的说法，以"繁疲难"来概括整个清代的情况，就会出现以偏概全的问题。书稿关于昆都仑厅并入和林格尔厅这段史事的探讨，纠正了一些认识误区，推动了相关问题的研究。当然，这些创见的取得，仍然基于扎实的史料。

其三，弥补志书不足。既有志书关于和林格尔厅通判的记录大同小异，存在两个方面的问题：一是始于同治朝，此前的雍、乾、嘉、道、咸五朝一概阙如；二是仅录的二十余人也有讹误之处。本书稿列出和林格尔厅通判多达九十余人，从雍正末的首任笔帖式和泰，到宣统末的最后一位抚民通判晁鸿年，虽然不能说已经穷尽，但阙漏者肯定是少数。这项突破性的成绩对于旧志来说，既可补阙，又能订误，相信会对和林格尔地方志的修订起到推动作用。合理利用档案，可以极大地推动方志修订工作，对历史上的边远地区尤其如此。我想，这是增莲女士的这部书稿给我们的另一个提示。

当然，这部书稿还有一些不足，比如对通判群体的贯通性研究还可以深入，大量档案材料只列标题而没有展开。期待着增莲女士能够把她的这项研究延续下去，给我们更多的惊喜。

我被她的笃诚和执着打动，特为作序。

邹爱莲

2025 年 6 月 16 日

目录

导　言 / 001
    （一）研究缘起 / 001
    （二）结构与内容 / 004
    （三）特点与不足 / 008

上　编

一　旧志所见清代和林格尔厅通判补订 / 014
    （一）雍正、乾隆朝 / 015
    （二）嘉庆朝 / 082
    （三）道光朝 / 103
    （四）咸丰朝 / 112
    （五）同治朝 / 119
    （六）光绪、宣统朝 / 132

下　编

二　从协理笔帖式到抚民通判：和林格尔厅主官演变 / 164
    （一）丹晋建策 / 164

（二）和林格尔厅协理笔帖式 / 171
　　（三）和林格尔厅协理通判 / 179
　　（四）和林格尔厅理事通判 / 189
　　（五）和林格尔厅抚民通判 / 198

三　从"冲繁难"到"繁疲难"：和林格尔厅行政
　　等第的变迁 / 203
　　（一）"冲繁难"兼三要缺 / 205
　　（二）口外"冲缺" / 210
　　（三）"冲繁难"转为"繁疲难"的原因 / 225

四　昆都仑并入和林格尔厅史事钩沉 / 236
　　（一）昆都仑协理笔帖式的设置 / 237
　　（二）昆都仑协理通判的裁汰 / 244
　　（三）昆都仑协理通判行迹考 / 253

附录一　清代和林格尔厅通判表 / 280
附录二　旧志所见和林格尔厅通判表四种 / 291

参考文献 / 296

后　记 / 308

导　言

（一）研究缘起

2007年我入职国家清史纂修领导小组办公室（即今文化和旅游部清史纂修与研究中心）项目管理处，琳琅满目、厚重如山的清史图籍，大名鼎鼎却又谦逊温和的清史专家，皆让我有高山仰止如沐春风之感。后经工作调整，如愿进入清史中心研究处。

研究处前期的一项重要工作是配合清史编纂委员会质检清史稿件，这项工作需要反复查阅档案。在查阅档案过程中，偶尔会看到有关和林格尔的信息。内蒙古和林格尔县，是我父母支边工作30年的地方，也是我出生和长大的地方。情动心动，字节跳动，慢慢地，电脑里积累了不少有关和林格尔清代历史文化的资料。

了解一个地方的历史文化，最有效的手段就是阅读方志。然而和林格尔志书编纂情况并不理想。清代的和林格尔厅偏居口外，文化落后，时人编纂的志书只有两部，一部是成书于同治十年（1871）的《和林格尔厅志略》，内容简略，仅有28条，合计3000字左右；另一部是光绪十七年（1891）成书、光绪三十三年（1907）续辑的《和林格尔厅志略草》，规模稍大，只是一直没有刊刻，民国时期就已散佚。民国时期刘汉鼎编纂的《和林格尔县志草》是目前所见部头最大、内容最丰富的一部旧志，但是其清代部分内容单薄，特别是《清朝职官表》所列清代通判只有26人次，年代最早的是同治五年的庆启。1993年出版的《和林格尔县志·历代郡县职官表》清代部分基本上抄录刘汉鼎《和林格尔县志草》。

早在雍正十三年（1735），清廷就已经在和林格尔派驻协理笔帖式，从那时起到同治五年（1866），一百三十多年的时间里，一定有多位笔帖式、通判履职和林格尔。可是就因为方志阙漏，后人无从知晓他们的既往，这是多么大的遗憾呀！我不甘心，又翻检了几乎所有兼涉和林格尔历史的志书，如咸丰九年（1859）成书的《古丰识略》、光绪三十四年（1908）成书的《归绥道志》、1937年成稿的《绥远通志稿》、乾隆朝《晋政辑要》、光绪朝《晋政辑要》、光绪朝《山西通志》等，然而没有取得任何实质性的突破。

忒莫勒先生对内蒙古旧方志有过这样的评论："内蒙古地区的政治、经济、文化的发展远逊内地，其方志编纂水平自应较低、志书质量自应较差。"[①] 和林格尔志书体现出这样的特点，当然并不奇怪。空白可以用来遗忘，也可以用来填补。这个时

---

① 忒莫勒撰：《建国前内蒙古方志考述》，呼和浩特：内蒙古大学出版社，1998年，第14页。

候我忽然萌生了一个想法，能不能从尘封的历史档案中找到这些人物，并为方志订补提供线索？

这些人物曾经站在和林格尔舞台的正中央，但放眼清朝的舞台，很难找到他们的位置。在地方档案严重缺失的情况下，要从浩如烟海的中央档案中搜集齐全他们的信息，并不是一件容易的事情。然而档案收藏单位的开放政策，网络时代的科技手段，使过去几乎不可能完成的事情变成可能。四年多的时间，我从中国第一历史档案馆、内蒙古土默特左旗档案馆、国家图书馆及台北"中研院"历史语言研究所、台北"故宫博物院"等单位所藏档案文献中搜集到60多万字材料，"结识"了94位清代和林格尔历任长官（含署理、兼理、代理），其中包括70位没有出现在和林格尔志书中的"新人"。

最初的想法很简单：撰写一篇论文，对这些协理笔帖式、协理通判、理事通判、抚民通判的任职时间、籍贯出身予以考订，整理出一个相对完整的清代和林格尔通判名录，以补和林格尔旧志之不足。如果还能为地方志的重修提供一些史料线索，那就更好了。但是在爬梳资料的过程中，又产生了新的想法：名录固然重要，但它毕竟只是骨架，有没有可能更进一步，把肌肉、经脉一并还原，更加全面、深刻地探讨清代和林格尔的历史，更加鲜活地呈现当年"杀虎口外第一台站地"的风采呢？于是就尝试写个稿本，在勾勒和林格尔通判群体肖像的基础上，对相关问题进行研究。这就是小稿的写作缘起。

（二）结构与内容

小稿分为上、下两编。

上编只有一章《旧志所见清代和林格尔厅通判补订》，分作六节，以朝年为序，对目前所知清代和林格尔通判（协理笔帖式、协理通判、理事通判、抚民通判，包括署理、兼理及代理）的生平、行迹进行考述。清代在和林格尔设官分管，始于雍正十三年（1735），终于宣统三年（1911），持续了176年。从最早的和泰到最晚的晁鸿年，本编共列94人。

生平包括籍贯、出身，行迹则以在和林格尔任上的行政表现为主。刑名与钱粮是历任通判的两项核心事务，档案材料往往与此相关，清宫所藏地方档案尤其明显。为不漏其事而又避免冗繁，本编往往只列出档案题名。但是对于那些在和林格尔发展史上重要的、具有代表性的事件，则不惜笔墨，尽可能展示史料信息。如常平仓是和林格尔地方治理和民生保障的重要设施，乾隆二十七年（1762）开始筹建，乾隆二十九年竣工，三任通判拔彦、堂英（署理）、僧保先后参与营建。本编将此事系于僧保事迹之中，根据中国第一历史档案馆所藏内阁工科档案《为题请核销归化城和林格尔萨拉齐清水河四厅建盖添设常平仓廒用过工料银两事》[①]，备述建仓动因、预算耗费、建造

---

① 乾隆三十年十月二十四日山西巡抚彰宝题，中国第一历史档案馆（以下简称"一档馆"）藏内阁工科档案，档号：02-01-008-001429-0003。

过程以及中央与地方的交涉,并根据档案,对旧志《和林格尔厅志略》将建仓时间记为乾隆四十八年的说法予以订正。又如嘉庆、道光时期,和林格尔境内租地农田遇到歉收年节,因无法完租,租户往往弃地潜逃,嘉庆二十年(1815)的丰裕庄刘思裕弃地案①、道光元年(1821)的万安庄白银富弃地案②,影响都很大。本编在通判常达目下,将刘思裕弃地案进行了较为详细的讨论。《古丰识略》描述和林格尔盗匪横行情形时说:"马上盗匪,三两同行,蒙回莫辨。遇有官人盘诘,则诡称贩马。见孤身行客,辄下马抢夺。厅属东南山路险阻,多可藏匿。西平原旷野,一鞭十里,追捕无从。虽派役往来梭巡缉捕,实未易易。"③光绪二年(1876)署理和林格尔通判的豫临,因三起劫案,三度被参。本编有意将这三个案件适当铺叙,以反映同治、光绪时期和林格尔匪乱之甚。

下编三章,从不同角度对清代和林格尔历史作了探讨,内容各有侧重,但都与通判有关。

《从协理笔帖式到抚民通判:和林格尔厅主官演变》探讨了和林格尔通判的来龙去脉。早在战国秦汉时期,中原王朝就在和林格尔这片土地上分立郡县,设官治理。两千多年之后

---

① 嘉庆二十一年十二月初八日山西巡抚衡龄题,一档馆藏内阁户科题本,档号:02-01-04-19618-008。
② 道光五年六月初三日山西巡抚福绵题,一档馆藏内阁户科题本,档号:02-01-04-20188-007。
③ [清]钟秀、张曾编,李治国点校:《古丰识略》卷33《艺文·钟秀上抚宪禀》,王静主编:《清代蒙古汉籍史料汇编(第一辑)》,呼和浩特:内蒙古人民出版社,2016年,第161页。

的清雍正十三年（1735），一位名叫和泰的中央笔帖式进驻这里，标志着和林格尔行政建置重新启动。清廷在归化城地区设厅的原因与进程，前贤已经多有研究。① 具体到其下某厅情形，目前尚未见到相关研究成果，究其原因，应是史料缺乏所致。本章以档案材料为主，结合政书方志，对和林格尔厅主官名称——协理笔帖式、协理通判、理事通判、抚民通判的变化过程及原因予以探讨，实际上也是对上编所列清代和林格尔厅历任通判的集中讨论。受惠于档案资料的支撑，本章对一些具体问题，如和林格尔被择定为归化城南部笔帖式驻在地的原因，首任和林格尔协理笔帖式的产生过程、初临境遇等的探讨，也取得一定的突破。

清代官缺级别高低往往与政区等第相粘挂。换言之，和林格尔在"冲繁疲难"政区等第体系中的位置，决定着和林格尔厅通判在官缺评价体系中的地位。《从"冲繁难"到"繁疲难"：和林格尔厅行政等第的变迁》一章，对和林格尔由"冲繁难"政区变更为"繁疲难"政区的过程予以探讨，借以反映有清一代和林格尔通判地位的变化。以光绪九年（1883）张之洞山西改制为分水岭，从乾隆初到光绪九年，和林格尔通判的"冲繁难要缺"等第级别持续了将近一个半世纪的时间；从光绪九年到清末，其"繁疲难要缺"等第级别存在了不足三十年时间。

---

① 如张永江：《论清代漠南蒙古地区的二元管理体制》，《清史研究》1998年第2期；乌云格日勒：《略论清代内蒙古的厅》，《清史研究》1999年第3期；《口外诸厅的变迁与清代蒙古社会》，《山西大学学报》2007年第2期；胡恒：《从理事到抚民：清代归绥地区厅制变迁新探》，《清史研究》2022年第2期；胡恒：《边缘地带的行政治理：清代厅制再研究》，北京：社会科学文献出版社，2022年。

光绪朝修订《晋政辑要》《光绪山西通志》《归绥道志》《清史稿·地理志》等都将和林格尔厅记作"繁疲难要缺",反映的是光绪九年以来的史实,不能代表有清以来的总体情况,因为和林格尔在大部分时间里都是"冲繁难"兼三要缺。由"冲繁难"变为"繁疲难","冲"去"疲"来,一字之差,却意味着和林格尔在地理交通方面的区位优势不复存在,和林格尔的经济、政治地位也由此受到冲击。曾经的"口外第一繁盛之区"(《和林格尔县志草·街衢》)店铺锐减,商业凋敝,杀虎口与归化城之间的官方驿路也放弃和林格尔,转而取道宁远厅(今内蒙古凉城县永兴镇)。和林格尔在清末由"冲繁难"转为"繁疲难",其原因是多方面的,直接原因则是咸丰年间宁远厅石匣子沟新路修成。

《昆都仑并入和林格尔厅史事钩沉》一章,讨论的是昆都仑厅置废过程及其并入和林格尔厅的历史。昆都仑是雍正十三年(1735)设置的归化城四个协理区之一(治所在今和林格尔县黑老夭乡),与和林格尔、托克托城、萨拉齐齐名。由于与和林格尔相邻,两厅之间公务合作较多,人民往来频繁。乾隆二十五年(1760),清廷对归绥地区行政区划做出重大调整,昆都仑被裁撤,所属土地、村落大部分划给了和林格尔①,和林格尔辖域、人口因之大幅扩展,区域优势也相应提高。从雍正十三年首任协理笔帖式叶赫布走马上任,到乾隆二十六年最后一位协理通判拔彦改任和林格尔通判,昆都仑厅存在了不

---

① 1993年版《和林格尔县志·乡镇概况》所录黑老窑、西沟门、灯笼素、公喇嘛四乡及新店子乡部分村庄,都是乾隆二十五年从昆都仑厅划拨过来的。

足三十年。由于存续时间短暂，传世记录有限，后人对昆都仑厅历史的认识难免有失实失准之处，更有甚者，把乾隆朝的昆都仑厅与后来崛起的包头昆都仑混为一谈。因此，有必要搞清楚昆都仑厅历史，正本清源。本章从地理交通的角度探讨了设治于昆都仑的原因，首任昆都仑协理笔帖式产生的过程，乾隆二十五年裁汰时的处置细节，又仿照《旧志所见清代和林格尔厅通判补订》体例，专设《昆都仑协理通判行迹考》一节，列叙目前所知的12位昆都仑协理笔帖式、协理通判（包括署理、兼理）的生平、行迹。

下编还包括两个附录。附录一《清代和林格尔厅通判表》根据上编的补订成果，将94位（104人次）和林格尔厅通判（包括协理笔帖式、协理通判、理事通判、抚民通判）的姓名、籍贯、职名、任职时间等信息制表详列，一目了然。附录二《旧志所见和林格尔厅通判表四种》分别取自《归绥道志》《绥远通志稿》《和林格尔县志草》《和林格尔县志》，内容相近而各有不同，汇录一处，便于校识。

（三）特点与不足

小稿的主要特点体现在三个方面：

其一，以清代和林格尔厅通判群体为研究对象，从较长时段来考察清代中央与地方、国家与社会、官府与百姓之间的博弈。

其二，大量使用档案材料，弥补了志书的缺漏，使我们得以对清代和林格尔通判群体进行较为全面、细致、深入的观察。小稿所列通判104人次，远远超过了旧志，显示出档案材料能够为和林格尔这样的口外地区的志书重修，提供极大的帮助。

其三，档案材料之外，小稿也注意对传统典籍的合理使用。书中引用典籍，多为前贤整理本。整理本若有讹误，则改用旧本。这里仅举一例。同治元年（1862）春，内阁学士兼礼部侍郎麒庆取道杀虎口驿路，前往内蒙古鄂尔多斯部鄂托克旗致祭，并将其经历见闻撰成《奉使鄂尔多斯行记》。《行记》中有关和林格尔厅山川地貌、物候民俗的记录，是研究清代和林格尔历史文化的珍贵史料。该书有多个当代整理本，但无论是出自《清代蒙古游记选辑三十四种》者[1]，还是出自《中国边疆研究文库·初编·北部边疆卷》者[2]，都有值得商榷之处。如二月初五日从杀虎口到新店子的行程，整理本内容：

> 二月初五日，戊午，涉柴河，登白坡梁，比至绝顶，群山皆可平视。至佛耶沟，复涉柴河，抵新店子，台上章京、昆都叩谒如仪。口外西行之路，以和林格尔为第一台，因路远而险，故于此增一腰站焉。山势平衍，无险可扼，较之喜峰、古北、紫荆、居庸诸口大不相侔，惟佛耶

---

[1] 毕奥南整理，北京：东方出版社，2015年。
[2] 忒莫勒、娜仁高娃点校：《奉使鄂尔多斯行记》，《中国边疆研究文库·初编·北部边疆卷一》，哈尔滨：黑龙江教育出版社，2014年，第143—152页。

沟一带尚为要隘耳。

这段文字中至少有两处讹误。其一,两处出现的"佛耶沟"当为"佛爷沟"之误,辨识不难。其二,两次出现的"柴河"当为"紫河"。按照今天的地理交通,从杀虎口前往新店子,必然要涉过浑河。《行记》作者两次涉渡的"柴河",就是今天的浑河。笔者早年在和林格尔生活,知道这条和林格尔第一大河在隋唐时期曾名"紫河",考虑到"紫""柴"二字形近易讹,故读到此处,就初步判断"柴河"为"紫河"之误。为审慎起见,又从整理本回溯到其底本,发现《清代蒙古游记选辑三十四种》之《奉使鄂尔多斯行记》选用的是盛昱编"八旗文经"本,相关文字正作"佛耶沟""柴河"[①]。笔者又查阅其他版本,发现《中国边疆行纪调查记报告书等边务资料丛编(初编)》第16册收录的麒庆《奉使鄂尔多斯驿程日记附驿亭吟稿》(稿本)[②],为首次面世的珍罕文献,"在内蒙古地方史及鄂尔多斯研究中尚未被利用过"[③]。该本以行草写就,"爷"写作"爷","紫"写作"紫",至此才恍悟,"佛爷沟"写作"佛耶沟","紫河"写作"柴河",原是后世抄刻之人误识二字,整理者不明

---

① 《八旗文经》(影印本),沈阳:辽沈书社,1988年,第346页。又,据忒莫勒《中国边疆研究文库·初编·北部边疆卷》之《〈奉使俄罗斯日记〉(外十种)点校说明》(第13页),《奉使鄂尔多斯行记》"以内蒙古自治区图书馆所藏稿本(复制本)为底本,参考其他文献点校、校勘"。笔者未查阅此稿本。

② 边丁编:《中国边疆行纪调查记报告书等边务资料丛编(初编)》,香港:蝠池书院出版有限公司,2009年,第143—226页。

③ 《中国边疆行纪调查记报告书等边务资料丛编(初编)·弁言》,第4页。

就理，以讹传讹。

值得注意的是，这个稿本相较于其他版本，除了可以减少文字误读，其优势还在于未经删减而保留了原文内容，因此具有更高的史料价值。仍以二月初五日从杀虎口到新店子的行程为例，该本记作：

> 初五日，戊午，晴。内地驿站至昨日止，由今日起即系蒙古台站。备办夫马，迟至巳初，始乘车涉紫河，登白坡梁，行去甚为平坦，比至绝顶，则四面群山，皆可平视矣。近口内外诸山，土多沙松，水冲成沟。下岭则由沟内曲折而行，凡二十里，至佛爷沟，两山相夹，中有涧水，冰多未释。循山足而行，石棱崒岉，尚不甚峻。其沟右之山皱势，多作鱼鳞形，疑古所谓龙堆，或以此欤？午初许，至店中，早餐毕，复乘车沿山而行，山坡逼仄，下临冰涧，深殆数仞，颇为栗栗。行数里后，复过紫河，地忽开阔，路亦平坦。又十余里，于未正抵新店子。公馆在旅店内，台上章京、昆都叩谒如仪。口外西行之路，以和林格尔为第一站，因路远而险，故于此增一腰站焉。昨宿店中，以为尚未出口，比行一日，绝无城闉关隘，到寓一询，乃知昨过榷使税局，旁有木栅，即为口门，所宿地名八十家子，已在口外矣。此处山势平衍，无险可扼，较之喜峰、古北、紫荆、居庸诸口，大不相侔，惟佛爷沟一带尚为要隘耳。晚餐为台上章京所备，略似村店中饮食。屋尚整洁。是日行四十里。

显然，与前引旧本相比，这个稿本非但文字更多，而且描绘更为细密，内容更加丰富。此外，文末附有驿途所作诗赋，《抵杀虎口作》《由佛爷沟至新店子》《新店子晚望》《乌苏图鲁道中穴居益多复成一律》《过榆树梁》《由察汗胡同赴都尔格尔途中作》《大雪抵和林格尔》《晓发和林格尔》《雪后策马过榆树梁》诸篇都与和林格尔有关，也有一定的史料价值。有鉴于此，小稿采用此本，而以整理本为参考。

小稿还有诸多不足之处。最为明显的是：其一，由于档案材料丰歉不一，所列通判的生平行迹无法齐备；其二，目前所列通判名录虽然远远超过旧志，但一定还有遗漏者。这些不足，只能待以后查补。

最后想说的是，目前所能见到的和林格尔志书，无论是旧志还是新志，在清代相关内容的记述方面，或多或少存在着阙漏讹误之处，有的阙漏既多且大，有些错误荒谬可笑，因之，阙漏需要弥补，讹误需要订正，这也正是笔者撰写这本小稿的缘起。但是，必须指出的是，前人所修志书，都是在特定历史时期完成的，由于客观条件的限制，阙漏讹误在所难免，我们不能因为这些阙漏讹误的存在而低估了已有志书的价值和修纂者的贡献。清代学问家钱大昕曾说，"愚以为学问乃千秋事，订讹规过，非以訾毁前人，实以嘉惠后学"。小稿所作的订补工作，虽然已经尽心尽力，但是一定也会有这样那样的问题，还请不吝批评指正。

上编

一 旧志所见清代和林格尔厅通判补订

清代在和林格尔设官分管，始于雍正十三年（1735），终于宣统三年（1911），持续了176年。从协理笔帖式、协理通判、理事通判到抚民通判[①]，清代和林格尔历任长官在区域治理过程中发挥了重要作用，无论是其人生行迹还是居官政绩，都是和林格尔历史文化的重要组成部分，值得记录下来并予以研究。遗憾的是，目前所见的相关志书，无论是民国刘汉鼎所纂八卷本《和林格尔县志草》[②]，还是当代所编《和

[①] 官称沿革，详见本书下编《从协理笔帖式到抚民通判：和林格尔厅主官演变》。本编标题《旧志所见清代和林格尔厅通判补订》之"通判"，系协理笔帖式、协理通判、理事通判、抚民通判的合称。
[②] 该书卷7《清朝职官表》注云："咸丰以前无征。"共26任，始于同治五年庆启，终于光绪末晁鸿年。见［清］陈宝晋等纂辑：《和林格尔厅志略·和林格尔行政文·和林格尔县志草》，呼和浩特：远方出版社，2008年，第551—554页。

一 | 旧志所见清代和林格尔厅通判补订

林格尔县志》①，虽然都以列表形式有所胪列，但是仅限于同治之后，其前的咸丰、道光、嘉庆、乾隆、雍正五朝一概阙如，同治之后亦时有漏误。有鉴于此，笔者利用档案材料，对清代和林格尔历任主官进行爬梳考辨，列叙其人行迹，补订旧志阙讹，希冀能对和林格尔史志修订和区域历史文化研究有所帮助。笔者目力有限，又受档案材料公布情形制约，本编一定会有遗漏或者讹误，还望有识者指正。

（一）雍正、乾隆朝

和泰 正黄旗人。据《理藩院为和林格尔增设笔帖式咨文归化城都统丹津》②，初为理藩院笔帖式。雍正十三年（1735）三月初五日，经吏部引见，任命为协理归化城同知事务笔帖式，分驻和林格尔。同期另外三名协理笔帖式，分别派

---

① 该书卷11《历代郡县职官表》，按照"朝代""姓名""职务名称""任职年号时间""籍贯"分栏罗列主官，上启汉代，下至1945年。清代部分最为详细，共25任，始于同治五年庆启，终于清末洪铨，同治之前阙如。和林格尔县志编纂委员会编：《和林格尔县志》，呼和浩特：内蒙古人民出版社，1993年，第574—575页。

② 雍正十三年四月六日，土默特左旗档案馆藏清代归化城土默特副都统衙门档案，档号：80-16-21。按，此档只说"和泰系正黄旗理藩院笔帖式"，满洲正黄旗抑或蒙古正黄旗，不详。又，此档收入内蒙古土默特左旗档案馆、内蒙古科技大学联合整理《土默特左旗档案馆藏土默特历史档案汇编（第一辑）》（桂林：广西师范大学出版社，2018年，第1册，第243页），但是著录标题与页面内容不符。

驻昆都仑（在今内蒙古和林格尔县黑老夭乡）、托克托城（今内蒙古托克托县城关镇）、萨拉齐（今内蒙古包头市土默特右旗萨拉齐镇）。分驻昆都仑笔帖式叶赫布系雍正十三年六月初四日到任①，据此推断和泰履职和林格尔的时间大体是雍正十三年六月初。

据《和硕果亲王允礼等议奏归化城笔帖式应选派通晓蒙语之人事折》②，雍正十三年（1735）秋冬之际，兵部侍郎德沛抵达和林格尔后，"看得驻在该处之一名笔帖式租住店房，该处汉民因其无印无衙署而有藐视之态"。其中说及的笔帖式，就是和泰。和泰上任之初，正式身份是协理归化城同知事务笔帖式（简称协理笔帖式），但是没有印信关防，也没有官家衙署，租住旅店房间办公，条件艰苦。经德沛反映，朝廷责成山西巡抚修建衙署，并颁给图记。乾隆元年（1736）改称协理通判笔帖式，简称协理通判。据内蒙古土默特左旗档案馆所藏乾隆四年一月《申解买卖牲畜记档银两》档案，和泰的正式头衔是"归化城南路分驻和林格尔协理通判"③。

作为地方主官，遇有水旱诸灾，必须及时上报，申请减免征收。和泰在这方面的政绩值得称道。乾隆九年（1744）六月

---

① 乾隆五年八月初一日护理山西巡抚高山题，一档馆藏内阁吏科题本，档号：02-01-03-03805-009。
② 中国第一历史档案馆编：《军机处雍正朝满文议复档译编》，北京：商务印书馆，2021年，第13册，第8565页。
③ 《乾隆四年一月八日申解买卖牲畜记档银两》，见内蒙古土默特左旗档案馆、内蒙古科技大学联合整理《土默特左旗档案馆藏土默特历史档案汇编（第一辑）》，第3册，第248—249页。

二十八日,和林格尔境内七里墩等三村冰雹突降,打伤庄稼。七月初十日,和泰将受灾情形上报给绥远城粮饷同知赋琏,请求派人查勘。赋琏委派昆都仑协理通判胡必泰赶赴和林格尔,会同和泰,对被雹村庄履亩查勘,得出如下结果:

> 和林格尔被雹地亩受伤成灾自六分起,至七、八、九、十分不等,共中等地六十九亩七分九厘,下等地二百六十五顷八亩二分八厘,统计成灾八分。①

作为地方主官的和泰提出初步处理意见:

> 将被灾农户额征等项银米一体停征,照例分年带征。至查被灾各户,尚不致缺乏待赈,毋庸请赈,如来岁春耕之际有无力农民,再当查明,请借籽种,不致有伤农业。

当时绥远城粮饷同知一职由归化城理事通判明德署理。明德审核胡必泰的查勘报告与和泰的初步处理意见之后,上报归绥道:

> 卑厅查定例,被灾十分者免钱粮十分之七,九分者免十分之六,八分者免十分之四,七分者免十分之二,六分、五分者免十分之一,遵奉在案。今清水河、和林格尔协厅所属被灾地亩成灾七分者,应免钱粮十分之二,所欠银米

---

① 乾隆九年九月二十日吏部尚书协理户部事务讷亲、户部尚书海望题,一档馆藏内阁户科题本,档号:02-01-04-13667-011。

分作二年带征。成灾八分者应免钱粮十分之四，所欠银米分作三年带征。其被雹农民据该协厅等详称，虽有被雹之户，实属偏灾，民亦不致乏食，毋庸请赈，应如所议，停其赈济，如来岁春耕之际有无力农民，查明请借籽种，不致有伤农业，亦应如所议，合将该协送到册结一并转呈核转。

分巡归绥道索泰核查无异，呈报建威将军补熙。建威将军覆查无异，于乾隆九年（1744）八月二十九日正式题奏。户部奉旨覆议，于九月二十日题奏，提出以下决议案：

> 查乾隆三年八月内九卿议定条例，内开：各省地方被灾蠲免钱粮，凡被灾十分者免钱粮十分之七，九分者免十分之六，八分者免十分之四，七分者免十分之二，六分、五分者免十分之一。至带征年限，亦照被灾轻重，如被灾八分、九分、十分者，将该年缓征钱粮俱分作三年带征，五分、六分、七分者分作二年带征等因在案。今清水河、和林格尔等处所属时、年、宁等六村地亩禾苗被雹农民，既据该将军查明无庸赈恤，应毋庸议。至被灾地亩，据册开：……和林格尔所属七里墩等三村被雹成灾六分七分八分九分十分不等，共中等地六十九亩七分九厘，下等地二百六十五顷八亩二分八厘等语。应令该将军补熙将前项被灾地亩一面照例分别蠲免带征，一面将免过银米并带征数目分晰造册，送部查核，仍将蠲免银米细数出示晓谕，如地方不肖之员有私征情弊，即行查明参处。至旧欠银米，准其

> 宽限一年，仍照原议年限，于来岁开征后核计带征完纳，以纾民力。再前项地亩来春东作时，如被灾农户内有无力耕种之人，临时量借籽种以资播种，毋致失业可也。

七里墩等三村受灾百姓没有得到抚恤赈济，生活压力必然因灾而增。好在受灾地亩额征银米或蠲免，或带征，农民没有陷入雪上加霜的境地。这是时任协理通判和泰的惠政之一。

乾隆十一年（1746）六月十五日，和林格尔上窑子村、九犋牛沟村遭遇冰雹，大片庄稼被打伤。十五日至十七日，南部丘陵连下大雨，山水陡发，上骆驼沟里、下骆驼沟里等村庄稼被山洪淤漫，傍河田地也塌毁数顷。口外节令，阴历六月中旬即将入秋，赶种新苗是来不及了，更重要的是，被洪水冲毁的地亩不再属于耕地，今后不能耕种，如何向公家上交田租呢？二十六日，和泰将受灾情况向上司报告，请求验报。绥远城粮饷同知福保随即委派昆都仑协理通判海都赶赴和林格尔，在和泰的陪同下，逐一查勘被水被雹村庄，判断是否构成受灾，以及确定受灾的分数。查勘结果还没有来得及上报，六月二十八日，爱好里、二道沟里一带"午后天时忽阴，雷声顷作，狂风猛烈，雨雹交加，将田禾被雹打伤，秋收无望"。和泰于七月一日再次上报，昆都仑协理通判海都再次奉命赶赴和林格尔查勘。海都合并统计，受灾地亩分为中地、下地两类，总共一百五顷三十一亩七分二厘五毫；受灾成分不等，低者六七分，高者八九分，也有十分者。受灾属实，至于是否需要赈恤，和泰提出如下方案：

> 上下骆驼沟里、爱好里等村被灾各户承种之地，虽被水雹所伤，尚属偏灾，其中尤有未伤地亩可望收获，目下今冬，民食尚不致于缺乏，况各农民均非土著，每于收获之后即回故里，东作将兴，复行出口耕种，似可毋庸动给仓粮抚恤请赈。倘被灾各户于明春东作及青黄不接之时，如有贫难乏食并缺籽种、无力耕种者，临时细加确查，详请酌借仓谷籽种，以资耕作。①

包括和泰在内的各级官府所关注的重点，乃是受灾地亩应纳钱粮如何处理，以免被问责。至于受灾农民的生计，不是不关心，只是没有那么重要。和泰说受灾民众回到口里故乡就能得到接济，因而无须口外赈恤。这个说法很荒谬。而他所谓"各农民均非土著"，又过于绝对，因为并非所有农民都会在秋收之后返回原籍，留在和林格尔越冬过年者想必也有一些，难道这些人不应该得到救济吗？既然临民之官主动提出无须赈恤，各个上级衙门也就乐得省钱省心，于是，从绥远厅、归绥道、建威将军到山西巡抚，再到京城的户部和宫廷里的乾隆皇帝，都同意和林格尔协理通判和泰的这个方案。乾隆十一年（1746）九月二十三日，署理建威将军布颜图、山西巡抚阿里衮会同题奏，十月初八日奉旨交户部速议具奏，十月二十日户部议定请旨，形成如下决议：

---

① 乾隆十一年十月二十日协办大学士兼管户部尚书刘于义题，一档馆藏内阁户科题本，档号：02-01-04-13958-014。

该署将军既已会同山西巡抚委员勘明成灾，赶种不及秋收无望，其被灾户口均系内地百姓，俱已回籍，应如该署将军布颜图等所请，毋庸赈恤，于来岁东作之际，如有无力农民，查明酌借口粮籽种，以资耕作，毋失农业。其被灾地亩准其照例分别蠲免带征，至旧欠银米亦准照例宽限一年，于来岁开征后催征，以纾民力，仍将应免应缓银米数目，分晰汇册，送部查核。再此本及贴黄内"陡"字讹写"陟"字，业经臣部遵旨饬行该署将军等在案。①

执事者无视民生却斤斤于文本中的一个错字，或多或少有些讽刺。按照这份决议，地方应将应免应缓银米数目分晰汇册上报，待户部查核并确认后方可执行。对于和泰来说，这份决议其实是"扯皮"的开始。

扯皮的缘起，首先是地方报表数据欠严谨，前后矛盾。乾隆十一年十二月（1747），建威将军补熙将和林格尔所属被水被雹分数册提交户部，其中提到，下骆驼沟里之沟门口、庙儿沟二村被冲塌的下地共九十五亩六分六厘五毫。这应是天灾发生后昆都仑协理通判海都会同和林格尔协理通判和泰查勘后上报的数据。后经复查，发现冲塌下地实际上多达三顷九十五亩六厘六毫，漏报了二顷九十九亩四分一毫，几近总数的四分之三。漏报比例这么大，后果自然很严重。对于和泰来说，有两个做法可以选择：一个是更正前误，据实上报，这意味着上司

---

① 乾隆十一年九月二十三日绥远城右翼副都统布颜图、山西巡抚阿里衮题，一档馆藏内阁户科题本，档号：02-01-04-13957-015。

可能会据实重核，自己则可能会因工作疏忽而被参处；一个是将错就错，隐匿不报，这意味着今后一亩地要承担四亩地的租赋，无论是承担租赋的农民、负责经征的协理通判，还是负责督催的各级上司，都得吃不了兜着走。和泰不想当"冤大头"，选择了前一个做法。乾隆十二年三月二十七日，建威将军补熙与山西巡抚臣爱必达再次题奏：

  和林格尔所属上下骆驼沟各村地亩本年被水被雹成灾，前经委员昆都仑协厅海都查勘造具成灾分数册结咨部，嗣奉部覆饬取蠲缓带征钱粮各册。行据该厅协造册申送在案。兹据和林格尔协厅和泰申称，从前被灾各村内有下骆驼沟里之沟门口、庙儿沟二村，不仅田禾淤伤，即地亩亦被水冲坍塌，共坍毁中地四顷二十亩二分五厘，下地三顷九十五亩六厘六毫，通共中、下地八顷一十五亩三分一厘六毫，共应征米一十二石三斗五升五合六勺六抄，草折银八两五钱九分八厘五毫九丝四忽。地亩既被水冲坍塌无存，粮赋从何办纳？请将应征钱粮豁除，以纾民力。该协造具册结申送，并称沟门口、庙儿沟二村被水冲塌下地前据委员复勘，实系三顷九十五亩六厘六毫，只缘前报被灾分数册内将冲塌下地误造九十五亩六分六厘五毫，计少造冲塌下地二顷九十九亩四分一毫。该协遗漏造报，例应参处。兹据查明，现今请豁地亩止与原报被灾分数册内总数不符，究与钱粮并无舛错，实系经承疏忽误造，业已讯明并无别故，重加责惩。且此案原报遗造地亩系该协自行查出详请更正,似与奉文查出者有间,可否邀免参处,统候查核会题等因。臣等覆查无异,其和林格尔遗造冲塌下地二项九十九亩四分一毫,系该协自行查出,详请更正,可否邀免处分,统听部议。臣谨会同巡抚臣爱必达合词具题。①

乾隆十二年(1747)四月,户部奉旨议处,并于五月二十日题奏,称:

> 查前项地亩虽据查明被水冲坍,但有无新涨之地抵补,疏内并未遵例声明,又未取具委勘各员印结送部,臣部无凭核议。应令该将军补熙等再行委员会同确查,如果实在冲塌,并无新涨地亩可抵,取具并无扶隐印甘各结,具题到日再议。再查乾隆十一年十二月内据该将军造报和林格尔所属被水被雹分数册开:沟门口、庙儿沟二村共被灾下地五项九十五亩三分九厘一毫,今请豁除二村被冲下地系三项九十五亩六厘六毫,其此项地亩是否即在原报被灾地内,或系另行冲坍之项,一并行令查明分晰报部。至该将军等所称该协厅前册误造今自查出更正,请免之处,统俟前项地亩数目分晰声明题报到日,再行核议可也。②

---

① 乾隆十二年十月二十二日户部尚书傅恒题,一档馆藏内阁户科题本,档号:02-01-04-14082-003。
② 乾隆十二年九月初三日建威将军补熙、山西巡抚准泰题,一档馆藏内阁户科题本,档号:02-01-04-14188-009。

户部将皮球踢还给地方，理由有三条：其一，地方没有声明"有无新涨之地抵补"，以"新涨之地"抵补"坍塌坏地"，以此确保租赋交纳不受损失，是当时的通例，但若无地可补，只能将冲坍之地如实剔除，户部援引即是此例；其二，地方应"取具委勘各员印结送部"，以避免包庇扶隐之嫌疑；其三，沟门口、庙儿沟二村受灾地亩数据描述混乱，难以作为豁除依据。

地方接到户部指示，只好逐项查核应对。乾隆十二年（1747）七月初八日，善岱协理通判成泰奉委赶赴和林格尔所属沟门口、庙儿沟二村，与和林格尔协理通判和泰会同查勘，确认"被水冲塌中地四顷二十亩二分五厘，下地三顷九十五亩六厘六毫，共中下地八顷一十五亩三分一厘六毫，俱系在原报被灾地亩数内，并未另有冲塌之处，亦无新涨地亩堪以抵补。其余请豁银米仍照前议"。七月二十三日，成泰将查勘情形上报给绥远城粮饷理事同知。当时正值和泰署理粮饷理事同知印务，随即将查勘报告并册结印结等核转给归绥道。归绥道道员卓尔代覆核无异，于八月十三日呈转给建威将军补熙。补熙覆查无异，除将送到册结咨呈户部查核外，又会同山西巡抚准泰，于九月初三日合词具题。户部奉旨议处，并于十月二十二日题奏，提出如下决议：

> 今和林格尔所属被水冲塌中、下地，共八顷一十五亩三分一厘六毫，该将军既已会同山西巡抚委员勘明实在冲塌并无新涨地亩抵补，取具并无扶隐印甘各结送部，

应如补熙等所请,将前项应征米一十二石三斗五升五合六勺零,草折银八两五钱九分八厘五毫,准其豁除,仍于该年地丁奏销册内造报查核。至该将军等原题内所称二村被冲下地系三项九十五亩六厘六毫,前报被灾分数册内误造九十五亩六分六厘五毫之处,查该将军原报册内二村共被灾下地系五项九十五亩三分九厘一毫,并无造有九十五亩六分六厘五毫之数,今前项请豁地亩既据查覆,即在原报被灾地亩数内并非另有冲塌之项,应毋庸议。

按照户部的处理方案,和林格尔下骆驼沟里之沟门口、庙儿沟二村被冲塌中、下地的亩数得到确认,应征钱粮得以豁除,避免了"田去粮存,虚额赔累"的恶果。①

钱粮与刑名,是地方主官的两个基本职掌。钱粮方面,和泰数次临灾上报,豁除钱粮,应对裕如,颇有能吏风采。不过他也曾因乾隆十二年(1747)经征本色米未完达三分以上,照例应降职三级,戴罪征收,惟因此事发生在乾隆十四年四月初九日恩诏以前,免予降职处分。②刑名方面,和泰的表现较为挣扎。

乾隆三年(1738)三月十三日,和林格尔下属夹渠沟村牛正邦、孙凤家被盗。盗贼团伙共十四人,和泰缉获其中八人,首谋刘二拐子等六人逃逸。至七月十三日,四个月疏防限满,未能尽

---

① 《清世宗实录》卷144,雍正十二年六月壬申。北京:中华书局,1985年,第806页。
② 乾隆十四年九月二十四日大学士管户部事务来保、户部左侍郎李元亮题,一档馆藏内阁户科题本,档号:02-01-04-14292-006。

获余盗,专管官和泰因承缉不力被山西巡抚石麟题参问责。归化城同知萨满达作为统辖官,也被题参。①此后不久,榆树梁又发生一起劫案,高尚升被贼打伤,劫去衣物。"口外为盗贼之渊薮,而缉捕甚难。"②和泰查缉数年,也没能抓获劫犯。

清制,盗劫案件发生之后,破案期限通常为四个月,若法定期限届满而未能破案,负有监管职责的直省总督、巡抚、提督等上级官员,须将直接责任人题参到中央议定处分,此为"一参"。"一参"之后,直接责任人将被暂停晋升、停发俸禄,但可获得一年的延期以继续缉拿盗犯。一年后不能获盗过半者,督抚等上级官员再次题参,是为"二参"。"二参"之后,再给限一年,仍不获者则"三参"。"三参"仍不能获盗过半的,可再留任一年,如再不获,则是"四参",直接责任官员轻则降职,重则罢黜。据《题为会议山西和林格尔协理笔帖式和泰限满未获劫案照例降调事》③,乾隆六年(1741)五月底,"榆树梁地方高尚升被贼打伤劫去衣物"一案三参限满,案犯未获,"和林格尔协理笔帖式和泰照例再留任一年,缉拿在案"。至乾隆七年六月,一年限满,案犯仍然未获,吏部本来拟将"四参承缉不力之和林格尔协理笔帖式和泰照例降一级调用。盗犯交与接任官,照案缉拿"。但他们很快发现,和泰此

---

① 乾隆三年九月初二日山西巡抚石麟题,一档馆藏内阁刑科题本,档号:02-01-007-015041-0004。
② [清]钟秀、张曾编,李治国点校:《古丰识略》卷33《艺文·钟秀上抚宪禀》,呼和浩特:内蒙古人民出版社,2016年,第157页。
③ 乾隆七年八月二十六日大学士兼管吏部尚书事张廷玉题,一档馆藏内阁吏科题本,档号:02-01-03-04042-005。

前曾因"捕役私拷诬良案"被处以革职留任，尚未开复，现在已经处于无级可降的境地，只能革任回家。

途穷路末之际，乾隆七年（1742）九月二十二日，山西巡抚喀尔吉善上奏，请求将和泰革职留任：

> 伏查和林格尔系口外新设地方，蒙古民人杂处，素称难治。协理笔帖式和泰才具敏干，办事勇往，有志向上，系诸协理中杰出之员。今因四参承缉不力革任，尚属因公，并非劣迹。若任其废弃，不特接任之员初莅口外，一时未能熟谙，且无以鼓励实心任事之干员。合无仰恳圣恩，俯念边外新设重地，难得熟练之员，恩准将和泰革职留任，则该协理笔帖式和泰感戴天恩，自必益加奋勉。即口外各员亦必争自策励，实于边外吏治民生均有裨益。①

口外难治，人才难得，众所共知。经喀尔吉善竭力争取，和泰再次得以革职留任。② 有意思的是，乾隆十年（1745），和泰再次被降级留任，降级的原因仍是乾隆三年三月十三日和林格尔地方牛正邦、孙凤家被盗一案，上谕"应将三参限满盗首未获和林格尔协理笔帖式和泰照例降一级留任"③。而他得以再次留

---

① 乾隆七年九月二十二日山西巡抚喀尔吉善奏，一档馆藏朱批奏折，档号：04-01-01-0088-047。

② 中国第一历史档案馆编：《乾隆朝军机处随手登记档》，桂林：广西师范大学出版社，2000年，第2册，第228—229页。

③ 乾隆十年三月二十五日大学士兼管吏部尚书事张廷玉题，一档馆藏内阁吏科题本，档号：02-01-03-04379-001。

任的原因，应该仍是和林格尔难求治剧干才。

和泰大约在乾隆十四年（1749）十一月从和林格尔离任。从雍正十三年（1735）六月到任算起，他在和林格尔任职长达十五年，既是清代和林格尔第一任地方官，也是在任时间最长的一位。在此期间，和泰除了奋勉于和林格尔地方治理，曾于乾隆五年以和林格尔协理通判署昆都仑协理通判事，在轰动一时的昆都仑通判衙门被盗案中缉获重要案犯。① 又曾于乾隆八年暂署清水河协理通判，查出前任协理通判德寅任内经手钱粮亏空之事。② 还曾于乾隆十二年署绥远城粮饷同知。③ 此外，他还在乾隆十四年奉委查办穆纳山（即今内蒙古巴彦淖尔市乌拉特前旗境内的乌拉山）偷砍木植案④；奉委前往善岱查勘受灾情况⑤。山西巡抚喀尔吉善对和泰的评价"才具敏干，办事勇往，有志向上，系诸协理中杰出之员"，并非虚语。雍正十三年与和泰一起来到归化城地方的另外三位笔帖式中，萨拉齐协理通判富良情况不明，昆都仑协理通判叶赫布在乾隆

---

① 《乾隆五年四月押解犯人进京的牌照》，见内蒙古土默特左旗档案馆、内蒙古科技大学联合整理《土默特左旗档案馆藏土默特历史档案汇编（第一辑）》，第 4 册，第 163 页。
② 乾隆八年六月十三日山西巡抚刘于义题，一档馆藏内阁户科题本，档号 02-01-04-13587-013。
③ 《内阁大库档案》，乾隆十二年十月二十日建威将军兼管绥远城右卫补熙题，台北"中研院"历史语言研究所藏，登录号：053440。
④ 乾隆十七年二月二十八日山西巡抚阿思哈题，一档馆藏内阁刑科题本，档号：02-01-07-05121-003。
⑤ 乾隆十四年十一月二十九日大学士管理户部事务傅恒题，一档馆藏内阁户科题本，档号：02-01-04-14295-013。

五年因病辞职①，托克托城协理通判布讷在乾隆元年七月之前就已离任②。和他们相比，和泰完全称得上是"诸协理中杰出之员"。

胡必泰 蒙古正白旗人。据《题报昆都仑协理通判胡必泰在任闻讣丁忧日期事》③，初为内阁中书笔帖式，乾隆五年十二月（1741）补授昆都仑协理通判，十年六月丁母忧，回旗守制。起复后任清水河协理通判。据《题为审理和林格尔厅寄民科中举等因索讨工钱不得伤毙多尔计一案依律分别定拟请旨事》④，乾隆十四年四月初四日至九月二十三日，和林格尔协理通判和泰在穆纳山出差期间，和林格尔事务由清水河协理通判胡必泰代理。

怀丞⑤ 籍贯不详。据《题为审理和林格尔厅寄民科中举等因索讨工钱不得伤毙多尔计一案依律分别定拟请旨事》，乾隆十四年十一月二十七日（1750年1月5日）以署朔平府同知事署和林格尔协理通判，同年十二月二十日卸事。

常平 满洲镶黄旗人。据《题为审理和林格尔厅寄民科

---

① 乾隆五年八月初一日护理山西巡抚高山题，一档馆藏内阁吏科题本，档号：02-01-03-03805-009。
② 乾隆十年八月二十五日山西巡抚阿里衮题，一档馆藏内阁吏科题本，档号：02-01-03-04339-010。
③ 乾隆十年七月初四日山西巡抚阿里衮题，一档馆藏内阁吏科题本，档号：02-01-03-04328-007。
④ 乾隆十七年二月二十八日山西巡抚阿思哈题，一档馆藏内阁刑科题本，档号：02-01-07-05121-003。
⑤ 官文书中常见"某丞"来代替某位官员的名字，故颇疑"怀丞"非人名，或即下文之怀唐阿（又作槐唐阿），待考。

中举等因索讨工钱不得伤毙多尔计一案依律分别定拟请旨事》，乾隆十四年十二月二十日（1750年1月27日）到任。曾审理"和林格尔厅客民贺应因不肯夜深赴场收拾糜粟伤毙胞叔贺星明"[①]"和林格尔客民秦克美因被责醉后骂人伤毙拉劝者郝有库"[②]等案。乾隆十七年二月，常平奉归化城同知饬委，赴昆都仓查验监犯张伯蒿染患伤寒病症是否属实。[③]

常平在任期间，曾审理一起盗马大案。据《题为会审山西和林格尔厅承审贼犯冀海林等行劫乌尔进扎布等马匹案依例分别定拟请旨事》[④]，乾隆十六年（1751），寄居和林格尔甲赖尔村的山西太原府榆林县人冀海林，伙同刘甫通、郝福、王有成及蒙古他布岱等人，从察哈尔等地盗马三十余匹，赶入口内大同县销赃。常平奉批缉审，将各案犯缉拿至案。审理过程中，又挖出清水河周成富、赵升合伙盗马案。盗马案属于蒙古、民人交涉事件[⑤]，依例需和林格尔协理通判与都统委派的蒙古官员会审。会审日期定在乾隆十八年二月十六日，但常平未能参加。他在会审日期前两天即二月十四日被参离任，导火索是他处理

---

① 乾隆十八年二月二十八日署理刑部尚书阿克敦题，一档馆藏刑科题本，档号：02-01-007-017795-0017。
② 乾隆十八年七月二十九日署理山西巡抚胡宝瑔题，一档馆内阁吏科题本，档号：02-01-007-017838-0011。
③ 乾隆十八年三月十一日署理刑部尚书阿克敦题，一档馆藏刑科题本，档号：02-01-007-017799-0001。
④ 乾隆二十年二月二十七日署理刑部尚书阿里衮题，一档馆藏刑科题本，档号：02-01-007-018296-0002。
⑤ 清代档案文献中，"蒙古"或"蒙"指蒙古族人，"民人"或"民"指汉族人。为行文方便，本书沿用。

陈王氏命案过程中犯下了严重过错。

乾隆十七年（1752）十月二十二日，和林格尔民人陈大汉子之妻王氏猝死。常平处置草率，时任署理山西巡抚胡宝瑔下令彻查，归化城同知克尔图查后报称：

> 和林格尔协理通判常平才既庸愚，性复偏执，审断事件，多未平允。兹有该处住民陈大汉子之妻王氏于乾隆十七年十月二十二日夜身死一案，经尸母查看，伊女身上有伤，即于二十三日令尸叔王正赴协具控。该协常平延至二十八日始往相验，延今两月有余，竟不照例通报。细加访察，书役得赃累累。随提犯吊卷，逐加审讯，虽佥称王氏痰病偶发，扑跌倒地，致伤右乳臕胁，不能言语，烦王进喜针扎手指无效，旋即殒命，并无致死别情，但是否实系患病跌伤所致，人命重情，自应迅速验报，候批饬审，何得延搁多日，以致原差快役韩起才入驻，将陈大汉子之叔陈德财一家四口同尸叔王正一并锁押，肆行勒索。陈德财畏惧，给钱六千文；王正亦烦李登美等说合，给钱九千文。韩起才分给刑书赵隆基钱一千二百文，余具自行花用。赵隆基复向陈德财索钱五百文，仵作陈信亦向陈德财索钱五百文。迨后该协验系病死，尸叔王正供明不知死由于病，是以控告该协，又将王正重责二十板销案。查核原验尸格并未用朱笔填写，而仵作甘结，又于二十六日未曾相验之先投递，是此案明系先差仵作往验，然后该协前往查讯无疑。今查讯

既确，不敢容隐，拟合揭报。①

人命关天，身为百姓父母官的常平却视如草芥，既没有在案发后第一时间赶到现场相验，又不依例向上汇报，还纵容手下肆意勒索，打击报复上告者，可谓严重渎职。而归化城同知克尔图对其"才既庸愚，性复偏执，审断事件，多未平允"的评价，意味着常平在陈王氏命案上的拙劣表现乃其一贯作风。胡宝瑛随即题参：

> 归化城协理通判一官有稽察地方、审理旗民事件之责，遇有人命重情，尤须秉公验报，约束胥役，方为无忝厥职。……和林格尔协理通判常平遇此等人命，既不照例迅速验讯，以致书役肆行诈赃，延搁多日，始往相验，又不通报候示，擅将尸叔重责销案。虽称该协并无受贿情弊，但讳匿人命，纵役婪赃，殊为溺职，似此劣员，断难姑容，所当特疏题参请旨，将常平革职，以肃功令者也。

乾隆皇帝朱批："这所参常平着革职，该部知道。"常平的和林格尔协理通判生涯就此结束，时在乾隆十八年（1753）二月。

齐赉 满洲正红旗人。初为印房笔帖式，乾隆十年（1745）十月补授大理寺笔帖式。乾隆十四年补授归化城协理

---

① 乾隆十八年二月初二日署理山西巡抚胡宝瑛题，一档馆藏内阁吏科题本，档号：02-01-03-05057-008。

通判。① 乾隆十八年二月十四日以归化城协理通判署和林格尔协理通判事，同年六月二十五日卸事，升任署绥远城粮饷理事同知。

齐赉在署理和林格尔协理通判任上时间不足四个月，审理了数起案件，包括"和林格尔客民秦克美因被责醉后骂人伤毙拉劝者郝有库""和林格尔李廷世因酒醉口角相争伤毙柳玉禄"②"和林格尔厅蒙古贼犯舍力吗等偷窃陈贵牛只"③等案。

明德 满洲正黄旗人。雍正二年（1724）由监生护军考补兵部八品笔帖式。乾隆元年（1736）被保举引见，补授善岱协理通判笔帖式。乾隆八年调为归化城协理通判。乾隆九年曾署理绥远城粮饷同知。乾隆十年因贪婪不称职等案被参离任。乾隆十五年七月审虚开复，十八年四月二十五日补授和林格尔协理通判，并于六月二十五日到任。

在任期间，曾参与清水河、托克托城等处被灾地亩调查事务。④ 承审"和林格尔民张福保因劝阻争斗被詈启衅殴毙刘光

---

① 乾隆二十年十一月初十日山西巡抚恒文题，一档馆藏内阁吏科题本，档号：02-01-03-05242-005。
② 乾隆十八年九月十二日署理山西巡抚胡宝瑔题，一档馆藏内阁刑科题本，档号：02-01-007-017843-0004。
③ 乾隆二十年五月二十三日署理刑部尚书阿里衮、工部尚书暂管刑部事务汪由敦题，一档馆藏内阁刑科题本，档号：02-01-007-018311-0009。
④ 乾隆十八年九月二十八日建威将军兼管绥远城右卫富昌题，一档馆藏内阁户科题本，档号：02-01-04-14739-004。

斗"①"和林格尔厅寄民高第因索欠启衅踢毙高士武"②"和林格尔案犯李玉忠因索欠未得争闹殴伤刘长起身死"③"和林格尔客民武尚文因被鸡奸起衅扎伤段三身死"④"和林格尔客民崔国景偷窃蒙古朋苏克牛只"⑤"五台县贼犯杨德政等偷窃和林格尔蒙古党仲等马匹"⑥等案。乾隆十八年（1753）十月二十五日，与归化城都统委派之佐领扎锡带会审"和林格尔厅贼犯冀海林等行劫乌尔进扎布等马匹"案。⑦乾隆十九年三月初十日，以主稿身份与察哈尔镶蓝旗委员富增格、昆都仑协理通判普喜会审"和林格尔蒙古图巴尔扎布等行窃额林臣等牛只"案。⑧据《题为会审山西清水河寄民武永福因索欠争殴伤毙高进朝一案依律

---

① 乾隆十九年闰四月十四日署理刑部尚书阿克敦题，一档馆藏内阁刑科题本，档号：02-01-007-018029-0001。
② 乾隆十九年六月二十日署理刑部尚书阿克敦、刑部左侍郎勒尔森题，一档馆藏内阁刑科题本，档号：02-01-007-018045-0003。
③ 乾隆十九年十二月十六日署理刑部尚书阿克敦题，一档馆藏内阁刑科题本，档号：02-01-07-05265-009。
④ 乾隆十九年十一月十六日山西巡抚恒文题，一档馆藏内阁刑科题本，档号：02-01-007-018073-0010。
⑤ 乾隆二十年三月二十七日署理刑部尚书阿里衮题，一档馆藏内阁刑科题本，档号：02-01-007-018301-0012。
⑥ 乾隆二十年五月十六日署理刑部尚书阿里衮、工部尚书兼管刑部事务汪由敦题，一档馆藏内阁刑科题本，档号：02-01-007-018310-0008。
⑦ 乾隆二十年二月二十七日署理刑部尚书阿里衮题，一档馆藏内阁刑科题本，档号：02-01-007-018296-0002。
⑧ 乾隆十九年十二月初七日山西巡抚恒文题，一档馆藏内阁刑科题本，档号：02-01-007-018161-0003。

拟绞监候请旨事》①，乾隆十八年八月二十八日至十一月二十二日暂署清水河通判事。

据《题为和林格尔协理通判明德患病难以供职请解任回旗调理事》②，明德因足疾加重，无法履职，于乾隆二十年（1755）提请解任医治：

> 伏念德共食过钱粮俸禄三十一年，出兵一次，自应竭尽驽骀，以图报效。只自雍正五年间派差随往鄂罗斯国定界，因水土未同，致染脚气，嗣于雍正十一年间随往后营，出兵数载，蘖成足痛之疾，然在间发即痊。兹自乾隆十九年秋月复发，缠绵不愈，步履已艰巨，月余以来，愈加沉重，不特未能下地，并坐起亦难。地方政务殷繁，未便恋职贻误，仰恳俯全病躯，请与解任医治，俾或得以免成残废，报效有时，而现在地方公务庶不致贻误。

明德自称早年出使俄罗斯时感染脚气，长期未愈，以致日常起居难以自理，可能是实情。值得注意的是，乾隆十九年（1754）秋，其足疾由间歇性发作转为顽疾之际，正是明德被一件大案极度困扰之时。

据《题为题参和林格尔协理通判明德归化城同知克尔图疏

---

① 乾隆十九年七月初四日署理刑部尚书阿克敦题，一档馆藏内阁刑科题本，档号：02-01-07-05311-005。
② 乾隆二十年二月二十九日山西巡抚恒文题，一档馆藏内阁吏科题本，档号：02-01-03-05211-003。

防监犯脱逃事》^①，乾隆十九年（1754）四月二十六日深夜，和林格尔监狱在押犯人周照贵乘值夜皂役夏荣、禁卒张九功熟睡，越狱脱逃。次日凌晨，明德闻讯，随即亲诣监牢查看。南监牢东西两间房，中间用土墙间隔。西房是女监，监门向外，当时无犯羁禁。东房是男监，监门向里，内有一炕。周照贵系用细小木棍捅开铁镣铁锁，在西墙靠北的地方挖开一个窟窿，穿墙进入女监，然后从女监门上窗户跳出，来到院中。监狱四周本有高墙，墙上设有棘刺，难以翻越，可是狱卒大意，在北围墙下堆了柴束，周照贵遂攀上柴束，扳去围墙上的棘刺，越墙而逸。

周照贵是一名惯犯，曾在和林格尔赵玉家行窃，又曾流窜至善岱，窃取无名事主之衣服钱文。乾隆十七年（1752）八月二十九日夜，胆大包天的周贵照伙同那木哈等人，从和林格尔境内新店子驿站盗走站马三匹。此案不久即被破获，周照贵因系起意为首，应从重定罪，照偷盗官马三匹以上杖一百、流三千里定拟。惯盗落马，本可以交差了事，孰料竟又越狱逃走。明德深知此事重大，随即选派得力差役迅速追捕，贴出告示悬赏缉拿，又移书照会相邻诸协、营汛以及周照贵原籍山西河曲县，合力缉捕。此事上报之后，明德因疏防流犯越狱脱逃，革职留任；如果限满之后依然没有拿获，就要被革任。口外地广，抓捕周照贵这样的惯犯殊非易事。至乾隆十九年七月二十六日，四个月疏防限满，逃犯仍然不见踪影，明德被革任

---

① 乾隆十九年七月二十六日山西巡抚恒文题，一档馆藏内阁吏科题本，档号：02-01-03-05180-014。

的风险越来越大。压力之下,脚气旧病急剧恶化,明德不得不申请解任医治,回旗休养。

辞呈上报不久,归化城同知委派萨拉齐协理通判偏图前来验看,确认明德足痛之疾严重,确实无法正常履职,并无假捏规避情弊。归化城据此向归绥道上报,称"查该员任事以来,居官谨饬,办事黾勉,但任内有一件监犯越狱脱逃事,因疏防流犯周照贵越狱脱逃,奉准部咨革职留任一案,限满不获,应行革任,合并声明"。明德的请辞最终获批,遂得告病离任,回旗调理,卸事时间在乾隆二十年(1755)二月二十五日。

告病离任并不意味着万事大吉。回旗调理的明德仍然因两个案件而被问责:一是因逃犯周照贵仍未缉获,乾隆二十年(1755)十月,吏部奏请将"限满不获之管狱官和林格尔告病协理通判明德照例革职,系革职留任之员,相应革任"[1];二是和林格尔槽碾沟村寄居民人武进相受伤身死一案,时任协理通判明德因缉凶不力而被处以"住俸勒限一年缉拿",因其患病调理,遂得"应照离任官例议结之处,俟复参到日再议"[2]。

怀唐阿 蒙古镶蓝旗人。以托克托城协理通判署和林格尔协理通判事。据《题为会议刑部咨参山西省和林格尔协理通判明德等监管狱犯脱逃限满未获处分事》[3],乾隆二十年(1755)

---

[1] 乾隆二十年十月初九日吏部尚书王安国题,一档馆藏内阁吏科题本,档号:02-01-03-05278-007。

[2] 乾隆二十年六月初二日山西巡抚恒文题,一档馆藏档案,档号:05-13-002-000390-0110。

[3] 乾隆二十年十月初九日吏部尚书王安国题,一档馆藏内阁吏科题本,档号:02-01-03-05278-007。

二月二十五日到任，五月十七日卸事。在任期间曾承审"和林格尔厅寄民胡自富因醉归与母顶撞伤毙曾福元"①等案。

鄂朔 籍贯不详。据《题为会审山西和林格尔案犯米现因索工钱及寄放钱文起衅伤毙闫忠鹤案依律拟绞援赦减杖事》②，乾隆二十年（1755）五月十七日到任。

在任期间，曾审理"和林格尔厅寄民赵明贵殴伤索饮混闹陈大功身死"③"和林格尔蒙古阿玉什偷窃张良志牛只"④"和林格尔蒙古根本尔什等偷窃民人崔国朝等牛只"⑤"和林格尔厅田荣因索分公柴未得砍伤张三身死"⑥"和林格尔协寄民武国宝因讨牧牛工资起衅扎死姚章"⑦"和林格尔厅客民刘大成因承种地亩还欠争闹伤毙王永福"⑧"和林格尔刘玉玺因白有华酒后滋事将

---

① 乾隆二十一年三月二十六日刑部尚书鄂弥达题，一档馆藏内阁刑科题本，档号：02-01-007-018385-0003。
② 乾隆二十一年五月十四日刑部尚书鄂弥达题，一档馆藏内阁刑科题本，档号：02-01-07-05407-012。
③ 乾隆二十一年四月初五日刑部尚书鄂弥达题，一档馆藏内阁刑科题本，档号：02-01-007-018386-0010。
④ 乾隆二十一年五月十四日刑部尚书鄂弥达题，一档馆藏内阁刑科题本，档号：02-01-007-018499-0013。
⑤ 乾隆二十一年闰九月十九日山西巡抚明德题，一档馆藏内阁刑科题本，档号：02-01-007-018521-0014。
⑥ 乾隆二十一年十一月初六日山西巡抚明德题，一档馆藏内阁刑科题本，档号：02-01-007-018445-0007。
⑦ 乾隆二十二年五月二十五日山西巡抚明德题，一档馆藏内阁刑科题本，档号：02-01-07-05477-015。
⑧ 乾隆二十二年七月二十四日刑部尚书鄂弥达、署理刑部尚书秦蕙田题，一档馆藏内阁刑科题本，档号：02-01-07-05502-004。

其扎毙"①"和林格尔厅何仁因戏谑纠纷扎死张大义"②"和林格尔犯人石兆月因劝阻屡偷不悛砍死贾存私埋"③"和林格尔厅民李金发因索欠争闹伤毙卢二子"④"和林格尔厅冯进成丐民谋取衣服殴死武旺"⑤"和林格尔乞丐米二小子因分食纠纷殴伤温庶通身死"⑥"和林格尔民人杨通因被吠咬争闹扎死陈世忠"⑦"和林格尔厅客民樊亮因被窃莜麦伤毙营兵厄鲁特"⑧等案。乾隆二十四年（1759），因失察赌博被参⑨，又因在石兆月案中有"讳窃不报以致遗漏刺字"等过错而被罚俸三年。⑩乾隆二十五年，因

---

① 乾隆二十二年六月初八日山西巡抚明德题，一档馆藏内阁刑科题本，档号：02-01-007-018624-0019。
② 乾隆二十四年四月二十九日山西巡抚塔永宁题，一档馆藏内阁刑科题本，档号：02-01-007-018980-0009。
③ 乾隆二十四年十一月十八日刑部尚书鄂弥达题，一档馆藏内阁刑科题本，档号：02-01-007-019037-0012。
④ 乾隆二十五年三月二十一日山西巡抚鄂弼题，一档馆藏内阁刑科题本，档号：02-01-07-05721-013。
⑤ 乾隆二十五年七月十三日山西巡抚鄂弼题，一档馆藏内阁刑科题本，档号：02-01-007-019266-0007。
⑥ 乾隆二十五年十月二十四日刑部尚书鄂弥达，一档馆藏内阁刑科题本，档号：02-01-007-019212-0015。
⑦ 乾隆二十六年六月初二日刑部尚书鄂弥达、刑部尚书秦蕙田题，一档馆藏内阁刑科题本，档号：02-01-007-019343-0014。
⑧ 乾隆二十六年十二月十二日刑部尚书舒赫德、刑部尚书秦蕙田题，一档馆藏内阁刑科题本，档号：02-01-007-019425-0001。
⑨ 乾隆二十四年五月十八日山西巡抚塔永宁题，一档馆藏内阁史科题本，档号：02-01-03-05611-009。
⑩ 乾隆二十四年十一月十八日刑部尚书鄂弥达题，一档馆藏内阁刑科题本，档号：02-01-007-019037-0012。

"土城子楼子让被窃鞘银"一案限满未能破案，依例革任。① 据《题为会审山西和林格尔民班有业因索欠纠纷主使刘三伤毙王大汉一案依律拟绞监候等请旨事》②，乾隆二十五年十二月十四日革职离任。

鄂朔在任期间，曾妥善处置南部乡村被水受灾事件。据《题报和林格尔属村被水受灾十分村民照例动借仓谷渡灾事》③，乾隆二十三年（1758）六月二十日，上、下骆驼沟等里上、下窑子等村粮头郭守玉等禀称：

> 小的等各村所种官地内，有坐落山沟者，有临红河滩岸者，原无一律。兹于本年六月十四、十六等日连得雷雨，山水陡发，将所种禾苗为水淤漫，并将地亩冲塌。奈口外地寒，赶种不能成熟，不惟本年国课无出，抑且被水冲塌之地将来耕种不得，俯准查勘。

鄂朔闻报，迅即前往查勘，并向绥远城粮饷理事同知呼世图汇报。六月二十九日，呼世图陪同时任护理归绥道印务的归化城蒙古民事同知普喜亲赴灾区视察，眼见青苗在地，积水未退，无法下地丈勘，但成灾已是事实，需要尽快将被淹地亩成灾分

---

① 乾隆二十五年十月十一日署理吏部尚书归宣光题，一档馆藏内阁吏科题本，档号：02-01-03-05734-009。
② 乾隆二十六年十二月十三日刑部尚书舒赫德、刑部尚书秦蕙田题，一档馆藏内阁刑科题本，档号：02-01-07-05762-012。
③ 乾隆二十三年九月初三日建威将军保德、山西巡抚塔永宁题，一档馆藏内阁户科题本，档号：02-01-04-15164-001。

数、冲塌地亩是否确实不能垦复耕种等项调查清楚，并对受灾农民照例抚恤。普喜处事干练，允诺补偿农民损失，被水冲毁之地每顷借给存贮义仓谷二石，来岁秋收时免息征还。其后不久，归化城协理通判富勒珲奉委来到和林格尔被淹处所，与鄂朔一起详加查勘：

> 蒙委即赴和林格尔，会同该协通判，将被水各里村庄逐加查勘。该处地亩均系中地，其上骆驼沟里上窑子等三村滨河一带地畔原被水冲，而畔内地亩并未被淹，勘得滨河之地多系沙砾，间有浮卤浅沙之处，不成片段，似非报垦承粮之地。讯据该粮头郭守玉等，佥称实系承粮之地，今被冲塌一十余顷，粮无措办为词。但是否粮地被冲，抑系粮头捏报，希图隐漏，均难悬定，应请俟秋收后按原报额地清丈，有无亏缺，方见实底，再行分别办理，庶可折服民心，以杜弊混。
>
> 追勘下骆驼沟里下窑子、小东沟、石嘴子、沟门口、庙儿沟等五村，实被水淤漫成灾共中等地一十顷五十三亩四分六厘六毫，共下地一十九顷五十二亩七分二厘五毫；被水冲塌共中等地一十二顷五十四亩五分四毫；实被水冲泥淹禾苗伤坏无存，成灾已属十分。其冲塌之地现在水未消涸，所冲地亩是否仅存石骨难以耕种，抑系冲去泥土尚可培土耕种，亦应请俟水涸秋收之后勘验确实，查丈实数，再行办理。
>
> 至奉饬将被灾农民照例加意抚恤，毋致失所等因，

> 遵查，猝被水灾，原应遵例议请加赈，但系一隅偏灾，各农民尚有外里别村承种之地亩，转瞬即可收获接济。且已蒙饬令和林格尔通判动借义仓谷石，现在民俱安贴，不致失所，毋庸再议抚恤。惟是其间被灾农民未免贫富不齐，除现在动借义谷抚恤外，应请檄饬和林格尔通判于来岁春耕之时，确查各村庄被灾各户，如有缺乏籽种口粮者，临时酌量，再行详请借给，以资耕作，似属妥便。

鄂朔也将查勘情形及抚恤意见上报：

> 会同委员查勘得上骆驼沟里各村被水所冲地亩俱系边荒，并未伤损禾苗，尚不成灾外，查下骆驼沟里下窑子等村被水淤漫淹没禾苗共中等地一十顷五十三亩四分六厘六毫，共下等地一十九顷五十二亩七分二厘五毫，被水冲塌共中等地一十二顷五十四亩五分四毫，均成灾十分。除将成灾顷亩分数造具册结转送外，查被灾各户业蒙护理归绥兵备道亲临勘验，谕饬照淤漫地亩多寡分别借给义谷，现在糊口有资，转瞬即届秋成，另有地可以收获，一至冬间，或归原籍，或有铺店经营，自无失所，毋庸议赈。俟来岁东作将兴之际，果有无力耕种之户缺乏籽种口粮者，临时酌量情形详请借给籽种口粮，以资耕作。

粮饷同知呼世图根据富勒珲、鄂朔的汇报，提出处理意见：

一 ｜ 旧志所见清代和林格尔厅通判补订

覆查地方被灾四分以上者例不成灾，其五分以上者俱成灾伤。今查和林格尔通判所属上下骆驼沟里各村庄禾苗被水冲淹内，除上骆驼沟里上窑子等三村被水所冲，地亩俱系边荒，并未伤损禾苗，不成水灾外，其下骆驼沟里下窑子等五村禾苗被水淤漫，淹没冲塌中、下二等共地四十二顷六十亩六分九厘五毫，禾苗实被水成灾十分，自应按照成灾分数蠲免钱粮。查定例，内开：被灾十分者免钱粮十分之七，至缓征年限亦照被灾轻重分别带征，如被灾十分者将该年缓征钱粮分作三年带征等因。遵奉在案。今和林格尔地亩实被水成灾十分，应请饬令该协将被水各村应免银米，遵照定例，按照灾伤分数分别蠲缓带征造册，详请蠲免。至被灾农民应作何抚恤之处，今据该通判详称，遵谕照淤漫地亩多寡分别动借义仓谷石，现在糊口有资，转瞬即届秋成，另有地可以收获，一至冬间，或归原籍，或有店铺经营，自无失所。现在安堵，毋庸赈恤，请俟来岁东作将兴之际，果有无力耕种之户缺乏籽种口粮者，临时酌量，详请借给，以资耕作等因。似应俯如所请，于来春东作之时，细加查察，临时酌量，详请动借，以资耕作。

据《题遵议本年绥远城和林格尔通判所属骆驼沟里下窑子等村被水赈恤事》[①]，呼世图的报告经护理归绥道印务普喜覆查无异，呈转建威将军保德，与山西巡抚塔永宁于乾隆二十三

[①] 乾隆二十三年十月初三日大学士兼管户部事务傅恒、户部尚书蒋溥题，一档馆藏内阁户科题本，档号：02-01-04-15119-019。

年（1758）九月初三日合词题奏，请示敕户部议覆施行。九月十七日奉旨，交由户部议奏。十月初三日，户部议奏，基本同意保德的题奏意见，并形成以下处理决议：

其一，和林格尔被水成灾十分，共淹没冲塌地四十二顷六十亩六分九厘五毫，已照淤漫地亩多寡分别每顷动借义仓谷二石。所借支义仓谷石，于明岁秋收后，照例免息征收还仓。

其二，将被灾地亩本年应完钱粮，准其照例分别蠲免；下剩钱粮，准其于来岁开征后照例分作三年带征。

其三，至来岁东作之时，如有无力耕种贫民，亦令转饬酌量借给籽种口粮，以资耕作。

其四，被灾农民一至冬间或归原籍，或有铺店经营，自无失所，现在安堵，毋庸赈恤。

十月初五日奉旨"依议"，此事随即进入具体落实环节。鄂朔在统计造册时发现，下骆驼沟五村受灾的四十二顷六十亩六分九厘五毫地亩，其实分两种情况：一种是被洪水淤漫淹没，中、下二等总共三十顷六亩一分九厘一毫；一种是被水冲坍塌，中地共一十二顷五十四亩五分四毫。前一种明年还可复种，故只需按照成灾分数蠲免本年度钱粮。后一种则是地毁不能复种，非但本年度钱粮需要蠲免，地力恢复之前均应豁免；如果不予豁免，势必会加重百姓和经催官吏的负担。鄂朔意识到问题的严重性，即于乾隆二十三年十二月初向绥远城粮饷理事同知报告：

> 下骆驼沟里下窑子等五村被水淤漫淹没成灾中、下

二等共地三十顷六亩一分九厘一毫，本年应征钱粮分晰等则造具应蠲应缓银米各数，并造具借支义仓谷石数目清册，业经另文申送，核转在案。今查被水冲坍塌中地共一十二顷五十四亩五分四毫，俱成沙砾河滩，难以垦复耕种，亦无涨地可以拨补，地既无耕，粮无由出。查一切坍塌地亩无涨地可补者，例得题请豁免，相应详请委员勘验查丈，以便造册，详请豁免。①

呼世图随即委派昆都仑协理通判拔彦前往调查。乾隆二十四年（1759）正月初二日，拔彦详称：

遵即束装于乾隆二十三年十二月初十日前赴和林格尔，会同该协亲诣下骆驼沟里下窑子等村，将被水冲塌中地共一十二顷五十四亩五分四毫，逐一勘验查丈，实系已成沙砾，不能垦复耕种，亦无涨地可以拨补，似应照例豁除。查被水冲塌中地一十二顷五十四亩五分四毫，应征草折银一十五两五分四厘四丝八忽，本色米二十五石九升八抄。

呼世图上报归绥道，归绥道道员固世衡覆查无异，呈送建威将军。乾隆二十四年（1759）四月二十六日，建威将军保德会同山西巡抚塔永宁合词具题，请求豁免。最终，上下骆驼沟被洪

---

① 乾隆二十四年四月二十六日建威将军保德、山西巡抚塔永宁题，一档馆藏内阁户科题本，档号：02-01-04-15172-007。

水淹没冲塌的四十多顷地亩,当年应交钱粮得以蠲免,往年积欠钱粮得以缓征,部分水毁地亩得以豁免。灾民虽然没有得到赈恤,但可以支借义仓粮食以渡时艰,部分贫民还可以在来年开种时支借籽种口粮。作为地方主官,鄂朔在减灾善后方面的积极作为堪称尽职。时任护理归绥兵备道印务的归化城同知普喜后来因巨贪被查处,但他在此次和林格尔减灾事件中的表现却有值得称道之处:无论是第一时间亲诣查勘,还是第一时间批准开仓借谷,都是安抚百姓的善举。

鄂朔在和林格尔任职五年,所承办案件中,仅命案至少有十六件,其中还包括两件蒙民交涉案件;至于盗案及其他经济纠纷案件,想必更为夥繁。刑名案件激增的背景,是大量汉民涌入和林格尔后引发了当地社会环境的巨变。巨变往往是社会发展的标志,但也会给每个身处其中的社会成员带来冲击。对于鄂朔这样的地方官来说,权轻事繁,动辄被参,实属正常。总体而言,鄂朔在和林格尔协理通判任上的政绩表现还算出色。他离开和林格尔之后,革职引见,以笔帖式供职。①

拔彦 乾隆二十三年(1758)任昆都仑协理通判。乾隆二十五年十一月,和林格尔协理通判鄂朔被参革职离任,拔彦遂以昆都仑协理通判署和林格尔厅事。② 当时,清廷批准了山

---

① 乾隆二十六年十二月十二日刑部尚书舒赫德题,一档馆藏内阁刑科题本,档号:02-01-007-019425-0001。
② 乾隆二十六年十二月十三日刑部尚书舒赫德题,一档馆藏内阁刑科题本,档号:02-01-07-05762-012。

西巡抚鄂弼关于裁撤昆都仑、善岱二协理通判,改归化城、和林格尔、托克托城、清水河、萨拉齐五协理通判为理事通判的政改方案,拔彦因"为人率直,办事勇往,于和林格尔冲缺相宜"①,得到鄂弼保荐。乾隆二十五年年底至次年年初,拔彦的官称是"兼办昆都仑通判印务署和林格尔通判"或"兼署昆都仑通判事署和林格尔通判"②,既要署理和林格尔理事通判事务,还要处理昆都仑厅裁撤之后的善后事务,新旧一肩挑。乾隆二十六年五月初六日,拔彦因调补和林格尔通判赴部引见,暂时离任。八月十二日正式返任,成为首任和林格尔理事通判。据《题为会审山西和林格尔厅客民亢文元等因索赔欠纠纷伤毙兰似英案依律分别定拟请旨事》③,乾隆二十八年十二月二十日被参离任。

拔彦在和林格尔任职期间,曾承审"和林格尔民人张伏喜因相戏谑争闹扎伤崔光有身死"④"和林格尔蒙古多尔济等因乞丐打门讨吃启衅殴毙李三"⑤"和林格尔民人温宪小子因斥劝

---

① 乾隆二十五年十一月二十六日山西巡抚鄂弼奏,一档馆藏朱批奏折,档号:04-01-12-0104-087。
② 乾隆二十六年十二月初九日刑部尚书舒赫德题,一档馆藏内阁户科题本,档号:02-01-007-019365-0013。
③ 乾隆二十九年十二月初五日刑部尚书舒赫德题,一档馆藏内阁刑科题本,档号:02-01-007-019917-0009。
④ 乾隆二十七年二月二十一日刑部尚书舒赫德、刑部尚书秦蕙田题,一档馆藏内阁刑科题本,档号:02-01-007-019473-0014。
⑤ 乾隆二十七年三月十四日刑部尚书舒赫德题,一档馆藏内阁刑科题本,档号:02-01-007-019478-0009。

范居明责妾吵打启衅误伤范根小子身死"①"和林格尔蒙古袄力户因强买瓜食被拒启衅踢伤民人焦富身死"②,"和林格尔民人李生枝因雇工议价纠纷伤毙傅洪业"③"和林格尔厅民王花因被索酒钱扎伤郝老红身死"④"和林格尔厅郭顺因装车不当被嗔斥争殴伤毙马世泰"⑤"和林格尔厅乔国仕等晒人夫妻吵嘴起衅争殴伤毙王升"⑥"和林格尔民人邢永印因被索欠争殴伤毙李发"⑦"和林格尔厅赵九因被索欠争殴扎伤赵昌身死"⑧"和林格尔王延因索欠纠纷误扎孔司礼身死"⑨"和林格尔寄民吴建福因索欠争殴

---

① 乾隆二十七年三月十五日刑部尚书舒赫德题,一档馆藏内阁刑科题本,档号:02-01-007-019478-0014。
② 乾隆二十七年三月二十四日山西巡抚鄂弼题,一档馆藏内阁刑科题本,档号:02-01-007-019481-0014。
③ 乾隆二十七年五月初三日刑部尚书舒赫德题,一档馆藏内阁刑科题本,档号:02-01-007-019492-0001。
④ 乾隆二十七年九月初七日山西巡抚明德题,一档馆藏内阁刑科题本,档号:02-01-07-05822-003。
⑤ 乾隆二十七年十一月十一日刑部尚书舒赫德题,一档馆藏内阁刑科题本,档号:02-01-007-019535-0002。
⑥ 乾隆二十七年十一月十四日刑部尚书舒赫德题,一档馆藏内阁刑科题本,档号:02-01-007-019535-0016。
⑦ 乾隆二十七年十二月初五日刑部尚书舒赫德、刑部尚书秦蕙田题,一档馆藏内阁刑科题本,档号:02-01-07-05880-014。
⑧ 乾隆二十八年三月十五日刑部尚书舒赫德、刑部尚书秦蕙田题,一档馆藏内阁刑科题本,档号:02-01-07-05945-005。
⑨ 乾隆二十八年三月二十七日刑部尚书舒赫德、刑部左侍郎官保题,一档馆藏内阁刑科题本,档号:02-01-007-019692-0007。

伤毙张文德"①"和林格尔民人李尔端因结算工账争殴伤毙马六子"②"和林格尔厅客民亢文元等因索赔欠纠纷伤毙兰似英"等案件。履职三年，仅经手命案就至少有十四件，平均每年四件有余，足见当时和林格尔厅治安环境之差。

拔彦曾被原山西巡抚鄂弼评作"为人率直，办事勇往，于和林格尔冲缺相宜"，足见他具有勇于任事的魅力和优点。但"率直"与"勇往"并不意味着善于解决问题。在乾隆二十八年（1763）的大计考核中，山西巡抚和其衷给他的考语是"才力不及"③。才力不及是大计"六法"之一，指官员能力不足，效率低下，不能胜任本职工作。大计中但获此评，便要被给予降二级调用的处分。拔彦遂被题参，于乾隆二十八年十二月二十日离任。

孚兰泰 拔彦赴部引见期间，以"兼办昆都仑事署和林格尔通判印务笔帖式"身份履职和厅。乾隆二十六年（1761）五月初六日到任，八月十二日离任。其间曾接审"和林格尔民人张伏喜因相戏谑争闹扎伤崔光有身死""和林格尔蒙古袄力户因强买瓜食被拒启衅踢伤民人焦富身死"等案。

堂英 满洲镶蓝旗人。初由部院笔帖式调补山西巡抚衙门笔帖式。乾隆十九年（1754）六月升为太原府理事通判，丁忧

---

① 乾隆二十八年七月二十一日刑部尚书舒赫德、刑部尚书秦蕙田题，一档馆藏内阁刑科题本，档号：02-01-07-05976-001。
② 乾隆二十八年八月初七日护理山西巡抚文绶题，一档馆藏内阁刑科题本，档号：02-01-07-05924-005。
③ 乾隆二十九年正月二十四日山西巡抚和其衷奏，《宫中档乾隆朝奏折》第20辑，台北"故宫博物院"印行，1982年，第352页。

回旗。乾隆二十八年三月重回晋省，署丰镇厅通判。据《题为会审山西和林格尔厅客民亢文元等因索赌欠纠纷伤毙兰似英案依律分别定拟请旨事》，乾隆二十八年十二月二十日始署和林格尔厅通判。乾隆二十九年正月二十四日，山西巡抚和其衷折请以堂英补授和林格尔通判，折称：

> 窃照归化厅属之和林格尔通判拔彦，经臣于计典案内以"才力不及"纠参在案，所遗通判员缺系冲繁难三项相兼要缺，例应于各部院蒙古笔帖式内请旨补放，如人地不宜，于各协厅内调补。臣查该通判地处口外，与蒙古接壤，界当冲要，户口繁多，命盗相验等事案牍颇繁，必得精明强干、熟悉风土之员，方克胜任。前抚臣明德以山西满缺甚多，奏请简发满员，以备补用。今该通判遗缺，恐初任之员未能胜任，必得干员整顿，方于要地有益。臣与布政使文绶、按察使蓝钦奎再四商酌，查有简发委用通判堂英，年五十岁……该员心地明白，办事奋勉，历经委署丰镇通判并和林格尔通判各印务，俱能料理妥协，以之补授和林格尔通判，实能胜任。再堂英系候补通判，今补通判，衔缺相当，毋庸送部引见。至该员前署丰镇通判任内因王瑞云案内失察赌博，业经附参，尚未准有部覆。此外再无参罚案件。①

---

① 乾隆二十九年正月二十四日山西巡抚和其衷奏，《宫中档乾隆朝奏折》第20辑，台北"故宫博物院"印行，1982年，第352页。

和其衷对堂英颇为看重，竭力保举。旧例，和林格尔厅通判应从各部院蒙古笔帖式内拣选，出身满洲笔帖式的堂英似乎不符，和其衷就搬出前任山西巡抚明德"简发满员，以备补用"的旧案；担心朝廷从部院拣选新人，就说和林格尔这样的"冲繁难"兼三要缺，"初任之员未能胜任"，必得堂英这样经验丰富的干员才"于要地有益"。吏部议奏时，吏部尚书傅森以为和林格尔通判"系属边缺简发委用通判，堂英与例不符"①。所谓"例"，是指前引"通判员缺系冲繁难三项相兼要缺，例应于各部院蒙古笔帖式内请旨补放，如人地不宜，于各协厅内调补"。太原府理事通判属内地通判，不具备调补和林格尔厅通判的资格。堂英实授不成，只得署理。

堂英署理和林格尔通判期间，曾审理"和林格尔厅客民亢文元等因索赌欠纠纷伤毙兰似英""和林格尔厅寄民王有贵因债务纠纷伤毙李自魁"②"和林格尔厅客民张二因饭熟先食相詈伤毙闫二"③等案。乾隆二十九年（1764）四月二十九日离任。

僧保 蒙古正红旗人。据《题为和林格尔通判僧保因病

---

① 《内阁大库档案》，乾隆二十九年二月十五日吏部尚书傅森题覆山西巡抚和其衷奏归化厅属之和林格尔通判拔彦纠参在案所遗员缺系属边缺简发委用通判堂英与例不符应毋庸议，台北"中研院"历史语言研究所藏，登录号：079013-001。
② 乾隆二十九年十一月十六日刑部尚书舒赫德题，一档馆藏内阁刑科题本，档号：02-01-07-06000-007。
③ 乾隆二十九年十二月初九日刑部尚书舒赫德、户部尚书暂署刑部尚书事务刘纶题，一档馆藏内阁刑科题本，档号：02-01-007-019910-0014。

请解任调理并请以保琳借补事》①，初为八旗下级军官。雍正五年（1727）补授理藩院主事。雍正七年升授员外郎，并于本年五月随宁远大将军出征巴里坤。乾隆三年（1738）派往张家口外管理军台。乾隆四年补授内阁中书。乾隆十一年升授塔子沟蒙古民事通判，未及到任，本年四月丁母忧。乾隆二十九年二月二十七日吏部带领引见，补授和林格尔理事通判，并于本年四月二十九日到任。乾隆三十一年六月因腿疾发作，告病离任。

在任期间，承审"和林格尔厅张进禄因迟归误农相殴伤毙胞兄张进朝"②"和林格尔客民武继昌因催逼还窑起衅殴伤南氏弃沟致死"③"和林格尔案犯史达因索欠争吵扎伤田法身死"④"和林格尔客民郭林有因卖烟袋争价起衅伤毙张昌运"⑤"和林格尔民贺有银因鸡只作践纠纷伤毙郭喜全"⑥"和林格尔寄民

---

① 乾隆三十一年七月十一日山西巡抚彰宝题，一档馆藏内阁吏科题本，档号：02-01-03-06087-011。
② 乾隆二十九年十月初七日山西巡抚和其衷题，一档馆藏内阁刑科题本，档号：02-01-007-019902-0018。
③ 乾隆三十年二月初八日大学士兼管刑部事务刘统勋、刑部尚书舒赫德题，一档馆藏内阁刑科题本，档号：02-01-07-06098-005。
④ 乾隆三十年四月十六日大学士兼管刑部事务刘统勋、刑部尚书舒赫德题，一档馆藏内阁刑科题本，档号：02-01-07-06011-011。
⑤ 乾隆三十年闰二月初六日大学士兼管刑部事务刘统勋、刑部尚书舒赫德题，一档馆藏内阁刑科题本，档号：02-01-07-06082-004。
⑥ 乾隆三十年四月二十六日大学士兼管刑部事务刘统勋、刑部尚书舒赫德题，一档馆藏内阁刑科题本，档号：02-01-007-019975-0011。

李玉典因索欠起衅伤毙王开凤"①"和林格尔厅任禄因张国正酒后报怨角口将其打死"②"和林格尔民袁喜因家事纠纷砍殴同居继父袁尚志身死"③"和林格尔厅案犯王悦成因被索欠起衅伤毙李如富"④"和林格尔厅犯人李仓因摊钱修理公碾纠纷伤毙张士金"⑤等案件。

僧保在和林格尔厅通判任上最为醒目的政绩，是常平仓的修建落成。常平仓是中国古代调节粮价、备灾救急的重要制度，早在汉代就已经存在。清代常平仓之设始于顺治朝，所储米谷既有官府购入者，也有乡绅捐输者，各道官员专管，每年造册报部。其后施设渐广，各省、府、州、县均建立常平仓，储备米、麦、谷、豆、高粱等粮食，春夏出粜，秋冬籴还，平价生息，凶岁赈贫。由于归化城诸厅建置较晚，常平仓制度没有得到全面推广。乾隆二十七年（1762），山西巡抚明德奏请在归化城五厅设置厅仓，以裕积贮，以备拨用：

窃照归化城五厅地方，土性肥沃，田畴甚广，数十

---

① 乾隆三十年三月二十八日护理山西巡抚文绶题，一档馆藏内阁刑科题本，档号：02-01-07-06041-005。
② 〔乾隆三十年〕大学士兼管刑部事务刘统勋题，一档馆藏内阁刑科题本，档号：02-01-007-020032-0007。
③ 乾隆三十年七月十四日山西巡抚彰宝题，一档馆藏内阁刑科题本，档号：02-01-007-019993-0002。
④ 乾隆三十年十一月三十日山西巡抚彰宝题，一档馆藏内阁刑科题本，档号：02-01-07-06074-010。
⑤ 乾隆三十一年二月二十七日大学士管理刑部事务刘统勋题，一档馆藏内阁刑科题本，档号：02-01-007-020174-0003。

年来内地民人前往垦种，树艺甚繁，产粮日裕。因农民多系单身往耕，是以收获多而食用少，每遇丰收，余粮甚多，其价较之内地倍贱，商贩往来不绝，太原、汾州及省北一带民间所食米面，大抵俱来自归化城。若遇连获丰登，余粮益广，转致难以销售，如官为采买，于农民亦甚有益。然口外天时不同，往往缺雨，又多早霜，倘遇歉收，粮价亦颇昂贵。是以乾隆二十五年，采买绥远城兵粮粟米五万石，每石用价银二两七钱。二十六年春，又采买兵粮粟米五万石，每石用价银二两二钱。两年采买兵米共用银二十四万五千两，殊多糜费。是归化城地方必须积贮充盈，方称有备无患。况归化城内联大朔，西通榆林，皆系兵多粮少之区，如于丰收粮贱之年购买积贮，不惟钱粮多有节省，抑且本省内地及邻省遇有需用，俱可就近拨济，实于国计民生均有裨益。即如乾隆二十二年臣在榆林一带查办灾务，因仓贮缺乏，赈粜无资，奏请拨用归化城属托克托城谷肆万石，于灾地大为有裨。今归化城七协厅已经归并设为五通判，除托克托城从前已有买贮军需谷石足资备用外，其余四厅所管民事与内地州县无异，而厅仓未设，实属缓急无备。

  臣查归化城地方，仰赖圣主福庇，上年秋收既好，今岁又属丰稔，现在每谷一石，仅值银六七钱不等，较之内地，不及半价，似应乘此丰收价贱，建设厅仓，以资储蓄，以备拨用。除托克托城现存谷十余万石无庸添设外，其余归化城、和林格尔、萨拉齐、清水河四通判，应请每处添设常平仓谷三万石，照依从前买贮之例，动用司库耗羡银两，乘此丰收粮贱，上紧采买备贮，倘至市价增长，即行停止，俟下年丰收，再行采买。其应需仓厫，亦动用耗羡添建，照例派拨兵役看守。如此则归化城各厅仓储有备，缓急可恃，即内地邻省遇有需用，亦可就近拨济，实于国计民生均有裨益矣。①

当时归化城五厅中只有托克托城设有常平仓，包括和林格尔在内的其余四厅皆无此制，与口外社会经济的发展甚为不谐，故添建事务尤为迫切。明德于乾隆二十七年（1762）九月初三日具奏，九月十九日就奉到朱批：如所议行。批复如此爽快，足见朝廷对这件事的重视。

乾隆二十八年（1763）六月，和林格尔等四厅常平仓营建方案得到工部批准。每个常平仓包括仓厫三十间、仓神庙一间、官厅三间、书办房二间、大门一间。四厅预算总计二万九千九百九十八两五钱四分八厘（归化城估计银七千六百十七两四分二厘，和林格尔估计银七千六百八十四两六钱四分二厘，萨拉齐估计银六千八百八十三两六钱八分二厘，清水河估计银七千八百一十三两一钱八分二厘），先由司库耗羡暂时支用，待竣工后再据实报销。工部要求四个月内备料兴建，五个月内完竣验收。时任和林格尔通判拔彦、署理和林格尔通判堂英先后参与本厅常平仓的营建工程，乾隆二十九

---

① 乾隆三十年十月二十四日山西巡抚彰宝题，一档馆藏内阁工科档案，档号：02-01-008-001429-0003。

年四月到任的僧保则见证了常平仓的落成。

常平仓的设立是和林格尔社会经济发展史上的大事，但营建过程并不平顺。据《为题请核销归化城和林格尔萨拉齐清水河四厅建盖添设常平仓厫用过工料银两事》①，诸厅常平仓大约在乾隆二十九年（1764）底先后竣工，总共支出二万九千二百六十八两八分三厘（归化城通判用过银七千五百三十一两九钱一分八厘，和林格尔通判用过银七千六百二十四两七钱四厘，清水河通判用过银七千三百十六两三分九厘，萨拉齐通判用过银六千七百九十五两四钱二分二厘），较预算节余四百余两。僧保与三位同僚一起，把工料银两造具册结，上报请求核销。工部核查，予以驳回：

> 查归、和、萨、清四厅建盖常平仓厫用工料银两，本部查册开：建造仓厫气楼，并未将檐高、脊高并挑山丈尺分晰声明。成砌墙垣山尖，亦未开明各长、高、厚丈尺。内里填厢筑土，又未将高、宽尺寸声明。一切匠工均系笼统造报，并未按料计工，逐款分晰，均难查核。相应将指驳各款在于副册内注明钤印，发还该抚转饬，详细查明，据实分晰，另造正副妥册，送部查核。

工部认为建筑规格重要数据不明，据以得出的工料预算自然不够精确，难免会有水分，因而要求地方按照工部要求详细上

---

① 乾隆三十年十月二十四日山西巡抚彰宝题，一档馆藏内阁工科档案，档号：02-01-008-001429-0003。

报。山西巡抚和其衷将工部意见下传地方，四厅只得遵示妥办。不知道是工部老爷们火眼金睛果能看穿猫腻，还是地方官员骑驴下坡务求成事不说，四厅重新上报册结，不约而同地减小了支出。具体来说，归化城删减银四十六两九钱六分一厘，实请销银七千四百八十四两九钱五分七厘；清水河删减银二十四两七钱二分，实请销银七千二百九十一两三钱一分九厘；萨拉齐删减银三十四两三分，实销银六千七百六十一两三钱九分二厘；和林格尔删减银一百三十六两三钱六分九厘，实请销银七千四百八十八两三钱三分五厘。四厅总共删减二百四十二两八分，其中和林格尔占到一半还多。

乾隆三十年（1765）九月十九日，山西布政使文绥呈报新任山西巡抚彰宝：

> 准归绥道长安咨，行据归化城新改同知及和林格尔、清水河、萨拉齐通判各将建造仓厫遵照部驳款目逐一分晰，自行删减，详细妥造册结，呈送到司，覆加查核，均属相符，实无草率混冒情弊。所有归化城同知用过银七千四百八十四两九钱五分零，和林格尔通判用过银七千四百八十八两三钱三分零，清水河通判用过银七千二百九十一两三钱一分零，萨拉齐通判用过银六千七百六十一两三钱九分零。以上归、和、清、萨四厅除自行删减银二百四十二两八分，通共实用银二万九千二十六两零，在于司库乾隆二十七年耗羡项内酌给银一万九百两，乾隆二十八年耗羡银一万六千六百两，

> 乾隆二十九年耗羨銀七百三十一兩九錢一分零，尚有未領銀七百九十四兩八分零，俟奉覆允銷之日，分別找繳。

彰宝覆核无异，于乾隆三十年（1765）十月二十四日相应具题，蒙准核销，此事才算告一段落。需要说明的是，《和林格尔厅志略·仓库》说常平仓"在厅署外东北角，乾隆四十八年造"①，其中关于建造年代的说法似乎有误。

僧保出任和林格尔厅通判之时已经五十八岁。他原本就有腿疾，并曾因腿疾复发而在乾隆十四年（1749）告病调理，此次在和厅任上刚满两年，再次因腿伤提请告病：

> 正思黾勉供职，不期滑倒，乘骑垫压左腿，自胯至足，骨损内伤，皮肉青肿，又兼左膀麻木，右腮唇吻，俱各斜率，医治不痊，不能动履，难以供职。②

上司例行公事，派遣绥远城同知和顺前往验看，情况属实，加之僧保不存在任内尚有未完事件的情形，很快获准回籍调理，病痊照例补用。从上司给予的"为人老成，办事勤慎，蒙古地方，尤为熟悉"评价之语来看，僧保应是一位中规中矩的地方官。

---

① ［清］陈宝晋等纂辑：《和林格尔厅志略·和林格尔行政文·和林格尔县志草》，呼和浩特：远方出版社，2008年，第18页。
② 乾隆三十一年七月十一日山西巡抚彰宝题，一档馆藏内阁吏科档案，档号：02-01-03-06087-011。

海明 满洲正蓝旗人。乾隆三十一年（1766）六月以清水河通判署和林格尔通判。在任期间曾审理"和林格尔厅人白文林扎伤陈顺身死"①"和林格尔厅犯人段四子因驴头践食谷子起衅伤毙李小子"②等案件。离任时间当在三十一年十二月底。

保琳 满洲正黄旗人。初由笔帖式补授直隶保定府理事同知，丁忧服满，拣发山西委用，并曾署平阳府同知。乾隆三十一年（1766）七月十一日，山西巡抚彰宝题请以保琳借补和林格尔通判，称"该员为人诚实，诸事奋勉，屡经委署，颇能实心经理，整顿地方，以之借补和林格尔通判，则不特人地相宜，而与定例亦相符合"③。由于保琳本系理事同知，今借补通判，衔大缺小，无须送部引见。乾隆三十一年八月二十八日，以候补同知补授和林格尔通判。④据《题为审理和林格尔厅民朱必展因被索欠争角扎死张潮印一案依律拟绞监候请旨事》⑤，乾隆三十四年六月初六日卸事，签升理藩院员外郎。

保琳任职期间，曾承审"和林格尔厅客民杨光禄因索地

---

① 乾隆三十一年十二月十九日山西巡抚彰宝题，一档馆藏内阁刑科题本，档号：02-01-07-0985-005。
② 乾隆三十一年十二月十九日山西巡抚彰宝题，一档馆藏内阁刑科题本，档号：02-01-07-06171-015。
③ 乾隆三十一年七月十一日山西巡抚彰宝题，一档馆藏内阁吏科档案，档号：02-01-03-06087-011。
④ 中国第一历史档案馆编:《乾隆帝起居注》卷25，乾隆三十一年八月，桂林：广西师范大学出版社，2002年，第378页。
⑤ 乾隆三十四年十月初三日山西巡抚鄂宝题，一档馆藏内阁刑科题本，档号：02-01-07-06435-004。

抵欠起衅伤毙木楚克"①"和林格尔厅任得荣因戏扎伤赵包子身死"②"和林格尔厅齐德有因索欠争殴致毙卜天锡"③"和林格尔韩大义因欲仍留车铺居住未允故杀康永法身死"④"和林格尔民刘申因被索摊会费相争伤毙张天祥"⑤"和林格尔客民齐德有因索欠未得揿按卜天锡淹死"⑥"和林格尔厅客民樊恒山因理责醉酒混骂伤毙樊袭贵"⑦"和林格尔厅客民闫天成因被混索地租伤毙波罗尔代"⑧"和林格尔厅民陆大憨子因索欠争闹伤毙李兴"⑨"和林格尔厅客民闫世达因弟被泼水误溅争殴伤毙卢

---

① 乾隆三十三年二月二十六日大学士管理刑部事务刘统勋、刑部尚书舒赫德题,一档馆藏内阁刑科题本,档号:02-01-07-06371-003。
② 乾隆三十二年七月十八日山西巡抚彰宝题,一档馆藏内阁刑科题本,档号:02-01-007-020476-0017。
③ 乾隆三十二年七月二十九日山西巡抚彰宝题,一档馆藏内阁刑科题本,档号:02-01-007-020480-0007。
④ 乾隆三十二年闰七月初九日山西巡抚彰宝题,一档馆藏内阁刑科题本,档号:02-01-07-06300-009。
⑤ 乾隆三十二年九月二十八日山西巡抚彰宝题,一档馆藏内阁刑科题本,档号:02-01-07-06251-006。
⑥ 乾隆三十二年十月十五日大学士管理刑部事务刘统勋、刑部尚书杨廷璋题,一档馆藏内阁刑科题本,档号:02-01-07-06220-004。
⑦ 乾隆三十三年三月二十四日大学士管理刑部事务刘统勋、刑部尚书杨廷璋题,一档馆藏内阁刑科题本,档号:02-01-07-06377-005。
⑧ 乾隆三十三年三月二十八日山西巡抚苏尔德题,一档馆藏内阁刑科题本,档号:02-01-07-06326-011。
⑨ 乾隆三十二年九月二十四日山西巡抚鄂宝题,一档馆藏内阁刑科题本,档号:02-01-07-06217-006。

二"①"和林格尔民高玉才因索欠争殴伤毙杨满汉子"②"和林格尔厅郝万海因酒后争角打死郑普喜"③"和林格尔厅民任秦因戏谑致相殴伤毙王库"④"和林格尔民人张喜因被骗钱文启衅扎毙郭九"⑤"和林格尔厅民金天得因杀猫被骂伤毙张士奇"⑥"和林格尔王成祥因酒醉寻衅扎伤潘忠身死"⑦"和林格尔张喜因钱被骗起衅扎伤郭九身死"⑧"和林格尔厅民朱必展因被索欠起衅伤毙张潮印"⑨"和林格尔王成祥因酒醉索饮被逐起衅伤毙潘忠"⑩等案件。又曾参与履勘和林格尔、清水河二厅右卫空出五旗牧厂余地招民

---

① 乾隆三十二年十二月初十日山西巡抚彰宝题,一档馆藏内阁刑科题本,档号:02-01-007-020539-0010。
② 乾隆三十三年三月二十八日山西巡抚苏尔德题,一档馆藏内阁刑科题本,档号:02-01-07-06327-002。
③ 乾隆三十三年十月十二日大学士管理刑部事务刘统勋、刑部尚书官保题,一档馆藏内阁刑科题本,档号:02-01-007-020774-0005。
④ 乾隆三十三年四月二十七日山西巡抚苏尔德题,一档馆藏内阁刑科题本,档号:02-01-007-020734-0014。
⑤ 乾隆三十四年九月二十六日大学士管理刑部事务刘统勋题,一档馆藏内阁刑科题本,档号:02-01-007-021006-0017。
⑥ 乾隆三十三年五月十二日山西巡抚苏尔德题,一档馆藏内阁刑科题本,档号:02-01-007-020738-0011。
⑦ 乾隆三十四年三月初六日山西巡抚鄂宝题,一档馆藏内阁刑科题本,档号:02-01-007-020931-0014。
⑧ 乾隆三十四年六月十八日山西巡抚鄂宝题,一档馆藏内阁刑科题本,档号:02-01-007-020954-0015。
⑨ 乾隆三十四年十月初三日山西巡抚鄂宝题,一档馆藏内阁刑科题本,档号:02-01-07-06435-004。
⑩ 乾隆三十四年五月二十六日大学士管理刑部事务刘统勋题,一档馆藏内阁刑科题本,档号:02-01-007-020950-0014。

垦种已垦地亩等事。①

噶尔炳阿 满洲正黄旗人。据《题请以八格补授和林格尔通判噶尔炳阿补授绥远城同知事》②，最初在都察院经历司任职，乾隆二十四年（1759）六月保送边缺同知，奉旨记名。乾隆三十三年四月拣选引见，发往山西试用。据《题为审理和林格尔厅民朱必展因被索欠争角扎死张潮印一案依律拟绞监候请旨事》③，乾隆三十四年六月初六日署理和林格尔通判，六月初十日卸事，升任绥远城粮饷理事同知。

八格 满洲正蓝旗人。初为都察院笔帖式，乾隆三十年（1765）京察一等，加一级，保送拣选，引见记名，以理事同知通判用。乾隆三十三年四月二十九日引见，奉旨发往山西，以理事同知通判用。乾隆三十三年六月初五日到省，曾署归化城同知。因"年力强盛，办事明白"，山西巡抚彰宝保举题补他为和林格尔通判。④ 初为署理和林格尔通判，乾隆三十四年六月初十日到任。后转实为和林格尔理事通判，据《题为遵议山西和林格尔通判八格升补丰镇理事同知令先赴部引见

---

① 乾隆三十五年三月初一日山西巡抚鄂宝题，一档馆藏内阁户科题本，档号：02-01-04-16139-004；乾隆三十五年六月十九日山西巡抚鄂宝题，一档馆藏内阁户科题本，档号：02-01-04-16140-013。

② 乾隆三十四年五月十六日山西巡抚鄂宝题，一档馆藏内阁吏科题本，档号：02-01-03-06350-003。

③ 乾隆三十四年十月初三日山西巡抚鄂宝题，一档馆藏内阁刑科题本，档号：02-01-07-06435-004。

④ 乾隆三十四年五月十六日山西巡抚鄂宝题，一档馆藏内阁吏科题本，档号：02-01-03-06350-003。

事》①，本年十一月二十一日到任。

在任期间曾参与和林格尔地方右卫空出镶黄旗牧厂地亩招民垦种事务。②审理"和林格尔寄民刘库因砍伤践食猪只起衅伤毙索有才"③"和林格尔厅徐养忠索欠工钱争殴扎伤宋荣身死"④"和林格尔厅韩景祥斥赌输闹事抽勒无名男子身死"⑤"董锡珑造卖纸牌""郭八十一等容隐"⑥等案，获"为人明白，办事勇往"评语⑦。乾隆三十五年八月初二日离任，升为丰镇厅理事同知。

七十五 蒙古正白旗人。乾隆十五年（1750）五月由亲军考取补授侍卫处笔帖式。乾隆二十四年闰六月奉旨记名以理事同知通判用。乾隆三十一年七月补授朔平府粮捕理事同知。⑧

---

① 乾隆三十五年六月十五日大学士兼管吏部事务傅恒题，一档馆藏内阁吏科题本，档号：02-01-03-06457-013。

② 乾隆三十五年三月初一日山西巡抚鄂宝题，一档馆藏内阁户科题本，档号：02-01-04-16139-004；乾隆三十五年二月二十五日户部尚书官保、户部左侍郎英廉题，一档馆藏内阁户科题本，档号：02-01-04-16139-001。

③ 乾隆三十五年四月二十四日大学士管理刑部事务刘统勋题，一档馆藏内阁刑科题本，档号：02-01-007-021108-0014。

④ 乾隆三十五年四月初三日山西巡抚鄂宝题，一档馆藏内阁刑科题本，档号：02-01-07-06538-002。

⑤ 乾隆三十六年六月二十七日山西巡抚鄂宝题，一档馆藏内阁刑科题本，档号：02-01-07-14231-007

⑥ 乾隆三十五年六月十五日大学士兼管吏部事务傅恒题，一档馆藏内阁吏科题本，档号：02-01-03-06457-013。

⑦ 乾隆三十五年六月十五日大学士兼管吏部事务傅恒题，一档馆藏内阁吏科题本，档号：02-01-03-06457-013。

⑧ 乾隆三十七年十月初九日山西巡抚三宝题，一档馆藏内阁吏科题本，档号：02-01-03-06613-018。

乾隆三十五年八月初二日以朔平府粮捕理事同知署理和林格尔理事通判。在任期间审理"和林格尔厅韩景祥斥赌输闹事抽勒无名男子身死""和林格尔厅人李通因索讨房钱未得伤毙殷信"等案。① 离任时间当在乾隆三十六年二月。

积福 满洲正蓝旗人。初由官学生考补户部颜料库库使。② 期满之后调补光禄寺库使，保送引见，奉旨复调户部颜料库库使。三年期满，复调光禄寺库使，年满补授翰林院笔帖式，充补功臣馆翻译官，奉旨记名，以理事同知通判补授和林格尔理事通判，并于乾隆三十六年（1771）二月初六日到任。

在任期间曾参办和林格尔厅招民垦种右卫空出镶黄旗牧厂地事务。③ 审理"和林格尔民人孙添金因斥唤赌伤毙贾全功"④"和林格尔厅樊和因戏起衅伤毙李生云"⑤"和林格尔厅人卢

---

① 乾隆三十六年七月十八日大学士管理刑部事务刘统勋、刑部尚书官保题，一档馆藏内阁刑科题本，档号：02-01-07-06654-006。
② 官学生是旗人入仕的特殊途径。旗人子弟通过简单考试进入清廷官办的专门学校，肄业即为官学生，取得入仕资质。
③ 乾隆三十七年五月二十八日山西巡抚三宝题，一档馆藏内阁户科题本，档号：02-01-04-16313-006；乾隆三十八年闰三月二十七日署理山西巡抚巴延三题，一档馆藏内阁户科题本，档号：02-01-04-16431-010；乾隆三十八年五月二十八日署理户部尚书永贵、户部左侍郎英廉题，一档馆藏内阁户科题本，档号：02-01-04-16432-005。
④ 乾隆三十六年八月二十九日山西巡抚鄂宝题，一档馆藏内阁刑科题本，档号：02-01-07-14230-012。
⑤ 乾隆三十七年三月十九日山西巡抚三宝题，一档馆藏内阁刑科题本，档号：02-01-007-021487-0005。

子敬等因卢子成多支钱文起衅伤毙李清法"①"和林格尔厅冯文科因索欠未得伤毙刘成"②"和林格尔厅人段明因索欠纠纷伤毙讨债人姜存贵"③"和林格尔厅民张旺调戏贾文元之妻王氏致氏缢死"④"和林格尔郭兴旺因拾柴扫粪被责伤毙王保庆"⑤"和林格尔民人赵大勇因被戏言脱衣抵欠殴伤赵现孝身死"⑥"和林格尔厅民郭丕成因借贷纠纷砍伤常万太身死"⑦"和林格尔厅客民高世荣因酒醉争闹扎伤高云吉身死"⑧"和林格尔厅民王二子与胡五子争骂殴扎伤死胡起运"⑨"和林格尔张保子因酒醉叫骂被捆

---

① 乾隆三十七年九月十一日大学士管理刑部事务刘统勋、刑部尚书官保题,一档馆藏内阁刑科题本,档号:02-01-07-06688-006。
② 乾隆三十七年十月二十日大学士管理刑部事务刘统勋题,一档馆藏内阁刑科题本,档号:02-01-007-021563-0006。
③ 乾隆三十七年八月十八日山西巡抚三宝题,一档馆藏内阁刑科题本,档号:02-01-07-06764-012;乾隆三十七年十二月十七日大学士管理刑部事务刘统勋、刑部尚书官保题,一档馆藏内阁刑科题本,档号:02-01-07-06694-014。
④ 乾隆三十八年二月二十九日署理山西巡抚巴延三题,一档馆藏内阁刑科题本,档号:02-01-07-1251-008;乾隆三十八年四月二十三日大学士管理刑部事务刘统勋题,一档馆藏内阁刑科题本,档号:02-01-07-1262-005。
⑤ 乾隆三十八年九月初二日大学士管理刑部事务刘统勋、刑部尚书官保题,一档馆藏内阁刑科题本,档号:02-01-007-021741-0001。
⑥ 乾隆三十八年六月十五日署理山西巡抚巴延三题,一档馆藏内阁刑科题本,档号:02-01-07-06865-011。
⑦ 乾隆三十八年六月十五日署理山西巡抚巴延三题,一档馆藏内阁刑科题本,档号:02-01-007-021721-0010。
⑧ 乾隆三十八年六月二十八日署理山西巡抚巴延三题,一档馆藏内阁刑科题本,档号:02-01-007-021726-0005。
⑨ 乾隆三十八年六月二十八日署理山西巡抚巴延三题,一档馆藏内阁刑科题本,档号:02-01-07-06840-004;乾隆三十八年十月十七日大学士管理刑部事务舒赫德题,一档馆藏内阁刑科题本,档号:02-01-07-06796-010。

起衅殴毙刘至公"①"和林格尔厅民王玉珍因理劝欠钱涉讼争闹扎伤胡尚富身死"②"和林格尔兰月成子强奸幼童王万顺子"③"和林格尔刘福奇因酒后角斗扎死刘聚威"④"和林格尔厅续科因赌纠纷伤毙廉章"⑤等案件。

据《题为和林格尔通判积福患病请解任回旗调理事》⑥,乾隆三十九年(1774)九月,积福因病呈请解任,称"自本年六月内偶患伤寒之后,气血两亏,医治不效,致成怔忡,一时不能医痊,难以供职",请求允准回旗调理。其离任时间当在乾隆三十九年十月。乾隆四十一年前后任清水河理事通判,后签升盛京刑部员外郎。

德兴 满洲正白旗人。乾隆三十八年(1773)二月署理清水河厅通判。乾隆三十九年九月,以清水河通判署理和林格尔通判。曾审理"和林格尔厅客民李睦因开门迟缓被寻衅伤毙其

---

① 乾隆三十八年八月初五日署理山西巡抚巴延三题,一档馆藏内阁刑科题本,档号:02-01-007-021735-0003。
② 乾隆三十八年十月二十九日大学士管理刑部事务舒赫德、刑部尚书英廉题,一档馆藏内阁刑科题本,档号:02-01-07-06871-015。
③ 乾隆三十八年十二月十一日大学士管理刑部事务舒赫德、刑部尚书英廉题,一档馆藏内阁刑科题本,档号:02-01-007-021765-0016。
④ 乾隆三十九年正月二十五日署理山西巡抚巴延三题,一档馆藏内阁刑科题本,档号:02-01-007-021903-0018。
⑤ 乾隆三十九年四月二十八日署理山西巡抚巴延三题,一档馆藏内阁刑科题本,档号:02-01-007-021931-0003。
⑥ 乾隆三十九年十月二十一日署理山西巡抚巴延三题,一档馆藏内阁吏科题本,档号:02-01-03-06843-004。

林保"①"和林格尔厅客民闫建德因未赊酒相殴伤毙张光明"②等案。乾隆四十年二月初四日卸事。

富明阿 满洲正黄旗人。乾隆二十一年（1756）由义学生考取候补笔帖式。③二十七年六月补授刑部笔帖式。三十六年京察一等，同年十二月保送引见记名。三十九年十二月初二日引见，奉旨补授和林格尔理事通判。四十年二月初四日到任。

在任期间曾审理"和林格尔厅客民闫建德因未赊酒相殴伤毙张光明"④"和林格尔厅犯人弓福玉等因劝令买柴添价起衅伤毙杜泰"⑤"和林格尔厅犯人陈有因牛只践食草束起衅伤毙张红仁"⑥"和林格尔厅徐添有等因争先用磨起衅共殴李成德身死"⑦等案。

---

① 乾隆四十年四月二十九日署理山西巡抚巴延三题，一档馆藏内阁刑科题本，档号：02-01-007-022141-0015。
② 乾隆四十年九月十二日大学士管理刑部事务舒赫德、刑部尚书英廉题，一档馆藏内阁刑科题本，档号：02-01-07-07048-013。
③ 义学，清代官办之乡村免费教育学校。清制，京师及各省府州县均设义学，凡孤寒生童及少数民族子弟，年满十二岁者皆可入学。
④ 乾隆四十年九月十二日大学士管理刑部事务舒赫德、刑部尚书英廉题，一档馆藏内阁刑科题本，档号：02-01-07-07048-013。
⑤ 乾隆四十一年五月初八日护理山西巡抚黄检题，一档馆藏内阁刑科题本，档号：02-01-07-07212-013。
⑥ 乾隆四十一年六月十二日署理山西巡抚巴延三题，一档馆藏内阁刑科题本，档号：02-01-07-07210-007。
⑦ 乾隆四十一年七月二十四日署理山西巡抚巴延三题，一档馆藏内阁刑科题本，档号：02-01-007-022421-0007。

据《题报和林格尔通判富明阿丁忧日期事》[①]，生母关氏于乾隆四十一年（1776）正月二十五日病故，富明阿于四十一年二月丁忧离任。服满起复，供职于刑部司库，因在和林格尔任上承审"和林格尔厅赵智因李黑子引同捕缉赃贼争闹将其扎死"一案，初参历限一月以上离任，被罚俸三个月。[②]

苏尔通阿 满洲镶黄旗人。据《题为会审山西和林格尔厅赵智因李黑子引同捕缉赃贼争闹将其扎死一案依律拟绞监候请旨事》[③]，乾隆四十一年（1776）二月以清水河通判署和林格尔通判事。后来升任礼部员外郎，由于承审"和林格尔厅赵智因李黑子引同捕缉赃贼争闹将其扎死"一案迟延逾限一月以上，照例罚俸一年。又因有记录九次，销去记录二次抵罚俸一年，免其罚俸。

智常 满洲镶蓝旗人。据《题请以智常升补归化城理事同知事》[④]，初由监生考取笔帖式，补泰陵笔帖式，调补礼部笔帖式。京察一等，补授奉天府理事通判。因失察承德县福刚婪赃案，降三级调用，遵例捐复原官，补授山西和林格尔通判。据《题为审理和林格尔厅客民李海因被寻衅扎伤喇嘛托克托户

---

① 乾隆四十一年二月十二日署理山西巡抚巴延三题，一档馆藏内阁刑科题本，档号：02-01-03-07010-010。
② 乾隆四十二年五月十三日刑部尚书英廉题，一档馆藏内阁刑科题本，档号：02-01-007-022683-0004。
③ 乾隆四十二年五月十三日刑部尚书英廉题，一档馆藏内阁刑科题本，档号：02-01-007-022683-0004。
④ 乾隆五十年八月初二日山西巡抚农起题，一档馆藏吏科题本，档号：02-01-03-07621-011。

身死一案依律拟绞监候请旨事》①，乾隆四十一年（1776）九月，智常已经在任。因前署奉天锦县知县任内失察邪教，智常于乾隆四十二年正月初三日降调卸事，离开和林格尔厅。囿于史料缺乏，智常在和林格尔通判任内行迹不详。不过从他后来在萨拉齐通判任上得到"年力富强，办事干练""才情优裕，办事明练"之类的优评，两度大计卓异，进而升补归化城理事同知的经历来看，当属能吏无疑。

善福 籍贯不详。署理和林格尔理事通判。乾隆四十二年（1777）正月初三日到任，曾审理"山西和林格尔厅闫应库等因索欠纠纷打死崔凤鸣"②"和林格尔厅客民王同业因被索欠争闹推跌车仓子致伤身死"③等案。乾隆四十二年二月二十日卸事。

景裕 满洲镶黄旗人。乾隆四十一年（1776）十一月补授和林格尔理事通判④，次年二月二十日到任。任内审理"山西和林格尔厅闫应库等因索欠纠纷打死崔凤鸣""和林格尔厅客民李海因被寻衅扎伤喇嘛托克托户身死"⑤"和林格尔厅任

---

① 乾隆四十二年八月二十五日山西巡抚巴延三题，一档馆藏内阁刑科题本，档号：02-01-007-022631-0020。
② 〔乾隆四十二年〕户部尚书兼管刑部事务英廉题，一档馆藏内阁刑科题本，档号：02-01-007-022673-0014。
③ 乾隆四十二年八月二十五日山西巡抚巴延三题，一档馆藏内阁刑科题本，档号：02-01-07-07251-002。
④ 秦国经主编：《清代官员履历档案全编·嘉庆朝》，上海：华东师范大学出版社，1997年，第2册，第409页。
⑤ 乾隆四十二年八月二十五日山西巡抚巴延三题，一档馆藏内阁刑科题本，档号：02-01-007-022631-0020。

美因帮央配牛未允争闹扎伤刘怀礼身死"①"和林格尔厅民刘仁因误践粟苗起衅伤毙王极懒"②"和林格尔厅民池喜等索欠纠纷殴毙萧田春"③"和林格尔厅杨玉山因互相索欠起衅扎死王成德"④"和林格尔厅郭添贵因买卖羊只纠纷伤毙郭印小子"⑤"和林格尔厅承审张保因索讨高桌争闹伤毙祁观"⑥"和林格尔厅刘永吉因被索赔欠伤毙闫幅有"⑦"和林格尔厅史丑小子因赌博纠纷误伤王朝住身死"⑧"和林格尔厅民郭添佑因索欠争殴伤毙史有林"⑨"山西和林格尔厅民杨幅贵因借欠纠纷伤毙王成周"⑩

---

① 乾隆四十四年三月初二日山西巡抚巴延三题,一档馆藏内阁刑科题本,档号:02-01-007-022939-0017。

② 乾隆四十三年三月二十二日山西巡抚巴延三题,一档馆藏内阁刑科题本,档号:02-01-07-07381-012。

③ 乾隆四十四年六月二十四日山西巡抚巴延三题,一档馆藏内阁刑科题本,档号:02-01-007-022975-0006。

④ 乾隆四十五年二月十一日户部尚书兼管刑部事务英廉、刑部尚书德福题,一档馆藏内阁刑科题本,档号:02-01-007-023130-0012。

⑤ 乾隆四十五年三月十九日户部尚书兼管刑部事务英廉、刑部尚书德福题,一档馆藏内阁刑科题本,档号:02-01-007-023140-0003。

⑥ 乾隆四十五年三月二十五日山西巡抚雅德题,一档馆藏内阁刑科题本,档号:02-01-07-07496-007。

⑦ 乾隆四十五年六月二十日山西巡抚喀宁阿题,一档馆藏内阁刑科题本,档号:02-01-007-023160-0019。

⑧ 〔乾隆四十六年〕刑部尚书德福题,一档馆藏内阁刑科题本,档号:02-01-007-023400-0022。

⑨ 乾隆四十六年八月初六日大学士兼管刑部事务英廉、刑部尚书德福题,一档馆藏内阁刑科题本,档号:02-01-07-07584-005。

⑩ 乾隆四十六年八月初九日大学士兼管刑部事务英廉、刑部尚书德福题,一档馆藏内阁刑科题本,档号:02-01-07-07587-003。

一 │ 旧志所见清代和林格尔厅通判补订

"和林格尔厅民田祖耀等因被索找门框钱文殴伤郭太身死"[①]等案。

乾隆四十五年（1780）九月，景裕被推升为泰东陵员外郎，卸旧履新之际，却被山西巡抚喀宁阿一纸奏折留了下来。据《奏为签升泰东陵员外郎拟正现任和林格尔理事通判景裕俱有经手未完事件请暂留差委事》[②]，奏请内容如下：

> 窃照本年九月十九日接准吏部咨开，和林格尔理事通判景裕签升泰东陵员外郎，拟正行令，给咨赴部等因。臣查定例，推升人员，该督抚于接到部文之日，查明该员如有承办事件须半年以上方可完竣者，即将缘由于两月内咨部，奏闻开缺等语。臣查通判景裕系满洲镶黄旗人，由笔帖式保举理事同知通判，于四十二年二月补授今职。[③] 所管和林格尔地方，紧接杀虎口外，直至归化城，绵亘一百数十里。明年班禅出口，即在该处地界行走，一应道路桥梁及尖宿供顿事宜，均须预行办理。该员于今夏承办班禅差务，诸事尽心，均属妥协，实系熟手，一时骤难更易。再五台山一切桥道等项，俱有该员经手未完事件。合无仰恳圣恩俯准，将通判景裕暂留数月，俟经手各项差务

---

① 乾隆四十七年正月二十五日山西巡抚谭尚忠题，一档馆藏内阁刑科题本，档号：02-01-07-07697-007。按，此件档案官职为"署和林格尔通判"。

② 乾隆四十五年九月二十四日山西巡抚喀宁阿奏，一档馆藏朱批奏折，档号：04-01-12-0192-008。

③ 此处时间有误。四十二年二月乃景裕到任之时，其补授时间为乾隆四十一年十一月。

完竣，再行给咨送部。

喀宁阿奏请将景裕留任和林格尔通判的理由主要是两个：一是明年六世班禅返藏过境，需要景裕这样经验丰富的"熟手"来做好接待事务；二是景裕经手的五台山桥道修治任务尚未结完。其实这两件事情都与六世班禅有关。

乾隆四十五年（1780）是乾隆皇帝的七十寿辰。为入觐贺寿，六世班禅巴丹益希（1738—1780）于乾隆四十四年六月启行，经西宁、阿拉善、鄂尔多斯，次年五月十六日抵达归化城，取道岱海（在今内蒙古凉城县），与奉谕迎护的皇六子质郡王永瑢、吏部尚书永贵会合[①]，随后经多伦诺尔、克什克腾、翁牛特、喀喇沁，于七月到达承德避暑山庄，参加皇帝七十寿典。乾隆皇帝非常重视此事，朝廷和地方政府提前做了精心细致的准备工作，接待过程也是尽心尽力，丝毫不敢大意。六世班禅一行经归化城前往岱海，没有过境和林格尔，但是在上司的统一调度下，和林格尔通判景裕参与修治道桥、打扫衢路、足备夫马车辆等事务，"诸事尽心，均属妥协"。

按照预先设定的行程，六世班禅在寿典结束之后先到北京，次年正月至五台山礼佛，与乾隆皇帝再次见面，然后向北从杀虎口进入内蒙古地界，取道归化城，循原路返藏。[②]因此，

---

① 陈锵仪、郭美兰：《六世班禅承德入觐述略》，《中国藏学》1992年第4期。
② 《福隆安等奏班禅来年随乾隆帝前往五台折》，中国第一历史档案馆、中国藏学研究中心合编：《六世班禅朝觐档案选编》，北京：中国藏学出版社，1996年，第238页。

山西方面组织动员相关吏民，预先修治五台山附近道路桥梁。喀宁阿题本中说及"五台山一切桥道等项，俱有该员经手未完事件"，说明和林格尔通判景裕参与其中。档案中确有景裕赴五台山出差的记录，如前引"和林格尔厅民田祖耀等因被索找门框钱文殴伤郭太身死""和林格尔厅民史丑小子因赌争殴致伤王潮住身死"两起命案的请旨题本，都提到承审官景裕在乾隆四十六年（1781）二月十七日"赴台山办差，至三月二十三日回署"。其中的"赴台山办差"，应该就是去处理经手未完的五台山桥道事项。

六世班禅由京返藏，必经晋省；由杀虎口赴归化城，取道和林格尔。据台北"故宫博物院"珍藏档案《拟定班禅尖宿程站里数清单》①，和林格尔地界行程包括两宿（新店子、和林格尔）两尖（五素途、后土城子），接待任务相当繁重，不容差错，故山西巡抚喀宁阿需要将景裕这样的"熟手"暂留下来。乾隆四十五年（1780）十一月，六世班禅在北京染病圆寂，五台山之行取消，灵榇护送队伍仍出杀虎口，取道和林格尔前往归化城。土默特地区最高军政长官绥远城将军弘晌亲自到杀虎口迎接照料，"自新店子地方率土默特官兵，备办马匹车辇，随行照管"②。此高规格的公务团队过境，是和林格尔历史上的大事。和林格尔通判景裕依照山西巡抚安排，"一路行程道路、桥

---

① 乾隆四十五年十月山西承宣布政使司折，台北"故宫博物院"藏《军机处档件折》，编号 028619。
② 《博清阿等奏报照料班禅灵榇安渡黄河抵达鄂尔多斯情形折》，中国第一历史档案馆、中国藏学研究中心合编：《六世班禅朝觐档案选编》，北京：中国藏学出版社，1996年，第365—366页。

梁俱应打扫修治平坦，应用夫马、车辆多为预备"①，圆满完成了这次接送过境任务。

景裕履职和林格尔期间，还曾于乾隆四十五年（1780）一月暂署清水河通判印务。②乾隆四十六年五月三十日，景裕从和林格尔厅卸事，同年九月推升工部员外郎，保列一等。其后历任江西赣州知府、广东雷琼道道员，所在多有作为。③

恒龄 满洲正蓝旗人。初由监生考取中书，乾隆三十三年（1768）补授贴写中书，三十九年实授中书。四十四年八月选授山西平阳府通判。④据《题为审得和林格尔厅民田祖耀等因被索找门框钱文殴伤郭太身死一案依律分别定拟事》⑤，四十六年五月三十日以平阳府通判署和林格尔理事通判。曾审理"和林格尔厅民张有向因麦被另售争闹殴伤郭太玢身死"⑥"和林格尔

---

① 《喀宁阿奏报班禅灵榇回藏途经晋省筹办迎送情形》，中国第一历史档案馆、中国藏学研究中心合编：《六世班禅朝觐档案选编》，北京：中国藏学出版社，1996年，第327—328页。
② 乾隆四十五年一月十八日，土默特左旗档案馆藏归化城副都统衙门档案，档号：80-16-179。
③ 秦国经主编：《清代官员履历档案全编·嘉庆朝》，上海：华东师范大学出版社，1997年，第2册，第409页。
④ 《内阁大库档案》，乾隆五十二年十月十日直隶总督管巡抚事刘峨题请补授通判，台北"中研院"历史语言研究所藏，登录号：046424。
⑤ 乾隆四十七年正月二十五日山西巡抚谭尚忠题，一档馆藏内阁刑科题本，档号：02-01-07-07697-007。
⑥ 乾隆四十七年七月十三日大学士兼管刑部事务英廉、刑部尚书德福题，一档馆藏内阁刑科题本，档号：02-01-07-07680-011。

厅人犯石有富殴死图奸伊嫂之王应田"①"和林格尔厅民陈祥奇因被索工钱扎伤傅登亮身死"②等案。离任时间当在乾隆四十六年十一月。

世麟 籍贯不详。乾隆四十六年（1781）十一月初十日到任。③曾审理"和林格尔厅客民牛继成因赊欠未允被寻衅伤毙米红矾"④"和林格尔人犯郑复兴通奸砍殴杨赵氏杨玉林母子二命"⑤"和林格尔人李氏诬奸伊夫逼迫服毒身死"⑥"和林格尔厅人李根喜子图奸不遂勒死郝张氏"⑦"和林格尔寄民罗道文因索讨典价争殴伤毙武克定"⑧"和林格尔厅寄民王才因强行留饮被斥伤毙贺六"⑨等案件。离任时间不明，乾隆四十九年十二月在任。

---

① 乾隆四十六年十二月十四日山西巡抚雅德题，一档馆藏内阁刑科题本，档号：02-01-07-1656-010。
② 乾隆四十七年四月初十日山西巡抚农起题，一档馆藏内阁刑科题本，档号：02-01-07-07666-001。
③ 乾隆四十六年十一月十日，土默特左旗档案馆藏归化城副都统衙门档案，档号：80-3-65。
④ 乾隆四十七年八月初一日山西巡抚农起题，一档馆藏内阁刑科题本，档号：02-01-07-07636-016。
⑤ 乾隆四十七年十一月二十四日刑部尚书喀宁阿题，一档馆藏内阁刑科题本，档号：02-01-07-1686-015。
⑥ 乾隆四十七年十二月初五日山西巡抚农起题，一档馆藏内阁刑科题本，档号：02-01-07-1688-011。
⑦ 乾隆四十九年四月十一日山西巡抚农起题，一档馆藏内阁刑科题本，档号：02-01-07-1712-006。
⑧ 乾隆四十九年六月初七日刑部尚书喀宁阿题，一档馆藏内阁刑科题本，档号：02-01-07-07765-001。
⑨ 乾隆四十九年十二月初七日山西巡抚农起题，一档馆藏内阁刑科题本，档号：02-01-007-023693-0011。

世麟履职和厅期间，总结出一套处理蒙人汉民土地纠纷的经验，是为"断理民种蒙地之章程"。乾隆中后期，归绥地区蒙人、汉民之间围绕土地形成的争讼越来越多，世麟对这些土地争讼案件的判案准则做了一番总结，提出以"总视租地之情形定断"为基本原则，在此基础上具体区分三种情况。其一，如果是民人将荒地开成熟地，"已费若大工本，辛勤不易，不准夺回"。其二，如果承租的是熟地，"明立约据，永远租种、许退不许夺字样，亦不准夺"。但是体谅"蒙古地主"困乏，给予一定救济，"体察土脉肥瘠、地亩宽窄、租值多寡，或量为加租，或酌量长支，或断押地钱文，以济穷蒙之急"。其三，如果契约载有年限或短租熟地，"或退回，或撤回，听从其便，此等租种之地，即或民人指留，亦不能遂其私情，俱按情理为之断退"。这三条内容被世麟奉为"断理民种蒙地之章程"。这个章程体现出尊重契约的精神，总体而言有利于保护汉民"永租"的权利，同时又对蒙人利益予以关照，因而成为解决此类争讼的良箴。①

舒德善 籍贯不详。到任时间不明，乾隆五十年（1785）三月在任。曾审理"和林格尔厅王守台因借钱未偿起衅扎伤陈有得身死"②"和林格尔厅高发荣因被索肉钱扎伤郭海伦身死"③

---

① 乾隆四十七年八月二十三日，土默特左旗档案馆藏归化城副都统衙门档案，档号：80-5-62。详参田宓《清代内蒙古土地契约秩序的建立——以"归化城土默特"为例》，《清史研究》2015 年第 4 期。
② 乾隆五十一年二月二十二日大学士管理刑部阿桂、刑部尚书喀宁阿题，一档馆藏内阁刑科题本，档号：02-01-07-07833-011。
③ 乾隆五十一年五月二十二日山西巡抚伊桑阿题，一档馆藏内阁刑科题本，档号：02-01-07-07810-004。

"和林格尔厅李二才子因索饭钱砍伤靳南道子身死"①"和林格尔厅犯人段金仓因索欠未得伤毙赵良成"②"和林格尔厅民赵彦魁砍死伊妻等三命"③"和林格尔厅贾得与张林互殴误伤张笼身死"④"和林格尔厅张荣伤毙醉闹之张得远"⑤"和林格尔厅民郑惠因衣衿误拂头上被骂掷伤高发财子身死"⑥等案。乾隆五十二年十一月三十日告病卸事。

赫本 籍贯不详。署和林格尔通判。乾隆五十二年十一月三十日（1788年1月7日）到任。曾接审"和林格尔厅民郑惠因衣衿误拂头上被骂掷伤高发财子身死"一案。十二月二十四日卸事。⑦

阿永 满洲正蓝旗人。初为署和林格尔理事通判，据《题为审理和林格尔厅民郑惠因衣衿误拂头上被骂掷伤高发财子身死一案依律拟绞监候请旨事》，乾隆五十二年十二月二十四日

---

① 乾隆五十一年十二月十九日山西巡抚勒保题，一档馆藏内阁刑科题本，档号：02-01-07-07827-015。
② 乾隆五十二年四月二十八日山西巡抚勒保题，一档馆藏内阁刑科题本，档号：02-01-07-07865-023。
③ 乾隆五十二年六月初十日山西巡抚勒保题，一档馆藏内阁刑科题本，档号：02-01-07-1755-001。
④ 乾隆五十二年十一月十二日署理山西巡抚明兴题，一档馆藏内阁刑科题本，档号：02-01-007-023902-0008。
⑤ 乾隆五十三年三月二十日署理山西巡抚明兴题，一档馆藏内阁刑科题本，档号：02-01-007-023949-0022。
⑥ 乾隆五十三年九月二十四日署理山西巡抚海宁题，一档馆藏内阁刑科题本，档号：02-01-007-023984-0018。
⑦ 乾隆五十二年十二月二十四日，土默特左旗档案馆藏归化城副都统衙门档案，档号：80-3-114。

（1788年1月31日）到任。乾隆五十三年三月二十七日补授和林格尔理事通判[①]，五月初二日到任。乾隆五十六年七月初十日卸事。

阿永在任期间，曾审理"和林格尔厅刘杰因借钱未得伤毙刘达"[②]"和林格尔厅祁尚光因索欠不得砍伤王宽身死"[③]"和林格尔案犯贾惠子因索欠起衅伤毙邢开印子"[④]"和林格尔白虎等因合伙开铺纠纷共殴马明杰身死"[⑤]等案。阿永出任和林格尔通判时，年仅四十岁，可谓年轻有为。乾隆五十六年十二月初十日（1792年1月3日），山西巡抚冯光熊题请升署归化城理事同知，称其"年壮才优，办事勤奋，以之升署理事同知，洵堪胜任"[⑥]。乾隆五十七年闰四月前，归化城理事同知阿永走马上任。但他履新仅仅一年多，就因为袒护捕役被参离任。[⑦]

张观 籍贯不详。汉军镶白旗人。曾任山西代州直隶州州

[①] 中国第一历史档案馆编：《乾隆帝起居注》卷37，乾隆五十三年三月，桂林：广西师范大学出版社，2002年，第81页。

[②] 〔乾隆五十四年〕大学士管理刑部事务阿桂题，一档馆藏内阁刑科题本，档号：02-01-007-021344-0019。

[③] 乾隆五十四年五月二十六日山西巡抚海宁题，一档馆藏内阁刑科题本，档号：02-01-007-024076-0020。

[④] 乾隆五十四年六月十三日山西巡抚海宁题，一档馆藏内阁刑科题本，档号：02-01-07-07941-014。

[⑤] 乾隆五十六年三月初八日山西巡抚书麟题，一档馆藏内阁刑科题本，档号：02-01-007-024236-0016。

[⑥] 乾隆五十七年二月初六日大学士管理吏部事务和珅题，一档馆藏内阁刑科题本，档号：02-01-03-07891-003。

[⑦] 乾隆五十七年六月二十九日山西巡抚长麟奏，一档馆藏军机处录机奏折，档号：03-1285-002。

判。据《题为审理和林格尔白虎等因合伙开铺纠纷共殴马明杰身死一案依例拟绞监候请旨事》,乾隆五十六年(1791)七月初十日署理和林格尔通判。

在任期间曾审理"和林格尔刘惠明因讨皮袄未得伤毙韩斗成"[1]"和林格尔厅民张旺因被诬窃争殴扎伤郭二身死"[2]"和林格尔厅戴靖德因未允借钱争殴伤毙徐庆"[3]等案。据《为道士被贼劫杀题参疏防文职》[4],乾隆五十六年十一月,下脑亥村龙神庙住持王道士在庙院里被人殴打,受伤身死。凶犯脱逃,还顺走了王道士随身穿的皮袄。张观奉批饬缉,未能在限期之内捕获凶犯,遂于乾隆五十七年四月因疏防被参。据《题为审理和林格尔厅民张元周因分麦争执扎伤任才身死一案依律拟绞监候请旨事》[5],乾隆五十七年八月初三日卸事。

据《题为会审山西和林格尔厅民卢兆祥因赌欠纠纷伤毙贾守亮一案依律拟绞监候请旨事》[6],张观离任一年半之后,再次

---

[1] 乾隆五十六年十一月十七日大学士管理刑部事务阿桂、署理刑部尚书舒常题,一档馆藏内阁刑科题本,档号:02-01-007-024227-0009。

[2] 乾隆五十七年四月十五日山西巡抚冯光熊题,一档馆藏内阁刑科题本,档号:02-01-007-024375-0012。

[3] 乾隆五十七年五月初七日大学士管理刑部事务阿桂、刑部尚书苏凌阿题,一档馆藏内阁刑科题本,档号:02-01-007-024323-0002。

[4] 张伟仁主编:《明清档案》,第263册,台北:联经出版事业公司,1986年,B148257—B148259。

[5] 乾隆五十七年十二月十五日山西巡抚长麟题,一档馆藏内阁刑科题本,档号:02-01-07-08080-020。

[6] 乾隆五十九年十二月十五日大学士管理刑部事务阿桂、署理刑部尚书富纲题,一档馆藏内阁刑科题本,档号:02-01-07-08314-022。

署理和林格尔通判,并于乾隆五十九年(1794)三月二十二日到任。有意思的是,张观初署和林格尔通判时,承审"和林格尔厅民张元周因分麦争执扎伤任才身死"一案,未及审解而卸事。继任通判承烓接审此案,因丁忧离任,将此案移交给兼署和厅事务的托克托城通判长琳。张观再署和厅,又从长琳手中接手前任通判承烓未及审解的这件旧案。人事频繁变动,无疑会影响到地方治理。"铁打的案子流水的官",说来可叹。

承烓 满洲正白旗人。以官学生考授都察院笔帖式,调补户部,京察一等,记名补授山西和林格尔通判。据《题为审理和林格尔厅民张元周因分麦争执扎伤任才身死一案依律拟绞监候请旨事》,乾隆五十七年(1792)八月初三日到任。

在任期间审理"和林格尔厅民张元周因分麦争执扎伤任才身死""和林格尔厅民李士文因拒借贷争闹伤毙赵科"[①]"和林格尔厅民强喜才子等因被索欠纠纷伤毙王二子"[②]"和林格尔客民王得恒因借宿被拒勒毙李道士"[③]"和林格尔厅民闫长根子因被斥懒惰扎伤赵保子身死"[④]"和林格尔厅任恺因不允住宿相争殴毙王二"[⑤]等

---

① 乾隆五十八年四月十六日山西巡抚蒋兆奎题,一档馆藏内阁刑科题本,档号:02-01-07-08205-003。
② 乾隆五十八年十二月初九日大学士管理刑部事务阿桂、刑部尚书苏凌阿题,一档馆藏内阁刑科题本,档号:02-01-07-08194-009。
③ 乾隆五十九年四月十四日大学士管理刑部事务阿桂、刑部尚书苏凌阿题,一档馆藏内阁刑科题本,档号:02-01-007-024588-0015。
④ 乾隆五十八年十月二十六日山西巡抚蒋兆奎题,一档馆藏内阁刑科题本,档号:02-01-07-08223-019。
⑤ 乾隆五十九年十月十二日大学士管理刑部事务阿桂、刑部尚书胡季堂题,一档馆藏内阁刑科题本,档号:02-01-007-024631-0017。

案。据《题为会审山西和林格尔厅民卢兆祥因赌欠纠纷伤毙贾守亮一案依律拟绞监候请旨事》,承炷于乾隆五十九年(1794)二月十六日丁母忧卸事,回旗守制。其后回到北京,在户部小京官上行走。①

长琳 蒙古镶黄旗人。乾隆四十七年(1782)补授侍卫处笔帖式。五十年由领侍卫内大臣带领引见,补授侍卫处署主事。乾隆五十四年京察一等引见,准其一等加一级,记名以理事同知通判用,补授山西托克托城通判,五十六年四月初六日到任。乾隆五十九年二月十六日,以托克托城理事通判兼署和林格尔通判事,三月二十二日卸事。长琳因"年壮才优,办事勤勉",不久升任归化城同知。②

保志 籍贯不详。到任时间不明,乾隆五十九年(1794)十月已在职。曾审理"和林格尔厅民索登会因口角起衅殴毙王世中"③"和林格尔厅刘拱千因石库子未到工被催行凶将其铳伤身死"④"和林格尔厅民尚名玉妻通奸扎伤张继恒身死"⑤"和林格尔

---

① 秦国经主编:《清代官员履历档案全编(29)》,上海:华东师范大学出版社,1997年,第278页。
② 《内阁大库档案》,嘉庆二年八月四日山西巡抚兼管提督印务蒋兆奎题,台北"中研院"历史语言研究所藏,登录号:003550。
③ 乾隆六十年三月十七日山西巡抚蒋兆奎题,一档馆藏内阁刑科题本,档号:02-01-07-08335-005。
④ 乾隆六十年六月二十六日山西巡抚蒋兆奎题,一档馆藏内阁刑科题本,档号:02-01-007-024809-0018。
⑤ 嘉庆元年八月初四日山西巡抚蒋兆奎题,一档馆藏内阁刑科题本,档号:02-01-07-2000-008;嘉庆元年十一月十五日大学士管理刑部事务阿桂题,一档馆藏内阁刑科题本,档号:02-01-07-2007-005。

厅寄民李安业因被碰伤争殴踢死赵成章"①"和林格尔厅刘英因探母被斥争殴伤毙温成士"②"和林格尔厅秦二根子因戏谑蹚伤张政身死"③"和林格尔厅寄民李芳因被将布褂带落沾泥伤毙郭银朱子"④等案。据《题为议得上年六月份请以保志等员补授理藩院员外郎等缺请旨补行引见事》⑤，嘉庆四年（1799）六月理藩院员外郎一缺空出，论俸应升之和林格尔通判保志拟用。据此推断，保志在和林格尔厅任职至嘉庆四年六月。

（二）嘉庆朝

继昌 籍贯不详。据《奏为审办前任和林格尔通判松禄等交待库项未清并接任通判德恒自抹身死一案事》⑥，嘉庆四年（1799）八月到任。据《题报和林格尔厅人张敖成子调戏乔任

---

① 嘉庆二年三月初五日大学士管理刑部事务阿桂题，一档馆藏内阁刑科题本，档号：02-01-007-025127-0022。
② 嘉庆二年五月二十七日大学士管理刑部事务阿桂题，一档馆藏内阁刑科题本，档号：02-01-007-025142-0002。
③ 嘉庆二年闰六月二十五日大学士管理刑部事务阿桂题，一档馆藏内阁刑科题本，档号：02-01-007-025202-0004。
④ 嘉庆三年十一月十九日大学士管理刑部事务和珅题，一档馆藏内阁刑科题本，档号：02-01-007-025327-0015。
⑤ 嘉庆五年四月二十五日大学士暂署吏部尚书庆桂题，一档馆藏内阁吏科题本，档号：02-01-03-08390-003。
⑥ 嘉庆十七年六月二十八日署山西巡抚事务衡龄奏，一档馆藏军机处录副奏折，档号：03-2313-017。

氏致氏缢死拟绞监候事》^①，嘉庆七年七月二十一日卸事，转任署理萨拉齐厅通判。据《题为会审山西和林格尔厅寄民张廷章因住歇纠纷误伤叔张骏一案依律拟绞监候请旨事》^②，嘉庆七年十月初十日由署理萨拉齐厅通判回任和林格尔通判。

在任期间曾审理"和林格尔厅郝德成子奸扎死田金灭口"^③"和林格尔民人关焕因不允借钱起衅扎死贺老文"^④"和林格尔厅赵发因训妻被斥伤毙妻兄张银法"^⑤"和林格尔厅张涌贵因劝解邻居争闹伤毙章王氏"^⑥"和林格尔厅民葛添培因补耕地被延扎伤高明仁身死"^⑦"和林格尔厅民侯根才子因索欠起衅殴伤刘满海身死"^⑧"和林格尔厅客民张潮因王进潮出借公伙灯油

---

① 嘉庆八年四月十五日山西巡抚伯麟题，一档馆藏内阁刑科题本，档号：02-01-07-2209-010。
② 嘉庆八年八月十六日署理刑部尚书长麟题，一档馆藏内阁刑科题本，档号：02-01-007-025939-0006。
③ 嘉庆五年十二月初七日山西巡抚伯麟题，一档馆藏内阁刑科题本，档号：02-01-07-2132-010。
④ 嘉庆六年三月初九日山西巡抚伯麟题，一档馆藏内阁刑科题本，档号：02-01-07-08853-008。
⑤ 嘉庆六年八月二十九日山西巡抚伯麟题，一档馆藏内阁刑科题本，档号：02-01-007-025702-0004。
⑥ 嘉庆六年十二月十七日大学士管理刑部事务董诰题，一档馆藏内阁刑科题本，档号：02-01-007-025720-0019。
⑦ 嘉庆九年三月二十二日大学士管理刑部事务董诰、刑部尚书德瑛题，一档馆藏内阁刑科题本，档号：02-01-07-09058-004。
⑧ 嘉庆九年五月二十二日山西巡抚伯麟题，一档馆藏内阁刑科题本，档号：02-01-07-09074-015。

争詈殴其致死"① "和林格尔厅民人卢悦因被逼索前欠伤毙谭恒"② "和林格尔民人吴光因索债起衅伤毙李茂林"③ "和林格尔厅民邢宽因路窄误碰纠纷砍伤贾禄观身死"④ "和林格尔厅民任秉荣因戏用石掷伤李顺身死"⑤等案。嘉庆八年（1803），响应归绥道道尹德绔倡议，与归化城同知西理纳、绥远城同知塔清阿、萨拉齐通判扎勒罕、清水河通判伊克坦布、托克托城通判善宝等，共同捐资，在归化城建起义学一所。⑥

据《奏为审办前任和林格尔通判松禄等交待库项未清并接任通判德恒自抹身死一案事》⑦，继昌于嘉庆十一年（1806）三月丁忧卸事。任内曾挪用垫解民欠银一千七百三十五两，至嘉庆十七年事发，理应追究，因病故而免议。

嵩伊善 满洲正白旗人。署和林格尔通判。据《题报和林

---

① 嘉庆九年七月二十五日刑部尚书长麟题，一档馆藏内阁刑科题本，档号：02-01-007-026020-0004。
② 嘉庆十一年二月初十日山西巡抚同兴题，一档馆藏内阁刑科题本，档号：02-01-07-09163-004；嘉庆十一年六月二十三日大学士管理刑部事务董诰、刑部尚书长麟题，一档馆藏内阁刑科题本，档号：02-01-07-09178-014。
③ 嘉庆十一年十一月初二日大学士管理刑部事务董诰、刑部尚书长麟题，一档馆藏内阁刑科题本，档号：02-01-07-09134-003。
④ 嘉庆十一年四月初七日山西巡抚同兴题，一档馆藏内阁刑科题本，档号：02-01-007-026194-0015。
⑤ 嘉庆十一年七月初七日大学士管理刑部事务董诰题，一档馆藏内阁刑科题本，档号：02-01-007-026253-0009。
⑥ ［清］钟秀、张曾编，李治国点校：《古丰识略》卷16《义学》，呼和浩特：内蒙古人民出版社，2016年，第36页。
⑦ 嘉庆十七年六月二十八日署山西巡抚事务衡龄奏，一档馆藏军机处录副奏折，档号：03-2313-017。

格尔厅人张敖成子调戏乔任氏致氏缢死拟绞监候事》，嘉庆七年（1802）七月二十一日到任，十月初十日卸事。在任期间审理"和林格尔厅人张敖成子调戏乔任氏致氏缢死"等案。从和林格尔离任之后，又曾任署朔平府理事同知事务。据《奏为保荐笔帖式嵩伊善堪膺地方之选事》[①]，山西巡抚成宁称其"才具明晰，办事实心，历经委署和林格尔通判、朔平府理事同知事务，均能办理裕如，洵属勤奋向上之员，堪应地方之选"。

阿禄 籍贯不详。据《奏为审办前任和林格尔通判松禄等交待库项未清并接任通判德恒自抹身死一案事》，嘉庆十一年（1806）六月到任。

曾审理"和林格尔厅民张守连因碰醒刘玉争詈将其伤毙"[②]"和林格尔厅民李金蓝子因索欠未得伤毙郭义农"[③]"和林格尔厅客民刘大得因索欠争闹伤毙李根坚"[④]"和林格尔厅乞丐王光名因煮食萝卜争闹伤毙乞伙刘保"[⑤]"和林格尔厅张沛因斥阻

---

① 嘉庆十三年四月初三日山西巡抚成宁奏，一档馆藏军机处录副奏折，档号：03-1513-046。
② 嘉庆十二年四月二十八日山西巡抚成宁题，一档馆藏内阁刑科题本，档号：02-01-007-026344-0006。
③ 嘉庆十二年十月二十三日大学士管理刑部事务董诰题，一档馆藏内阁刑科题本，档号：02-01-007-026368-0011。
④ 嘉庆十二年十一月初十日大学士管理刑部事务董诰题，一档馆藏内阁刑科题本，档号：02-01-007-026374-0002。
⑤ 嘉庆十二年十二月初二日大学士管理刑部事务董诰题，一档馆藏内阁刑科题本，档号：02-01-007-026380-0010。

秽言被骂扎死王有"①"和林格尔厅客民张孝林通奸拒捕砍伤陈长命子身死"②"和林格尔厅客民张得献借钱未成被伤扎死王欣涌"③"和林格尔厅客民吕起万因索欠起衅扎伤杨恩身死"④"和林格尔厅客民李五罗子因酒醉给灯添油相争殴伤李季身死"⑤"和林格尔厅客民朱万金因欠债相争故杀张志伦"⑥"和林格尔厅客民安迎义殴伤伊妻常氏身死"⑦"和林格尔厅客民李明因鞋上泥土掉入锅内被斥争詈伤毙闫二"⑧"和林格尔厅丐民宋观全拒奸殴伤张义存身死"⑨"和林格尔厅民人杜牛子等因拒重索欠共殴

---

① 嘉庆十三年正月二十五日山西巡抚成宁题,一档馆藏内阁刑科题本,档号:02-01-007-026467-0011。

② 嘉庆十四年十月二十二日署理山西巡抚初彭龄题,一档馆藏内阁刑科题本,档号:02-01-07-2396-017。

③ 嘉庆十三年八月二十七日山西巡抚成宁题,一档馆藏内阁刑科题本,档号:02-01-07-09274-015。

④ 嘉庆十四年六月初八日山西巡抚成宁题,一档馆藏内阁刑科题本,档号:02-01-07-09384-004;嘉庆十四年十一月初二日大学士管理刑部事务董诰、署理刑部尚书瑚图礼题,一档馆藏内阁刑科题本,档号:02-01-07-09352-002。

⑤ 嘉庆十四年六月初八日山西巡抚成宁题,一档馆藏内阁刑科题本,档号:02-01-07-09385-012。

⑥ 嘉庆十五年八月初五日山西巡抚衡龄题,一档馆藏内阁刑科题本,档号:02-01-07-09446-002。

⑦ 嘉庆十四年十一月二十二日大学士管理刑部事务董诰题,一档馆藏内阁刑科题本,档号:02-01-07-2399-017。

⑧ 嘉庆十六年二月初六日山西巡抚衡龄题,一档馆藏内阁刑科题本,档号:02-01-007-026932-0018。

⑨ 嘉庆十六年十月初九日署理山西巡抚成宁题,一档馆藏内阁刑科题本,档号:02-01-07-2451-013。

李义身死"①等案。曾于嘉庆十四年十二月（1810）买补嘉庆十一年分借拨常平仓谷五千石。②

阿禄于嘉庆十六年（1811）八月推升盛京刑部员外郎，但不久被查出在和林格尔厅任上有将前任挪移库项递相交代出结渎职行为，遂被解任，依限完缴挪移银两之后方得免罪开复。③

松禄 满洲镶黄旗人。和林格尔厅理事通判，嘉庆十六年（1811）八月到任④，同年十二月二十六日卸事。据《奏为和林格尔理事通判松禄系臣同旗无服族侄例应回避给咨赴部候补事》⑤，松禄卸事的原因是亲缘回避。嘉庆十六年八月八日，刑部右侍郎成宁被任命为山西巡抚。⑥成宁也是镶黄旗人，细算起来，松禄是他的无服族侄。按照当时的制度，凡外官，如系同宗，无论有无服制，凡聚族一处者，俱应任职回避。督抚以下至佐杂官，均不得在本省为官。成宁于十月初三日上奏，依据"外

---

① 嘉庆十七年三月十八日大学士管理刑部事务董诰、刑部尚书崇禄题，一档馆藏内阁刑科题本，档号：02-01-07-09563-013。
② 嘉庆十七年三月十五日署理山西巡抚衡龄题，一档馆藏内阁户科题本，档号：02-01-04-19302-020。
③ 嘉庆十七年六月二十八日署山西巡抚事务衡龄奏，一档馆藏军机处录副奏折，档号：03-2313-017。
④ 嘉庆十六年八月二十四日，土默特左旗档案馆藏归化城副都统衙门档案，档号：80-2-512。
⑤ 嘉庆十六年十月初三日山西巡抚成宁奏，一档馆藏朱批奏折，档号：04-01-12-0293-061。
⑥ 《清仁宗实录》卷247，嘉庆十六年八月甲寅，北京：中华书局，1985年，第334—335页。

官有关系刑名钱谷考核纠参者，不分远近，系族中，俱令官小者回避。又理事同知、通判，各省额缺无多，如遇回避之员，令该督抚给咨赴部，俟有缺出，引见补授"的定例，奏请和林格尔理事通判松禄回避离任，赴部候补。松禄到任时间比成宁要早，但是按照"官小者回避"的原则，离任回避的只能是和林格尔通判。松禄离开和林格尔后回到京城，等待新的任命。成宁在山西巡抚任上只待了三个月，当年十一月重新回到刑部右侍郎任上。据《题为丰镇理事同知松禄病躯不能供职请准解任回旗调理事》①《题为审理和林格尔厅客民王嚼因背送过河无钱起衅殴毙王有幅一案依律拟绞监候请旨事》②，松禄于嘉庆十九年十一月补授托克托城通判，并于嘉庆二十二年三月二十二日兼署和林格尔厅事，算是故地重游。不过署期颇短，四月初六日即卸事。

德恒 籍贯不详。据《奏为审办前任和林格尔通判松禄等交待库项未清并接任通判德恒自抹身死一案事》，嘉庆十六年十二月（1812）到任。迫于前任继昌、阿禄、松禄相继挪移库项之事，加之本人因"缺分清苦，食用昂贵"，私用公帑银一千零八两五钱而一时不能弥补，愁急之下于十七年三月初十日以小刀割喉自杀。

塔清阿 满洲正白旗人。据《题为审理和林格尔厅客民

---

① 道光八年十一月十七日山西巡抚卢坤题，一档馆藏内阁吏科题本，档号：02-01-03-09737-003。
② 嘉庆二十二年十月十二日山西巡抚和舜武题，一档馆藏内阁刑科题本，档号：02-01-07-10015-004。

刘八仔因索债未得掷死张奇一案依律拟绞监候请旨事》①，嘉庆十七年（1812）三月中旬兼署和林格尔通判，旋于三月二十九日卸事。据《归绥道志》，嘉庆十七年任丰镇厅理事同知。②曾任绥远城同知。

松音 满洲镶红旗人。嘉庆八年（1803）补授山西巡抚衙门笔帖式。后署理和林格尔通判。据《题为审理和林格尔厅客民刘八仔因索债未得掷死张奇一案依律拟绞监候请旨事》，嘉庆十七年三月二十九日到任。③曾审理"和林格尔厅民陈二瞒因其兄被犬咬伤争殴扎伤高汰和身死"等案。④据《题为审理和林格尔厅王振业因斥挟嫌寻衅扎伤高三子身死一案依律拟绞监候请旨事》⑤，嘉庆十七年八月初一日卸事。

常达 满洲镶白旗人。初由恩监生考取缮本笔帖式。乾

---

① 嘉庆十七年十月初十日署理山西巡抚衡龄题，一档馆藏内阁刑科题本，档号：02-01-07-09612-004。
② ［清］贻谷等修，［清］高赓恩纂：《归绥道志》卷26《职官·国朝职官表》，呼和浩特：远方出版社，2007年，第810页。
③ 嘉庆十七年十月初十日署理山西巡抚衡龄题，一档馆藏内阁刑科题本，档号：02-01-07-09612-004。档文有"前厅德恒于三月初十日身故，兼署厅塔清阿亦于二十九日卸事，均未审解。该署厅即于三月二十九日到任"云云，由于档文前缺，"该署厅"不得其名。又据《题为会审山西和林格尔厅民陈二瞒因其兄被犬咬伤争殴扎伤高汰和身死一案依律拟绞监候请旨事》，松音报审时称"前厅松禄、德恒暨兼署厅塔清阿先后卸事，卑职到任提讯"云云，推知此"该署厅"即为松音。
④ 嘉庆十七年十二月十二日大学士管理刑部事务董诰、刑部尚书崇禄题，一档馆藏内阁刑科题本，档号：02-01-07-09554-009。
⑤ 嘉庆十八年三月十六日署理山西巡抚衡龄题，一档馆藏内阁刑科题本，档号：02-01-007-027238-0004。

隆五十六年（1791）分拨户部行走。嘉庆四年（1799）补授实缺，九年、十一年、十五年三次京察一等，十四年带领引见记名。嘉庆十七年补授山西和林格尔理事通判，八月初一日到任。据《题为和林格尔通判常达患病请准解任回旗调理事》[①]，因患失血之症，嘉庆二十二年三月二十二日告病解任。

在任期间审理"和林格尔厅民人高桥兵子听从高斗勒毙伊父"[②]"和林格尔厅住民王振业因观剧拥挤误碰相争伤毙高三小"[③]"和林格尔厅住民赵维才因借钱不允吵骂伤毙张满千"[④]"和林格尔厅客民王嚼因背送过河无钱起衅殴毙王有幅"[⑤]等案。嘉庆十九年（1814）五月二十四日夜，后公喇嘛村姚恒祥被贼劫去衣物；二十七日夜，大红城村张佩名被贼劫去钱物。四个月之后，疏防例限已届，赃盗尚未弋获，山西巡抚衡龄在十一月十八日将两案疏防官员常达分别题参。[⑥]一日之内两度被参，说来偶然，但也反映了当时社会治安不佳的实态。

---

① 嘉庆二十二年五月二十九日山西巡抚衡龄题，一档馆藏内阁吏科题本，档号：02-01-03-09189-030。

② 嘉庆十八年六月二十四日署理山西巡抚衡龄奏，一档馆藏朱批奏折，档号：04-01-26-0028-054。

③ 嘉庆十八年七月十二日大学士管理刑部事务董诰题，一档馆藏内阁刑科题本，档号：02-01-007-027261-0018。

④ 嘉庆二十二年六月十六日大学士管理刑部事务董诰题，一档馆藏内阁刑科题本，档号：02-01-007-027870-0007。

⑤ 嘉庆二十二年十月十二日山西巡抚和舜武题，一档馆藏内阁刑科题本，档号：02-01-07-10015-004。

⑥ 嘉庆十九年十一月十八日山西巡抚衡龄题，一档馆藏内阁吏科题本，档号：02-01-03-09065-034；嘉庆十九年十一月十八日山西巡抚衡龄题，一档馆藏内阁吏科题本，档号：02-01-03-09065-035。

据《题为和林格尔通判常达患病请准解任回旗调理事》[①],常达因患失血之症,难以供职,嘉庆二十二年(1817)三月二十二日告病解任。无官一身轻,然而告病解任的常达仍因在和林格尔通判任上的失职而被问责。嘉庆二十年三月,承包厅南右卫五旗牧厂地的庄粮头刘士宽、丁成富、刘恒富等先后报称:

> 小的等各庄粮户承种五旗牧厂地亩,原本沙碛,自开垦以来屡年间已有逃累,粮重地瘠,民已拮据不堪,历今四十余载,风起处俱成沙漠,水淘处尽是河沟,地亩不能耕种,各粮户粮银无出,畏惧赔累,陆续潜逃。今小的等查访无踪,理合开单呈报,计黏单一纸,内开:共逃签地六十一条有零,每条弃地五顷,共弃地三百五顷九十二亩五分。[②]

乾隆三十五年(1770),朝廷将右卫空出牧厂地一千八百五十二顷五十五亩五分分拨给和林格尔厅,由和厅承包给粮户,依照每亩征银一分四厘、每正银一两随征耗银五分作为倾镕运脚费用的标准,每年额征租银二千五百九十三两五钱七分七厘,随征耗银一百二十九两六钱七分九厘,就近解交绥远城

---

① 嘉庆二十二年五月二十九日山西巡抚衡龄题,一档馆藏内阁吏科题本,档号:02-01-03-09189-030。
② 嘉庆二十一年十二月初八日山西巡抚衡龄题,一档馆藏内阁户科题本,档号:02-01-04-19618-008。

同知衙门，贮库充饷。地方每年二月开征，上报核销。这项地租实施四十多年来，运行稳定，已经成为绥远军军饷的重要进项。如今三百多顷田地一朝被弃，意味着四百多两正耗租银没了着落。事关重大，通判常达亲诣各庄，经过讯人履亩，确认庄粮头们所报逃户签地条数、弃地亩数并无讹误。然而蹊跷难解的是：其一，此项地亩虽经耕种，多年屡被风刮沙漠，亦不过间段荒芜，何至六十余条尽为沙碛？其二，历年来百姓耕种此间地亩，必有家室相倚，如今六十余户一朝逃走，粮头为何漫无觉察？常达怀疑粮头与逃户共同捏报，遂一面派人查拿逃户刘思裕等人；一面传集各粮头，逐一研讯。粮头的解释是：

> 现在逃弃地亩土脉本来不厚，从前可垦者，因恃有土面五六寸或七八寸不等。自嘉庆十七年以后，年岁歉薄，种地之家吃用尚且不敷，完银更觉艰难，还冀来年丰收，犹复借贷勉支。无如歉岁频仍，是以粮户等畏惧赔累，陆续弃地潜逃。

常达亲勘体察，与粮头所供无异，国赋攸关，未便隐匿，遂将逃户地亩并遗欠粮银数目造册上报，并请上司派员查勘。十二月，朔平府知府巴宁安奉山西布政使委派，赴和林格尔履勘，认定所报土地"砂碛毕露，寸草不生，不堪耕种，业已成废"，废地三百零五顷九十二亩五分，共遗正耗租银四百四十九两七钱九厘七毫五丝，与原报相符。但是，粮户陆续潜逃，没有留下任何家属、房产，以致查访无着，其中难免有捏报情弊。巴宁安传集各村粮头刘士宽等人履加查询，诸人供称：

> 口外地方本系五方杂处，并无土著，民人凡卖买种地，多属外来流寓之人。逃户刘思裕等原是口内流寓人民，只身出来认种此项地亩，并无携带家口，或住窑洞，或盖土房，将就栖身，春来耕种，就近雇觅短工帮佣，冬即收粮回籍，或往别处卖买，至春复来种地。近年以来，因收成歉薄，无力完租，以致陆续潜逃，并非同时骤逃。伊等遇征租之时，遇有潜逃或无力之户，因惧比责，无奈代为垫交。今查各逃户一去无踪，现在万难代完，所以只得查明汇报，委系实在情形，并无捏报情弊。

刘思裕等粮户所承种耕地本属瘠田。自乾隆中叶垦种以来，历经四十余年，日渐沙化，地力不济，亩产下降。自嘉庆十七年（1812）以后，年岁歉薄，粮户们事实上已经难以承担租银。只是由于对来年丰收抱有期望，粮户们才东借西贷上缴租银，勉强支撑。遇有弃地潜逃的粮户，由于租银有限，粮头代为垫交，没有及时上报。孰料歉岁频仍，粮户畏惧赋累，陆续潜逃。嘉庆十九年，这一地区再次秋收欠薄，粮户大面积逃走。至来春，眼见厅里催征紧急，粮头无力垫交，始行呈报。巴宁安查明，嘉庆十七、十八两年的租银业已全清，惟嘉庆十九年租银因粮户潜逃而短欠，遂据实上报，提出两条建议：一是嘉庆十九年所欠租银，责成和林格尔厅通判常达筹办；

二是此地已荒，不宜耕种，鉴于该厅没有其余地块可以抵补荒地，应请照例题请豁除。

短欠一两年租银，还可急催缓征；失去了产生租银的土地，那就不好找补了。事涉兵糈，非同寻常。新任山西布政使习振翎根据巴宁安的调查，要求归绥道找出每年所缺租银的筹补办法。归绥道声称，本道下属各厅都没有多余的耕地来抵补和林格尔厅的那块撂荒地。言外之意，只能题请豁除。清廷对租银豁除之事的管理向来严慎，一旦查有不实之处，地方长官便要被问责。习振翎想到，归绥道只将和林格尔厅报告核转，并未声明亲勘核议。巴宁安查勘的时间是上年十二月，田地不见丝毫绿色，是否真的荒芜，还很难说。眼下四五月间，正是禾稼生长之时，是否实在荒芜，有无可以耕种，一望而知，不能掩人耳目。遂命归绥道道员与朔平府知府巴宁安同赴和林格尔厅查办。嘉庆二十一年（1816）五月二十六日，归绥道道员与巴安宁、常达下到地方，根据上报册图，逐段丈勘，随后上报：

> 正黄旗丰裕庄、丰太庄，正红旗广盛庄、太平庄，正蓝旗新安庄、新盛庄，共地三百五顷九十二亩五分，实俱沙碛外露，不能种植属实。察看情形，皆缘地处山阻，偏陂不平，风刮水刷，土面随去所致。查前项地亩究系何时遗弃，自应访查明确，以昭核实。随饬传邻地庄农人等诘讯，据称，弃地土脉本皆贫瘠薄，种作年久，其积土渐为山雨所冲，溪风所荡，收成未免渐减。迨十七、八两年

间稍有可种植之地，不过十之二三，其余已成废弃，各花户犹冀土面或稍积厚，以图再种，是以将应纳粮银勉力赔交。及至十九年，其地俱成沙碛，无可布种，该粮户等随各畏累潜逃等语。复传集各粮头讯问，所称亦属相符。查和厅详报正黄等旗丰裕等庄弃地，覆加丈勘，其沙碛外露不能种植者，实有三百五顷九十二亩五分，并无捏报情弊，其十九二十两年分遗粮，该花户等早经弃地潜逃无可著追，所有十九年分废地无著粮银四百四十九两七钱九厘零，已据该厅常倅如数赔解造报。其二十年分所缺地粮，该厅报荒，系在经征期内，且已赔交一年，似未便再行著赔，而饬查各厅境内并无可垦地亩细加熟筹，亦无别款可以抵补，当经由司详请自二十年为始豁除。

山西布政使习振翎将情况上报之后，山西巡抚衡龄亦觉事体严重，驳令再行确勘筹办。习振翎无奈，命归绥道督同原委各员复加亲勘之后，于嘉庆二十一年十一月十六日（1817年1月3日）再次上报：

覆查该厅五旗厂地既经勘明成废，粮无着追，每年应豁正耗共银四百四十九两七钱零，应照办过宁远厅坐西沟弃地遗粮案内地户郑文斌等逃弃遗粮五百七十一石零，系解充绥远城兵糈之项，业蒙题允豁除，所缺兵粮每年动项采买，奉部覆准在案。今和林格尔厅五旗废地租银事同一例，应请援照宁远厅坐西沟地亩之案，于嘉庆二十年为始,照数题请豁除,所短兵饷在于司库动项支放。每年春夏间仍令该厅亲诣查勘前项废地,如土积厚堪以耕种,即行报明该道,履勘招佃,报请升科。

宁远厅外西沟弃地遗粮案发生在嘉庆十七年(1812)。宁远与和林格尔彼此邻近,风土相类,既有此成例,便好援引。衡龄遂于嘉庆二十一年十二月初八日正式题请,豁除此项地亩嘉庆二十年及其后粮银。户部初闻此事,亦觉蹊跷:"此项地亩民人承种日久,即有风刮土面处所,何至废弃三百五顷九十余亩之多,且册载逃户九十余名,俱籍隶本省州县,率称俱系流寓人民,潜逃无踪,更难凭信。"① 遂令地方再行确查。当时和林格尔通判常达已经告病离任,新任署理通判吉龄再次到丰裕庄等废地处,"眼同该庄粮头人等,按照册报地面,逐一履勘,共丈得逃弃地三百五顷九十二亩五分,俱系沿山遍岭,沙石间杂,委属荒废,不堪种粮。……讯明附近农耆粮头人等,因何忽成废地,如此之多,佥称从前赖有土面耕种,近年雨冲风刮,沙石尽露,便成废地。至逃户籍贯,佥称止知系何州县,并不知其城乡住址,从前关追就未回家,以致逃走无踪"。和林格尔厅、朔平府、归绥道各自出具切实印结之后,新任山西巡抚成格于嘉庆二十三年六月二十日复为题奏,"该厅五旗厂地既经勘实成废,所有每年应征正耗共银四百四十九两七钱零,请仍照原议,以嘉庆二十年为

---

① 嘉庆二十三年六月二十日山西巡抚成格题,一档馆藏内阁户科题本,档号:02-01-04-19793-022。

始豁除。所缺绥远城兵饷，亦照原议，在于司库动支，以实军储"。

同年十月二十二日，户部题奏获准，和林格尔厅境内三百零五顷九十二亩五分土地豁除粮银，并成定例。①

地荒人逃，作为地方官的常达照例包赔嘉庆十九年（1814）粮银四百四十九两七钱九厘零，亦属无奈。好在"刘思裕逃地案"就此了结，朝廷恩准豁除此项粮银，也算是常达为地方百姓做了一件好事。只是时运不济，年景不好，常达依然未能摆脱征催压力。右卫五旗牧厂地每年额征租银如果不能全额缴纳，作为经征官的和林格尔通判和作为督催官的各级上司都要被问责，通常处罚规则是：初参通判欠一分以上者，罚俸六个月；欠四分以上者，降三级留任，戴罪催征，完日开复。督催之山西巡抚、山西布政使、归绥道欠一分以上者，罚俸三个月，戴罪督催，完日开复。经征及督催等官欠不及一分者，均免议。由于嘉庆二十二年租银未完正银四百二十八两二钱九分五厘，耗银二十一两四钱一分五厘，常达在嘉庆二十三年被参，以"经征欠一分以上"而被处以"照例罚俸六个月，戴罪催征，完日开复"。当时常达已经告病离任，仍俟复参。②

---

① 嘉庆二十三年十月二十二日大学士管理户部事务托津、户部尚书景安题，一档馆藏内阁户科题本，档号：02-01-04-19795-017。
② 嘉庆二十三年十月二十八日大学士管理户部事务托津、户部尚书景安题，一档馆藏内阁户科题本，档号：02-01-04-19795-019。

吉龄 满洲正红旗人。[①] 初由官学生考取笔帖式。嘉庆二年（1797）补授泰陵工部笔帖式，八年调补翰林院笔帖式，十四年拣选引见，补授山西巡抚衙门笔帖式。嘉庆二十二年四月初六日署理和林格尔通判。同年六月，山西巡抚衡龄题请将候补理事同知吉龄借补和林格尔通判，称"该员才具明干，办理实心，以之借补和林格尔理事通判，实堪胜任"。九月十四日奉旨允准。[②] 嘉庆二十五年十一月初六日革职卸事。

吉龄在任期间，曾审理"和林格尔厅客民王嚼因背送过河无钱起衅殴毙王有幅"等案。然而真正让他头疼的不是刑名案件，而是三宗土地钱粮案件。

第一件是丰裕等庄地户刘思裕等潜逃弃地遗粮案件。此案是前任常达遗留下来的旧事，吉龄根据上司要求重新查勘，经山西巡抚成格题奏，嘉庆二十三年（1818）十月户部议奏，同意自嘉庆二十年始豁除废地三百零五顷九十二亩五分的粮银。这一案件也为清廷处理后续潜逃弃地遗粮案件提供了一个参照。道光元年（1821）七月，户部针对万安庄白富银等潜逃弃地遗粮事件，准于嘉庆二十四年为始，豁除地四百九十六顷。道光四年七月，户部针对清水河厅属镶蓝旗广济等庄地户杨万禄等潜逃弃地遗粮事件，准其自嘉庆二十三年为始，豁除地

[①] 《新修清水河厅志》卷10《职官》记有满洲正黄旗人吉龄，嘉庆十九年任清水河厅通判（第122页）。若为同一人，则《新修清水河厅志》所记"正黄旗"当作"正红旗"。《归绥道志》卷26《职官·国朝职官表》有正红旗人吉龄，嘉庆二十年任丰镇厅理事同知（第810页），或即同一人。

[②] 嘉庆二十二年九月十四日吏部尚书英和题，一档馆藏内阁吏科题本，档号：02-01-03-09197-019。

二百六十二顷五十亩。

第二件是粮户刘光照京控案。嘉庆二十四年（1819）十一月，本县粮户刘光照越级上诉，进京向都察院控告本厅征粮不公，通判纵容丁书历年勒折浮收，甚至刑讯逼拷，导致村民逃散。这就是轰动一时的"刘光照京控"事件。据《奏为和林格尔民人刘光照呈控地方违旨酷征事》中所录供词[①]：

> 和邑粮地纳米五千余石，例发脚价银八百余两，运绥远城以充军饷，讵历年以来易米纳钱，浮收勒折，收后令书役持银赴城，着米局包揽交纳，上吞脚价，下剥民膏，和邑逃户自此始。今逢恩诏普免积欠，独和邑仍一律追呼，身等于本年四月控道，蒙批：口外应征米石隔年奏销，现奉恩旨豁免积欠，据控仍一律催征，是否属实，仰归化厅秉公查讯。乃并未提查，仍出差严催。身见不准豁免，邀同张林、王经纶、韩珍、武成英、张正明、杨宝山、张尔宁七人到铺买高米，每斗大钱三百八十文，欲行赴仓交纳。书吏私定价大钱六百五十文，要钱不要米，不容身等赴仓，差人将身等拿到衙门，书吏皂役先行殴辱打骂，厅即坐堂，酷刑拷打，血流满地，又将七人收禁至今，不知存亡。查每年酷征刑逼，村庄男妇大小涂炭难受，上公窑子、物拉厂地北两村全行逃散，现在只留空村，地无人种，其余村民离散逃命者，难以备述。身本

---

① 嘉庆二十四年十二月十八日都察院左都御史普恭等奏，一档馆藏军机处录副奏折，档号：03-1739-041。

> 愚民，无处可逃，和林格尔门丁李七同吏役王芝元、韩居瑞、武宝成等恐人上控，将杀虎口日夜严守，有冤难伸，身无奈假作车夫，逃京匄叩，赴案呈控。

刘光照所控事项，样样严重。即以纵容丁书"勒折浮收"一项来说，清制，衙役如有拷打囚犯勒索钱财之事，州县官需要负责。州县官故意纵容衙役生事刁难者，将受革职之罚。[①] 嘉庆皇帝责成山西巡抚成格严审，定拟具奏。成格派员到和林格尔厅调查取证，又将吉龄征至省城太原对质备讯。经过长达一年的审理，认定吉龄并无"勒折浮收酷征豁免粮米"之情，但是"失察书役包揽渔利，又将张林等七人率行收禁"确有其事，需要问责。按照《吏部则例》和《六部处分则例》的规定，假如对有罪书吏的处分为笞杖和徒刑，有关官员将受到降一级留任的处罚。此案中书役王芝元等照"揽纳税粮"罪名，拟杖八十，折责三十板，吉龄也应降一级留任。好在此案发生在嘉庆二十五年（1820）八月二十七日恩诏之前，书役所犯杖笞各罪应予宽免，吉龄免予承担连带责任。[②]

第三件是挪移库银案。就在吉龄因"刘光照京控案"被征至省城太原接受讯问期间，署和林格尔通判九龄查出其任内一系列经济问题。据《奏为遵旨议奏审拟前任和林格尔通判吉龄

---

① 瞿同祖著，范忠信、何鹏、晏锋译：《清代地方政府》（修订译本），北京：法律出版社，2011年，第110—111页。
② 嘉庆二十五年十二月二十日山西巡抚成格奏，一档馆藏朱批奏折，档号：04-01-01-0610-001。

挪移库银一案事》[1]，涉事标的统算七千三百三十九两一钱二分四厘，包括：

1. 挪移嘉庆二十三年新征粮米掩解嘉庆二十一、二十二年应赔豁免民欠米三千八百五十八石一斗六升五合，照例计算亏银三千八百五十八两一钱六分五厘；

2. 挪移旗租等项银三千一百一十八两四钱九分三厘五毫；

3. 常平仓折耗谷七百二十四石九斗三升一合，计银三百六十二两四钱六分五厘五毫。

当时吉龄已推升泰东陵员外郎，即将由和林格尔离任，遂因仓库钱粮巨额亏短被参革职。山西巡抚成格奉旨严审，认定"委系垫解民欠，因公挪移，以及仓贮谷石因气头厫底盘量折耗，并无侵亏入已情弊"。吉龄认罪态度甚好，还在丁忧期间，就迅速筹措四千五百银两上交，并承诺"下短仓谷银两再行赶紧设措全完，不敢稍事延宕，久虚帑项"。成格题请将吉龄依例拟杖一百流三十里，但刑部覆议认为：

> 该革员参后业已措银四千五百两交库，实止未完银二千八百三十九两一钱二分四厘，自应依例按现在未完之数定拟。今该抚并未将该革员参后完过银数开除，仍按原亏数目依挪移库银五千两以上例拟以满流，系属错误，应行更正，应将已革前任和林格尔厅通判推升员外郎吉龄改依挪移库银五千两以下者，仍照律拟杂犯流总徒四年例，

[1] 道光元年十二月初八日大学士管理刑部事务戴均元等奏，一档馆藏军机处录副奏折，档号：03-3284-033。

拟以总徒四年。事犯在嘉庆二十五年八月二十七日恩诏以前，该革员因公挪移并非侵欺入己，应准免罪，系职官仍恭候钦定。其未完银两应令该抚仍行勒限严追，俟限满有无完缴，再行分别办理。

吉龄在一年之内将所欠二千八百余银两全部还补，符合"挪移库款五千两以下，在统限一年果能尽数全完，免罪准其开复"的开复之例。遂于道光二年（1822）闰三月恢复泰东陵员外郎之职。①

九龄 满洲正黄旗人。曾任绥远城同知。据《奏为委任九龄署理和林格尔通判并委任格图砼额兼署绥远城同知事》②，嘉庆二十五年（1820）春夏之交，和林格尔通判吉龄因县民刘光照进京控告一事，被山西巡抚成宁征至省城太原配合调查，"查该厅地临边隘，事务殷繁，且现当征收下忙钱粮之际，自应委员署理，以专职守"，"人甚勤能"的绥远城同知九龄遂奉命就近暂行署理和林格尔厅。其到任时间当在嘉庆二十五年四月。同年十一月，查出吉龄任内亏短及常平仓内贮谷折耗等事③，其后不久即推升离任。

庆纯 籍贯不详。本为山西盂县知县，在九龄奉文推升

---

① 道光二年闰三月十四日山西巡抚邱树棠奏，一档馆藏军机处录副奏折，档号：03-2522-054。
② 嘉庆二十五年四月，一档馆藏朱批奏折附片，档号：04-01-01-0606-031。
③ 道光元年十二月初八日大学士管理刑部事务戴均元等奏，一档馆藏军机处录副奏折，档号：03-3284-033。

后，接署和林格尔通判。① 离任时间当在道光元年（1821）初。

（三）道光朝

富广 籍贯不详。道光元年（1821）初到任。② 任内审理"和林格尔厅客民乔伏因佣工结账起衅伤毙郭定远"③ "和林格尔厅住民窦有成因追索借当铜壶起衅扎闫光斌身死"④ 等案。道光四年三四月间降调离任。因乔伏案承审迟延逾限一月以上，照例于补官日罚俸一年；覆审该案迟延一月以上，应照例于补官日再罚俸一年。因有记录九次应销去记录四次罚俸二年，免其罚俸。

德福 蒙古镶白旗人。据《题为审理和林格尔厅客民张光成因索欠钱文起衅伤毙李进元一案依律拟绞监候请旨事》⑤。道光四年（1824）三四月间署理和林格尔通判，四月二十七日卸

---

① 道光元年十二月初八日大学士管理刑部事务戴均元等奏，一档馆藏军机处录副奏折，档号：03-3284-033。
② 道光元年十一月初八日山西巡抚成格奏，一档馆藏军机处录副奏折，档号：03-3284-027；道光元年十二月初八日大学士管理刑部事务戴均元等奏，一档馆藏军机处录副奏折，档号：03-3284-033。
③ 道光四年八月二十一日刑部尚书那清安、刑部尚书陈若霖题，一档馆藏内阁刑科题本，档号：02-01-07-10486-009。
④ 道光四年三月二十五日山西巡抚邱树棠题，一档馆藏内阁刑科题本，档号：02-01-07-10454-021；道光四年七月十三日大学士管理刑部事务戴均元、刑部尚书那清安题，一档馆藏内阁刑科题本，档号：02-01-07-10465-015。
⑤ 道光四年十一月初四日山西巡抚福绵题，一档馆藏内阁刑科题本，档号：02-01-07-10482-002。

事。道光五年任清水河厅通判。①

寿麟 满洲镶黄旗人。初为监生，由詹事府笔帖式京察一等，道光四年（1824）二月二十二日补授和林格尔通判。据《题报萨拉齐通判寿麟病故日期事》②，四月二十七日到任。道光七年七月二十六日卸事，调任萨拉齐厅通判。

在任期间审理"和林格尔厅客民张光成因索欠钱文起衅伤毙李进元""和林格尔厅住民杨有子因索欠起衅伤毙刘玉成"③"和林格尔厅住民孔有才因被令挪地睡歇伤毙店主王政"④"和林格尔厅住民韩成因醉酒争詈伤毙智训"⑤"和林格尔厅住民赵根顺子行窃李有才家衣物伤毙张润成子"⑥等案。

寿麟才干优长。曾署归化城理事同知，"办理裕如"。道光七年（1827）闰五月二十日，山西巡抚福绵奏请将和林格尔理事通判寿麟与萨拉齐厅理事通判齐克坦布对调，理由是萨拉齐厅"幅员辽阔，政务殷繁，本称难治，近复人烟稠密，五

---

① ［清］文秀修，［清］卢梦兰纂：《新修清水河厅志》卷10《职官》，呼和浩特：远方出版社，2009年，第122页。
② 道光十一年三月初九日山西巡抚阿勒清阿题，一档馆藏内阁吏科题本，档号：02-01-03-09873-011。
③ 道光七年七月十七日山西巡抚福绵题，一档馆藏内阁刑科题本，档号：02-01-07-10815-015。
④ 道光五年九月十七日大学士管理刑部事务托津题，一档馆藏内阁刑科题本，档号：02-01-007-029150-0017。
⑤ 道光七年九月初十日山西巡抚福绵题，一档馆藏内阁刑科题本，档号：02-01-007-029533-0016。
⑥ 道光八年五月二十二日山西巡抚卢坤题，一档馆藏内阁刑科题本，档号：02-01-007-029652-0009。

方杂处,奸宄最易潜迹,狱讼尤为纷如,承审稽查,无不较前倍增繁剧,必须明干老练之员",现任通判齐克坦布"初膺外任,历练未深,于难治之区,人地未甚相宜",而和林格尔厅通判寿麟"才具明敏,办事干练",有治剧才干,更适合治理萨厅。① 闰五月二十七日谕旨批准。② 寿麟在萨拉齐通判任上政绩优异,《绥远通志稿》为之立传。③

齐克坦布 满洲镶黄旗人。初为翻译生员,觉罗学教习期满,补授太常寺笔帖式,京察一等,道光六年(1826)补授萨拉齐厅理事通判。道光七年,经山西巡抚福绵奏请,与和林格尔厅通判寿麟对调,并于七月二十六日到任和厅。

在任期间审理"和林格尔厅住民赵根顺子行窃李有才家衣物伤毙张润成子""和林格尔厅客民任增官因索欠纠纷扎伤王得喜身死"④"和林格尔厅住民常成柱子因索欠起衅伤毙温谷盛"⑤等案。

山西巡抚福绵在《奏请以和林格尔理事通判寿麟与萨拉齐厅理事通判齐克坦布对调事》中称,齐克坦布在萨拉齐厅理

---

① 道光七年闰五月二十日山西巡抚福绵奏,一档馆藏朱批奏折,档号:04-01-12-0395-049。
② 《清代起居注册·道光朝》第8册,道光七年闰五月,联经出版事业公司,1985年,第4826页。
③ 绥远通志馆编纂:《绥远通志稿》卷88《人物(仕绩)》,呼和浩特:内蒙古人民出版社,第11册,第205—206页。
④ 道光九年五月初四日山西巡抚徐炘题,一档馆藏内阁刑科题本,档号:02-01-07-10840-004。
⑤ 道光九年八月二十日山西巡抚徐炘题,一档馆藏内阁刑科题本,档号:02-01-07-10880-017。

事通判任上"明白安详,勤慎诚笃。自接印年余以来,于办理地方事务非不极思奋勉,无如初膺外任,历练未深,于难治之区,人地未甚相宜",似属庸常循矩之吏。离任时间不明。另据朱批奏折《奏为和林格尔通判齐克坦布与升寅同族同旗应否回避请敕部核复施行事》,齐克坦布与绥远城将军臣升寅有同族同旗关系,升寅于道光十年(1830)七月二十六日奏请应否回避。① 又据《为山西和林格尔理事通判员缺咨传内务府笔帖式福呢杭阿投递履历满汉姓氏并声明有无应行回避等项事致内务府》②,道光十年八月和林格尔理事通判缺出。据此判断齐克坦布离任时间在道光十年七八月间。

德斌 籍贯不详。道光十二年(1832)正月已在任。③ 曾审理"和林格尔厅住民陈光曾因索讨工钱起衅伤毙陈二科仔"④"和林格尔厅住民李张锁仔因赌博纠纷伤毙赵有才"⑤等案。道光十四年十一月二十六日山西巡抚鄂顺安题奏称"和林格

---

① 道光十年七月二十六日绥远城将军升寅、山西巡抚徐炘奏,一档馆藏朱批奏折,档号:04-01-01-0714-012。
② 道光十年八月二十三日吏部咨,一档馆藏内务府档案,档号:05-13-002-000627-0115。
③ 据《为山西和林格尔理事通判缺出咨传记名以理事同知通判用之内务府清漪园苑丞锡龄于期投递履历等事致内务府》(道光十一年二月十九日吏部咨,一档馆藏内务府档案,档号:05-13-002-000629-0063),道光十一年二月和林格尔理事通判缺出。德斌之前,当有人署理。
④ 道光十三年二月十三日户部尚书管理刑部事务王鼎、刑部尚书明山题,一档馆藏内阁刑科题本,档号:02-01-07-11043-001。
⑤ 道光十三年十一月十四日户部尚书管理刑部事务王鼎题,一档馆藏内阁刑科题本,档号:02-01-007-030443-0011。

尔通判兼署清水河通判德斌因病出缺",建议由泽州府同知印务荣庆署理和林格尔通判。①据此判断德斌离任时间当在是年十一月之前。

荣庆 籍贯不详,蒙古正黄旗人。据《为报明山西泽州府东冶镇同知现署和林格尔通判荣庆丁母忧事致正黄旗蒙古都统》②,道光十四年(1834)十一月,以山西泽州府东冶镇同知奉委调署和林格尔通判。道光十五年二月初九日其母槐氏病故,丁忧离任。据《为催查前署山西和林格尔厅通判事泽州府丁忧同知孝满在内务府主事上行走之荣庆任内有无级纪等项事致内务府》③,荣庆百日孝满,在内务府主事上行走。

宝昌 满洲镶黄旗人。道光十五年(1835)二月以绥远城粮饷理事同知署和林格尔通判事。据《题报和林格尔厅民刘继善掷继妻前夫之子口中身死拟绞监候事》④,道光十五年六月初四日卸事。

清魁 籍贯不详。据《题报和林格尔厅民刘继善掷继妻前夫之子口中身死拟绞监候事》,道光十五年(1835)六月初四日到任。

---

① 道光十四年十一月二十六日山西巡抚鄂顺安奏,一档馆藏军机处录副奏折,档号:03-2633-011。
② 道光十五年五月初六日山西巡抚鄂顺安咨,一档馆藏内务府档案,档号:05-13-002-000648-0126。
③ 道光十六年六月二十六日吏部咨,一档馆藏内务府档案,档号:05-13-002-000652-0028。
④ 道光十六年六月十一日山西巡抚申启贤题,一档馆藏内阁刑科题本,档号:02-01-07-3178-016

在任期间曾审理"和林格尔厅民姚有宽因索讨棺钱相争伤毙胞兄姚有绪"[1]"和林格尔厅住民段泳祥因被索赌欠争闹殴伤张泳录身死"[2]等案。道光十六年（1836）因刘继善案承审迟延一月以上而被参。[3]道光十七年因把儿旦沟村住民于成升家失窃一案疏防被参。[4]道光二十年因段泳祥案失察赌博、失察存留赌具而被罚俸两个月。[5]

道光二十二年（1842）八月二十七日，山西巡抚梁萼涵上奏，归化城同知文明因上年大计卓异而进京引见，奏请由和林格尔理事通判清魁署理归化城同知，所遗和林格尔理事通判印务由坐补归化城同知魁英署理。[6]据此，清魁离任时间当在道光二十二年八月。

清魁后来重回和林格尔厅担任理事通判，时间当在道光二十三年（1843）闰七月。离任时间可据"和林格尔厅住民陈

---

[1] 道光十六年六月十一日山西巡抚杨国桢题，一档馆藏内阁刑科题本，档号：02-01-07-11407-005。

[2] 道光十九年十二月初二日山西巡抚杨国桢题，一档馆藏内阁刑科题本，档号：02-01-07-14388-021。

[3] 道光十六年十二月初六日协办大学士管理刑部事务王鼎题，一档馆藏内阁刑科题本，档号：02-01-07-3193-003。

[4] 道光十七年九月初五日山西巡抚申启贤题，一档馆藏内阁吏科题本，档号：02-01-03-10321-012。

[5] 道光二十年六月初八日大学士管理刑部事务王鼎题，一档馆藏内阁刑科题本，档号：02-01-007-031679-0013。

[6] 道光二十二年八月二十七日山西巡抚梁萼涵奏，一档馆藏录副奏片，档号：03-2722-050。

添衡仔因牛践食豆苗相争伤毙张沅智"①一案来推断。此案发生在道光二十六年五月初十日，通判承审期限为三个月，"此案承审迟延未及一月职名系前任和林格尔通判清魁，理合附参"，推断清魁在道光二十六年八九月间离任。在此任期内曾审理"和林格尔厅民吴郎小仔因训令未服争殴伤毙吴换小仔身死"②等案。

魁英 满洲镶白旗人。道光四年（1824）任清水河厅理事通判。③道光五年任归化城理事同知。④道光七年因不慎疏脱解审斩犯而受到处分。⑤道光十八年任萨拉齐厅理事通判。⑥道光二十二年八月左右署理和林格尔理事通判印务。据《题为归化城理事同知魁英病难供职呈请开缺调理事》⑦，魁英在道光二十三年闰七月初七日奉文题补归化城同知，同月十二日接印任事，据此推断其署理和厅离任时间或即在道光二十三

---

① 道光二十七年六月二十八日大学士管理刑部事务宝兴、刑部尚书阿勒清阿题，一档馆藏内阁刑科题本，档号：02-01-07-11923-020。
② 道光二十七年二月二十二日大学士管理刑部事务宝兴题，一档馆藏内阁刑科题本，档号：02-01-007-032391-0008。
③ ［清］文秀修，［清］卢梦兰纂：《新修清水河厅志》卷10《职官》，呼和浩特：远方出版社，2009年，第122页。
④ 绥远通志馆编纂：《绥远通志稿》，呼和浩特：内蒙古人民出版社，2007年，第10册，第307页。
⑤ 道光七年十二月十六日暂办山西巡抚事务福绵奏，一档馆藏朱批奏折，档号：04-01-28-0015-031。
⑥ 绥远通志馆编纂：《绥远通志稿》，呼和浩特：内蒙古人民出版社，2007年，第10册，第317页。
⑦ 道光二十六年五月初七日山西巡抚吴其濬题，一档馆藏内阁吏科题本，档号：02-01-03-10794-009。

年闰七月。

毓恩 满洲正蓝旗人。原署赵城县知县,道光二十五年（1845）署理太原县。① 据《题为会审山西和林格尔万住民陈添衡仔因牛践食豆苗相争伤毙张沅智一案依律拟绞监候事》②,道光二十六年八九月间始署和林格尔理事通判。离任时间当在道光二十六年十二月。

珠隆阿 蒙古正蓝旗人。据《奏请以托克托城理事通判珠隆阿调补萨拉齐理事通判事》,初为太仆寺笔帖式,道光二十一年（1841）题升,京察一等,以理事同知通判用,照准一等加一级。旋补授和林格尔理事通判,二十六年十二月到任。在任期间审理"和林格尔厅客民妇刘胡氏谋毒奸夫于有山之妻于吴氏身死"一案,因解证迟延逾限一月而被照例罚俸一年。③ 二十九年三月丁忧回旗。

咸丰元年（1851）八月补授托克托城理事通判。咸丰二年七月二十七日,和林格尔理事通判伊长阿丁母忧卸事,珠隆阿兼理和林格尔通判事务。④ 其间因审理"和林格尔住民段拴狗子殴伤兄妻段崔氏致令气忿自缢身死"一案逾限不及一月被照

---

① 道光二十五年九月初四日吏部尚书恩桂题,一档馆藏内阁吏科题本,档号：02-01-03-10731-010。

② 道光二十七年六月二十八日大学士管理刑部事务宝兴、刑部尚书阿勒清阿题,一档馆藏内阁刑科题本,档号：02-01-07-11923-020。

③ 道光二十八年十二月十七日刑部尚书阿勒清阿题,一档馆藏内阁刑科题本,档号：02-01-07-3432-016。

④ 咸丰三年十月十五日山西巡抚恒春咨,一档馆藏内务府档案,档号：05-13-002-000735-0036。

例罚俸三个月。①

文山 满洲镶白旗人。初为鸿胪寺笔帖式，三次京察一等，补授山西巡抚衙门笔帖式。据《奏请准以候补理事同知通判文山补授托克托城理事通判》②，文山于道光二十三（1843）年十月到山西省，"历署朔平府理事同知，宁远、萨拉齐、和林格尔等厅印务，六年俸满，奏留晋省，以理事同知通判补用"。文山署和林格尔厅印务的时间，由于没有见到直接材料揭示，只能根据已有材料作些推断。按珠隆阿从和林格尔厅离任时间为道光二十九年三月，新任通判伊长阿到任时间为同年七月二十二日（详后），其间数月必有署任者。道光二十九年九月为文山六年俸满之时，其署理和林格尔通判印务的时间，当在珠隆阿离任与伊长阿到任的时段内，即道光二十九年三月至七月。

伊长阿 蒙古镶黄旗人。据《为咨送山西和林格尔通判伊长阿闻讣丁忧亲供事致内务府镶黄旗蒙古都统》③，道光四年（1824）十二月考中奉宸苑候补笔帖式。十六年补授本苑实缺笔帖式。二十六年京察一等，奉旨记名以理事同知通判用，是年三月题升本苑委署堂主事。道光二十九年五月初十日补授和林格尔通判，七月二十二日到任。

---

① 咸丰三年十一月十五日山西巡抚恒春咨，一档馆藏内务府档案，档号：05-13-002-000735-0105。
② 咸丰元年四月十三日山西巡抚兆那苏图奏，台北"故宫博物院"藏《宫中档咸丰朝奏折》，档号：119183。
③ 咸丰二年九月初二日署理山西巡抚郭梦龄咨，一档馆藏内务府档案，档号：05-13-002-000730-0062。

在任期间曾审理"和林格尔厅寄民邢讨哈仔因债务之争扎毙人命"①"和林格尔厅寄民樊汰仔因被索欠争殴伤毙卢明"②等案。

咸丰二年（1852）六月亲母毛氏病故，七月二十七日丁忧离任。③咸丰三年五月二十七日守制期间病故。④

（四）咸丰朝

哈芬布 满洲正黄旗人。初为翻译生员，道光七年补工部制造库库使。道光十八年（1838）补授工部笔帖式。二十九年京察一等。据《题报和林格尔理事通判哈芬布病故日期事》⑤，咸丰二年六月补授和林格尔通判，同年十月初二日到任。

哈芬布在任期间曾审理"和林格尔厅寄民王根沉仔因幼侄拾麦争闹伤毙张幅罗仔"⑥"和林格尔厅寄民郭根喜等抢夺

---

① 道光三十年六月二十六日山西巡抚兆那苏图题，一档馆藏内阁刑科题本，档号：02-02-033-002437-0009。
② 咸丰二年十二月初一日刑部尚书阿灵阿题，一档馆藏内阁刑科题本，档号：02-01-007-033037-0005。
③ 咸丰二年九月初二日署理山西巡抚郭梦龄咨，一档馆藏内务府档案，档号：05-13-002-000730-0062。
④ 咸丰四年四月镶黄旗五甲喇参领德毓等呈，一档馆藏内务府档案，档号：05-08-020-000399-0023。
⑤ 咸丰六年二月十八日山西巡抚王庆云题，一档馆藏内阁吏科题本，档号：02-01-03-11184-034。
⑥ 咸丰六年正月二十九日刑部尚书麟魁题，一档馆藏内阁刑科题本，档号：02-01-007-033405-0025。

事主荣守沅银物逾贯"①"和林格尔厅住民李得保因索欠未得伤毙宋郑氏"②等案。不过真正让他承受压力的是马厂地弃地案。

哈芬布到任不久,和林格尔厅再次发生粮户大规模弃地潜逃事件。据《题为遵议山西省和林格尔厅属厂旗地丰太等庄户遗弃地亩于上年豁免遗粮数目事》③,和林格尔厅属马厂正黄等旗丰太庄粮头郝满仓等先后呈报逃户二百二十四户,共弃地四百二十六顷一十五亩,实被水冲沙压,不堪耕种。哈芬布上报归绥道,归绥道勘验属实之后上报山西布政使,署布政使恒福派清水河厅通判成格会同哈芬布逐细履勘明确,取具册结,呈报山西巡抚王庆云:

> 和林格尔厅属马厂正黄等旗丰太等庄逃弃地亩,据该厅等会勘,均系砂碛毕露,不堪耕种等因。由道移覆到司,覆查丰太等庄地亩既经印委各员勘明,实在砂碛成废地四百二十六顷一十五亩,各户潜逃无踪,共遗粮银六百二十六两四钱零,遇闰共遗正闰耗银六百四十五两二钱零。惟查此项租银系供绥远城兵饷之需,岁有定额,不容短缺,该道属各厅别无隙地可以报垫,亦无闲款堪以筹

---

① 咸丰六年二月十八日山西巡抚王庆云题,一档馆藏内阁刑科题本,档号:02-01-007-033425-0017。
② 咸丰六年七月初二日刑部尚书麟魁题,一档馆藏内阁刑科题本,档号:02-01-007-033439-0020。
③ 咸丰五年十月二十八日大学士管理户部事务贾桢、户部尚书文庆题,一档馆藏内阁户科题本,档号:02-01-04-21558-017。

补,应如该道厅所议,自咸丰四年为始,照数题请豁除;所缺兵饷在于司库耗羡项内,按年暂为垫拨。仍饬和林格尔厅将前项报废地亩,于每年春夏之季遍历查勘,如有土面淤厚,随时招认,详报升科,以补缺额。

和林格尔厅属正黄等旗马厂地亩自乾隆三十五年(1770)垦种以来,经历过两次朝廷因粮户弃地规模较大而批准豁地的事件,一次是嘉庆二十年(1815),一次是嘉庆二十四年,共豁地八百零一顷九十二亩五分。道光八年(1828),又有正黄等旗招民认种厂地九十九顷,地亩总数由最初的一千八百五十二顷五十五亩五分减少到一千一百四十九顷六十三亩,缩水超过三分之一。此项地租用于拨付绥远城兵饷,地方力图避免被问责,朝廷不愿意为之另行垫拨,准予豁除抑或一仍其旧,在一定程度上也就成了中央与地方的博弈。果然,山西巡抚王庆云于咸丰五年(1855)三月三十日题奏之后,户部于十月二十八日议奏认为:

> 查前项地租,历系解交绥远城抵充兵饷,岁有定额,不容短缺。今虽据该抚派员查明风刮石露,不堪耕种,但请豁地四百四十六顷一十五亩之多,难保无粮头地户串通,以少报多,指熟为荒情弊。事关豁除地亩,有缺兵饷要需,臣部未便遽行议准,仍令该抚另行确查妥议到日,再行核办。

一 ｜ 旧志所见清代和林格尔厅通判补订

山西方面奏请从咸丰四年（1854）开始豁除地租，但是户部担心地方作弊，要求山西方面再行确查。问题是，山西方面事出有因，且程序齐备，无从"另行确查妥议"；既然地方不能"妥议"，户部也就无从"再行核办"了。于是此案陷入一个怪圈：和林格尔厅以四百多亩耕地变成废地为由，从咸丰四年开始不再上缴每年近六百两的地租正耗银；户部每年都将这笔银两计作和林格尔厅的"未完"款项，要求地方加紧催征；山西巡抚也不再专门题请豁除，而只是在例行的年度具题核销案内，把此项未完银两称作"系于一件汇报粮户弃地潜逃事案内详请豁免在案"。各方都有理有据，然而"程序正义"的背后是无聊的扯皮。至咸丰十年，户部察覆晋省和林格尔、清水河二厅经征咸丰八年右卫空出六旗牧厂地租正耗银两事时才正式强调：

至和林格尔厅未完正银五百九十六两六钱一分，耗银二十九两八钱三分一厘，据称系粮户弃地潜逃，详请豁免等语。查此项地租尚未题准，何得遽请割除！应仍令该抚转饬将该厅未完银两赶紧催征全完，报部查覆。此项请豁地租，前于七年十二月间经户部汇案奏催，迄今尚未题覆，殊属宕延，除仍令遵照奏案赶紧清厘题报外，嗣后如有报逃户无着地亩，总以奉旨豁除之日，方准列入开除。其未题准以前所有经征、经催各职名，应仍按应征之数覆计分数题销。此项地亩将来该抚办造咸丰九年题本时开送册揭，亦即遵照办理。再查咸丰五年该二厅征解数目，何

115

以至今尚未题销,殊属延玩,应令迅即题报,勿令年复一年,致开越题之渐,并将迟延之员先行咨部议处。①

废地题豁之后未被允准,那么它所对应的租银就仍在国家统计口径中,这也意味着作为经征官的哈芬布面临着巨大的问责压力。

咸丰六年(1856)正月二十二日,哈芬布因忽感伤寒,医治无效,在任病故。后被查出在任亏短咸丰四、五两年本折米石,合计四百余两,寓所衣物资产俱被查封,后经家属如数呈交,查封衣服方得给还。②

多芳 籍贯不详。咸丰五年(1855)任托克托城理事通判。③据《题为审理和林格尔厅民张陈氏因被疑挑唆争闹伤毙范溁一案依律拟绞监候请旨事》④,咸丰六年正月二十二日以托克托城理事通判兼理和林格尔理事通判。三月十三日卸事。

端良 籍贯不详。据《题为审理和林格尔厅民张陈氏因被疑挑唆争闹伤毙范溁一案依律拟绞监候请旨事》,继多芳接署和林格尔理事通判,咸丰六年(1856)三月十三日到任。离任

---

① 咸丰十年二月初八日大学士管理户部事务瑞麟、户部尚书肃顺题,一档馆藏内阁户科题本,档号:02-01-04-21675-045。
② 咸丰七年九月二十五日山西巡抚恒福奏,一档馆藏朱批奏折,档号:04-01-12-0489-028。
③ [清]贻谷等修,[清]高赓恩纂:《归绥道志》卷26《职官·国朝职官表》,呼和浩特:远方出版社,2007年,第815页。
④ 咸丰六年八月初七日山西巡抚王庆云题,一档馆藏内阁刑科题本,档号:02-01-007-033445-0016。

时间不明，六年八月尚在任。

玉衡 满洲正红旗人。① 到任时间不明，咸丰六年（1856）十一月已在任。曾审理"和林格尔厅民武七十二因向闫武氏续奸不遂将氏扎伤身死"②"和林格尔厅民许玉仔殴伤调奸伊妻未成之秦来保身死"③ 等案。

咸丰七年（1857）六月二十二日，因萨拉齐理事通判笔帖式庆麟赴部引见，山西巡抚王庆云奏请以和林格尔理事通判玉衡调署萨拉齐理事通判印务。④ 据此，玉衡当在咸丰七年六月下旬奉调署理萨拉齐厅。

玉衡后从萨拉齐归任和林格尔，据《题为会审山西和林格尔厅寄民周芒因索欠未得伤毙郑泳佶一案依律拟绞监候请旨事》⑤，咸丰九年（1859）正月已在任。据《题为审理和林格尔厅寄民杨礼城仔因交牛迟缓起衅伤毙张溁花一案依律拟绞监候请旨事》⑥，咸丰十年正月初五日卸事。

玉衡两度主政和林格尔，颇有政声，其中最为世人所津

---

① 此据《归绥道志·职官》《绥远通志稿·职官》。
② 咸丰七年十二月初二日山西巡抚恒福题，一档馆藏内阁刑科题本，档号：02-01-07-3561-010。
③ 咸丰八年七月二十五日大学士管理刑部事务桂良题，一档馆藏内阁刑科题本，档号：02-01-07-3571-020。
④ 咸丰七年六月二十二日山西巡抚王庆云奏，一档馆藏朱批奏折，档号：03-4122-078。
⑤ 咸丰十年五月十四日大学士管理刑部事务桂良题，一档馆藏内阁刑科题本，档号：02-01-007-033793-0011。
⑥ 咸丰十年八月初八日山西巡抚英桂题，一档馆藏内阁刑科题本，档号：02-01-007-033806-0014。

津乐道者,是捐献养廉银重修玉官桥。《古丰识略·古迹》记其事云:

> 鱼贯桥,一名玉官桥,在和林格尔八十家子村西北五里,南北跨沟,日久渐圮。通判玉衡莅任后,捐廉重修,较前尤壮丽。土人谓玉官之名乃其预兆云。①

富山 籍贯不详。咸丰七年(1857)六月二十二日,山西巡抚王庆云奏请以和林格尔理事通判玉衡调署萨拉齐理事通判印务,所遗和林格尔理事通判印务,"笔帖式富山堪以委署"②。据此,富山当在咸丰七年六月下旬奉委署理和林格尔厅理事通判事务。据《奏报勘明清水河厅被雹请分别蠲缓带征本年正耗钱粮事》,曾奉委调查清水河厅七月十三日被雹受灾情形。③

文山 满洲镶白旗人。据《题为审理和林格尔厅寄民张三旦仔因推延不给垫钱争殴伤毙罗城漳案依律拟绞监候请旨事》④,接替玉衡署理和林格尔通判,咸丰十年(1860)正月初

---

① [清]钟秀、张曾编,李治国点校:《古丰识略》,呼和浩特:内蒙古人民出版社,2016年,第21页。按,玉衡修桥之事又见《光绪山西通志》卷44《关梁考一·归绥道属地·边外七厅》,太原:三晋出版社,2015年,第2345—2346页。
② 咸丰七年六月二十二日山西巡抚王庆云奏,一档馆藏朱批奏折,档号:03-4122-078。
③ 咸丰七年十月十三日山西巡抚恒福题,一档馆藏朱批奏折,档号:04-01-35-0082-055。
④ 咸丰十年六月二十日山西巡抚英桂题,一档馆藏内阁刑科题本,档号:02-01-07-12346-010。

五日到任。又据《奏请文山升补丰镇理事同知等事》,咸丰十年十月,文山委署萨拉齐理事同知,十一月二十四日到任。此条材料没有提及文山在咸丰十年署理和林格尔通判之事,不过可以据此推断,十年十一月应是他从和林格尔厅离任的时间。

文山两度署理和林格尔厅理事通判,可惜史料疏漏,行迹阙载。不过,他在萨拉齐理事同知任上政声颇佳,《绥远通志稿》为之立传,说他"自咸丰元年(1851)至同治末年,三任萨拉齐厅事,萨之善举,多其手创",称赞他"在官宽简廉勤,务期实惠及民,不喜虚誉,自奉甚俭,恒着布衣,为民表率。三任十年如一日,论者高之"①,颇有古循吏风范。文山在和林格尔厅任上行迹,或亦相近。

(五)同治朝

和绷额 满洲镶白旗人。咸丰十年(1860)十一月到任。据《题为本年四份签掣盛京礼部员外郎山西和林格尔理事通判和绷额照例开缺赴部引见事》②,同治二年(1863)五月,论俸应升的和绷额经吏部掣签,拟补盛京礼部员外郎。从和林格尔卸事的时间,是同治二年八月。

---

① 绥远通志馆编纂:《绥远通志稿》卷88《人物(仕绩)》,呼和浩特:内蒙古人民出版社,第11册,第206—207页。
② 同治二年五月二十日吏部尚书瑞常题,一档馆藏内阁吏科题本,档号:02-01-03-11390-018。

和绷额离任不久，其任内六旗牧厂地租银严重亏短的旧案就被查出。同治三年（1864）八月，山西巡抚沈桂芬依例题报"和林格尔、清水河二厅经征同治二年分右卫空出六旗牧厂地租正耗银两"一事，称"和林格尔通判册造已完租银一千一十二两八钱七分二厘，耗银五十两六钱四分四厘，此项银两系前任通判和绷额、前署通判塔思哈等垫办兵差动用之项，现在饬催，俟完解到日，另案详报"①。清制，各项钱粮均有定额、定项，均不得任意挪移。官员将公项挪移他用，应照例治罪并赔补。州县官在新旧交代之际，前任官任内有挪移垫补之弊，接任官必须及时上报，若徇隐不行揭报，致交代后查出者，督抚题参，将亏空之员革职治罪，接任官照例议处，仍将亏项追赔。和绷额任内有挪垫行为，难逃严惩。又据《奏为特参前任和林格尔通判和绷额等交代亏短请分别革职勒追事》②，和绷额在和林格尔通判任上亏短旗租等银四千余两，数额巨大，且屡催未交，疲玩已极，遂被先行革职，勒限两个月赶紧清缴，如能依限全完，再予开复，若仍分厘未交，或完不足数，即请拿问监追。和绷额仕途戛然而止，并于同治十二年病故。

据《奏为查封已故前任和林格尔通判和绷额财产事》③，和绷额死后，主管其旗籍的镶白旗满都统马上派人查封财产什

---

① 同治四年闰五月十五日大学士管理户部事务倭仁、户部尚书宝鋆题，一档馆藏内阁户科题本，档号：02-01-04-21778-014。

② 同治五年八月二十八日山西巡抚赵长龄奏，一档馆藏军机处录副奏折，档号：03-4940-110。

③ 同治十二年八月初八日总管内务府奏，档号：05-0871-039。

物，准备将其上交给内务府，估值变卖，将款项返给山西地方。内务府亦旋即派遣专员前往和绷额住所，准备大干一场。然而结果让人失望，"查得已故前和林格尔通判和绷额家内仅有寻常破旧物件，按照该旗查抄清单逐款点对，均属相符，招商估值，共值银一两六钱"。

塔思哈 满洲正黄旗人。据《奏请以塔思哈补清水河通判》①，初由官学生考取大榜笔帖式，选补太常寺。咸丰四年（1854）二月引见，奉旨补授山西巡抚衙门笔帖式。历署绥远城理事同知、托克托城理事通判。同治元年十二月（1863）委署和林格尔理事通判，二年八月到任。同治三年二月离任。其后历任清水河厅理事通判、萨拉齐理事同知等职。

德昌 满洲镶白旗人。据《题报和林格尔理事通判德昌病故日期事》②，初以监生议叙，以笔帖式用。道光七年（1827）补孝东陵总管衙门笔帖式。十三年满补翰林院笔帖式。二十四年补授奉天昌历厅理事通判。咸丰二年（1852）补授朔平府宁远厅理事通判。同治二年（1863）补授和林格尔理事通判，三年二月初四日到任。同年五月初三日忽患伤寒病症，医治罔效，二十六日在任病故。在任期间曾审理"和林格尔厅寄民侯藩因斥殴打家犬争闹伤毙辛幅沉仔"一案③，并曾于同治三年三

---

① 同治三年三月二十九日署理山西巡抚户部左侍郎沈桂芬奏，台北"故宫博物院"藏《军机处档折件》，档号：096200。
② 同治三年七月二十二日署理山西巡抚沈桂芬题，一档馆藏内阁吏科题本，档号：02-01-03-11422-018。
③ 同治四年闰五月二十三日山西巡抚沈桂芬题，一档馆藏内阁刑科题本，档号：02-01-007-034075-0002。

月兼理清水河厅理事通判。①

德永 蒙古正白旗人。据《题为审理和林格尔厅寄民侯藩因斥殴打家犬争闹伤毙辛幅沉仔一案依律拟绞监候请旨事》②，以绥远城粮饷理事同知兼理和林格尔厅理事通判，同治三年（1864）六月二日到任，九月初一日卸事。

和升额 满洲正蓝旗人。据《题为审理和林格尔厅寄民侯藩因斥殴打家犬争闹伤毙辛幅沉仔一案依律拟绞监候请旨事》，以清水河厅理事通判代理和林格尔理事通判。同治三年（1864）九月初一日到任，九月十九日卸事。

裕厚 满洲镶黄旗人。以候补知县署和林格尔通判。据《题为审理和林格尔厅寄民侯藩因斥殴打家犬争闹伤毙辛幅沉仔一案依律拟绞监候请旨事》，同治三年（1864）九月十九日到任。曾审理"和林格尔厅寄民张高因猪践食田禾起争伤毙张鼠娃仔"③"和林格尔厅寄民闫来娃仔因代索工钱起争伤毙米二全仔"等案。曾参与调查"和林格尔厅属马厂正黄等旗丰太等庄地户弃地遗粮"一案④。离任时间不明，据《题为审理和林格尔厅寄民侯藩因斥殴打家犬争闹伤毙辛幅沉仔一案依律拟绞

---

① ［清］文秀修，［清］卢梦兰纂：《新修清水河厅志》卷10《职官》，呼和浩特：远方出版社，2009年，第123页。
② 同治四年闰五月二十三日山西巡抚沈桂芬题，一档馆藏内阁刑科题本，档号：02-01-007-034075-0002。
③ 同治五年十月二十二日山西巡抚赵长龄题，一档馆藏内阁刑科题本，档号：02-01-07-12546-022。
④ 同治七年七月二十二日山西巡抚郑敦谨题，一档馆藏内阁户科题本，档号：02-01-04-21846-011；同治九年四月二十三日户部尚书宝鋆、户部尚书董恂题，一档馆藏内阁刑科题本，档号：02-01-04-21887-026。

监候请旨事》①，同治四年闰五月在任。其后曾任绥远城粮饷理事同知。②

长青 籍贯不详。同治四年（1865）六月之后到任。据《题为前任山西和林格尔通判长青欠解息银应归后任完解准其开复原参处分事》③，同治五年三月十六日卸事。《同治朝上谕档》有"服满前任山西和林格尔理事通判长青，着照例用"④。推断长青卸事系因丁忧守制。曾审理"和林格尔厅寄民张高因猪践食田禾起争伤毙张鼠娃仔"案，由于两次驳审迟延各未及一月而被参。

庆启 满洲正黄旗人。初为监生，道光三十年（1850）补授礼部笔帖式。同治四年（1865）十二月十八日补授和林格尔理事通判，五年七月十二日到任。在任期间审理"和林格尔厅客民孟万勋因被索垫还饭钱相争伤毙姚德义"⑤"和林格尔厅寄民许跟六仔因被索欠谋杀许正娃仔身死"⑥等案。

---

① 同治四年闰五月二十三日山西巡抚沈桂芬题，一档馆藏内阁刑科题本，档号：02-01-007-034075-0002。
② 绥远通志馆编纂：《绥远通志稿》卷84《职官》，呼和浩特：内蒙古人民出版社，第10册，第304页。
③ 同治八年十二月二十日大学士管理吏部事务朱凤标题，一档馆藏内阁吏科题本，档号：02-01-03-11567-011。
④ 中国第一历史档案馆编：《咸丰同治两朝上谕档》，第20册，桂林：广西师范大学出版社，1998年，第242页。
⑤ 同治八年十二月初八日山西巡抚李宗义题，一档馆藏内阁刑科题本，档号：02-01-07-12674-006。
⑥ 同治八年七月十一日署理山西巡抚郑敦谨题，一档馆藏内阁刑科题本，档号：02-01-007-034282-0014。

据《奏为将和林格尔理事通判庆启俸满暂行停选仍留本任三年事》[①]，同治八年（1869）七月，庆启历俸已达三年以上，例应卸事，候部推升。八月二十五日，山西巡抚李宗义奏请将他再留任三年：

> 归绥道属之和林格尔理事通判一缺，有经管仓库、征收钱粮之责，且时有审办蒙民交涉案件，当此邻氛不靖，抚驭蒙民、缉捕盗贼以及团练巡防，在在均关紧要，非谙练明干、熟悉地方情形之员不足以资治理。现任通判庆启……年壮才明，办事稳练，于经征缉捕等事俱臻妥协，抚驭既属有方，蒙民亦颇爱戴。惟查理事同知通判历俸三年以上，例应候部推升。该员历俸已满三年，一经去任，恐新到之员未必遽能得力。据藩臬两司转据归绥道援案，详请奏留前来。臣查同治四年归化理事同知庚械、五年托克托城理事通判玉麟均因俸满将升，经各前抚臣先后奏准停选留任在案。今该通判庆启事同一律，合无仰恳天恩俯准，敕部将和林格尔理事通判庆启暂行停选，仍留本任三年，以资熟手，实于地方有裨。

李宗义所说的"邻氛不靖"，是指同治年间陕甘地区发生民乱，扰及内蒙古中西部地区。清廷从关内各省调遣大批官兵前往镇压，杀虎口—和林格尔—归化城这条传统驿道遂成为直通西北

---

① 同治八年八月十八日山西巡抚李宗义奏，一档馆藏朱批奏折，档号：04-01-12-0508-064。

的战略要道,"在在均关紧要"。在这种特殊情势下,熟悉地方、抚驭有方的官员自然要比新手靠谱得多。于是,经李宗义奏请,俸满将升的庆启暂行停选,继续留任。

然而庆启的第二个任期并不顺利。留任之初,因防河出力,经绥远城将军保奏,同治八年(1869)十一月十一日奉上谕,着以同知在任候补。但次年五月,庆启就因拟绞人犯过境脱逃而被问责。

同治九年(1870)五月二十三日,萨拉齐厅的杀人拟绞罪犯王六七仔被押解前往省城太原,途径和林格尔时,理事通判庆启照例增派两名差役,协同护送。二十四日晚,押解队伍抵达白坡梁一带①,王六七仔捏称到沟里出恭,乘间扭断镣铐,乘黑逃逸。此事报到吏部,护解失职的和林格尔通判庆启与佥差不慎的萨拉齐理事同知文山,均照例降一级留任,限一年缉拿。②

绞犯逃脱招致的问责其实并没有那么严重,真正严重的问题是庆启才干没有达到山西巡抚李宗义的期望。同治九年(1870)六月二十五日,李宗义再次奏请,称"和林格尔厅地当孔道,公事纷繁,过往兵差、接递饷鞘军火等项络绎不绝。该通判庆启才具中平,办理一切,未能裕如,不胜冲繁之任,

---

① 《和林格尔县志草·山脉》:"白道梁,土名白坡梁,在杀虎口边外。"[清]陈宝晋等纂辑:《和林格尔厅志略·和林格尔行政文·和林格尔县志草》,呼和浩特:远方出版社,2008年,第196页。
② 同治九年十二月十二日大学士管理吏部事务朱凤标题,一档馆藏内阁吏科题本,档号:02-01-03-11595-011。

应即撤任,调省察看,遇有相当缺出,另行补用"①。两封题奏间隔不足一年,官场翻云覆雨,令人感慨。

据《题为审理和林格尔厅贼犯林帼真等抢夺张有库钱文伤毙事主等情一案依例分别定拟请旨事》②,庆启于同治九年(1870)七月二十九日从和林格尔理事通判任上卸事,回省候补。光绪二年(1876),山西巡抚鲍源深奏请补授庆启为清水河理事通判,称"今清水河理事通判一缺不临大道,差务甚简,较和林格尔地方易于治理,该员年力正强,才具明晰,以之请补清水河理事通判,人地相当,实堪胜任"③。庆启后来准补清水河厅通判,但政声欠佳。光绪三年,新任山西巡抚曾国荃奏参庆启"嗜利营私,百端诈伪"④,遂将其革职。

常桂 满洲正黄旗人。⑤初为翻译生员,咸丰四年(1854)选补刑科笔帖式,七年调补步军统领衙门笔帖式,十一年补授山西巡抚衙门笔帖式。同治初历署托克托城、萨拉齐、朔平府、清水河等处理事同知、通判。据《题为审理和林格尔厅贼犯林帼真等抢夺张有库钱文伤毙事主等情一案依例分别定拟请旨事》,同治九年(1870)七月二十九日始署和林格

---

① 同治九年六月二十五日山西巡抚李宗义奏,一档馆藏朱批奏折,档号:04-01-12-0509-161。

② 同治十年十二月初三日山西巡抚鲍源深题,一档馆藏内阁刑科题本,档号:02-01-007-034443-0002。

③ 光绪二年三月二十五日山西巡抚鲍源深奏,一档馆藏军机处录副奏折,档号:03-5107-006。

④ 《清德宗实录》卷58,光绪三年九月甲戌,北京:中华书局,1987年,第800页。

⑤ 《新修清水河厅志·职官》记作"满洲正红旗"。[清]文秀修,[清]卢梦兰纂:《新修清水河厅志》,呼和浩特:远方出版社,2009年,第123页。

尔通判。

常桂历署口外诸厅，经历相当丰富。署任和林格尔不到两个月，山西巡抚何璟就奏请以之补太原府理事通判。① 由于陕甘之乱未靖，和林格尔地当孔道，转输军火粮饷，责任重大，常桂虽在同治九年（1870）九月即准补太原府理事通判，但仍然担任署和林格尔理事通判，至十年二月初八日才卸事。由于署理和林格尔通判"任内转运陕甘后路军火无误"，经绥远城将军安定保奏，被朝廷赏加直隶州知州衔。② 同治十三年升任归化城同知。③

惠俊 蒙古正蓝旗人。据《题为审理和林格尔厅贼犯林帼真等抢夺张有库钱文伤毙事主等情一案依例分别定拟请旨事》，同治十年（1871）二月初八日到任。

在任期间审理"和林格尔厅客民梁七十三因索赌欠伤毙李老虎仔"④"和林格尔厅寄民王三小仔索要铁攒未得伤毙王吕僖"⑤"和林格尔厅寄民于釜环仔因疑窃纠纷伤毙范二僖

---

① 同治九年九月十四日山西巡抚何璟奏，台北"故宫博物院"藏《军机处档折件》，档号：103819。
② 同治十三年六月二十四日山西巡抚鲍源深奏，台北"故宫博物院"藏《军机处档折件》，档号：116522。
③ 同治十三年八月初三日山西巡抚鲍源深奏，台北"故宫博物院"藏《军机处档折件》，档号：117173。
④ 同治十一年十二月初五日刑部尚书全庆题，一档馆藏内阁刑科题本，档号：02-01-007-034499-0011。
⑤ 同治十二年闰六月十七日山西巡抚鲍源深题，一档馆藏内阁刑科题本，档号：02-01-07-12797-023。

仔"①"和林格尔厅寄民武双沇仔因私挖山药起衅伤毙胞兄武汰沇仔"②"和林格尔厅寄民田德盛因借钱纠纷杀毙高有幅仔"③等案。

在这期间，惠俊还因两起劫案而被题参。一起是同治十年（1871）八月二十四日，王世德、殷三仔二人由归化城厅返往口内原籍，行至和林格尔厅榆树梁一带遭劫，银钱衣物合计约十四两被抢走。五名劫匪逃逸，殷三仔被打伤重，数日后死去。限满未获，惠俊负有疏防之责而被题参。④另一起是光绪元年（1875）七月二十六日，崞县贡生高崇仁等五人雇佣一辆大车装载行李，由归化城起身回籍，午后行至和林格尔厅属新营子村南，被骑马贼三人、步贼二人各持刀械抢去车上银物衣服逃逸，合计一百五两零。贼匪远飏，限满未获，惠俊被依例题参。⑤

光绪二年（1876）十月二十六日卸事。

三年之后，惠俊再次出任和林格尔理事通判，据《题为审理和林格尔厅王五四仔因拢劝索欠纠纷殴伤李福小仔身死一

---

① 光绪二年八月十八日刑部尚书崇实题，一档馆藏内阁刑科题本，档号：02-01-007-034779-0028。
② 光绪二年七月十八日山西巡抚鲍源深题，一档馆藏内阁刑科题本，档号：02-01-007-034801-0031。
③ 光绪三年十月十九日山西巡抚曾国荃题，一档馆藏内阁刑科题本，档号：02-01-07-12915-013。
④ 同治十一年六月二十六日山西巡抚鲍源深题，一档馆藏内阁刑科题本，档号：02-01-007-034490-0006。
⑤ 光绪二年七月十八日山西巡抚鲍源深题，一档馆藏内阁刑科题本，档号：02-01-03-11785-069。

案依律拟绞监候请旨事》①，光绪六年（1880）三月初九日到任。其间审理"和林格尔厅民邸二羊因被索戏钱起争伤毙皇甫璧"等案②。在这一任期，惠俊又因疏防盗案而被问责。案件发生在光绪七年六月二十六日夜，二十余名手持洋枪刀械的盗贼冲入后公喇嘛村温良祥开设的大亨当铺，劈毁木柜，抢去银钱首饰衣物逃逸，计赃高达四百五十五两。至闰九月二十六日，四个月疏防限满，贼犯仍未捕获，惠俊因疏防承缉不力而再次被参。③ 境内劫盗案件频发，显示出当时和林格尔境内社会治安难以令人满意。惠俊后来被山西巡抚张之洞列为"害民不职"官员的典型，其中一个理由是"不惬舆情"。这个理由大抵反映了当时和林格尔百姓对混乱治安的不满之情。

对于惠俊来说，也有值得表彰的政绩。光绪七年（1881），乌里雅苏台参赞大臣桂祥奏请朝廷嘉奖和林格尔通判惠俊：

> 再查乌里雅苏台岁需经费银两系晋省拨解，暨防营军饷亦有该省筹发。每遇采办军装饷项出省，皆由驿站行走，所需车辆马匹，赖以各地方官饬传驿站，应付要差，饷项过境，妥速解乌，接济兵艰。而乌城筹办边防需饷在急，更须内站供应车马，按站运送。兹查和林格尔乃系归

---

① 光绪七年三月十五日山西巡抚卫荣光题，一档馆藏内阁刑科题本，档号：02-01-07-12980-017。
② 光绪七年七月十一日山西巡抚卫荣光题，一档馆藏内阁刑科题本，档号：02-01-07-12993-002。
③ 光绪七年十二月二十一日山西巡抚卫荣光题，一档馆藏内阁吏科题本，档号：02-01-03-12041-037。

绥道所属首站，该处通判世袭骑都尉惠俊供应饷项要差多年，毫无贻误。加以前年山西省同雁灾荒，车马稀少，即能顾全大局，每遇军火饷项到站，展转筹备车辆马匹，随到随解，供应过境，妥速解乌，以济要需。奴才等颇得邮传之效，似此出力之员，未便缄默，若不查明量予奖叙，不足以昭激劝。拟请将该通判惠俊恩赏给军功加三级，以示鼓励。如蒙俞允，不惟内站得以奖叙，感激思奋，而于边防大有裨益。奴才等系为边防需饷在急激励邮传起见，是否有当，理合附片具奏，伏乞圣鉴。①

彼时，清政府为防止俄罗斯在外蒙古地区的渗透，加大了对这一地区的调援力度。从山西解往乌里雅苏台的粮饷物资，往往经行杀虎口—和林格尔—归化城驿道，确保饷项安全、快速过境，也就成为和林格尔通判的一项要差。惠俊因转输军饷物资得力，得到军功加三级的奖励。

然而军功奖叙只是一时一事的肯定。光绪八年（1882），新任山西巡抚张之洞整顿晋省，弹劾劣吏，在四月二十八日所上《特参害民不职各员折》中纠劾害民之官尤为恶劣者九人，其中就包括和林格尔通判惠俊，谓其"秉性浮巧，不惬舆情"。所谓"秉性浮巧"，是指性情虚浮，心地不实，有违"四格"考核标准的第一项"守"。所谓"不惬舆情"，是指舆论评价低，不合民望，与"六法"处分条例中的"浮躁""才力不及"都有关系。

---

① 光绪七年乌里雅苏台参赞大臣桂祥奏，一档馆藏朱批奏折，档号：04-01-17-0131-021。

张之洞认为惠俊等系"实迹彰闻,断难宽假",建议将之开缺,留省另补。①据《清德宗实录》,张之洞奏请于光绪八年五月四日得到谕旨批准,惠俊就此黯然离开和林格尔,等待新的任命。

不过,与被列入"害民不职"九名官员中的大部分人相比,惠俊的处分并不算重。更重要的是,就在仕路面临停摆之际,曙光再现。光绪七年(1881)十一月,在托克托城、萨拉齐一带多次抢劫客商、令人闻之震怖的劫匪团伙焦东川仔、焦永娃仔、张洪娃仔三人窜逃至和林格尔地方,被一举擒获,数起劫案就此审结。三匪都是应当就地正法的重犯,按照定例,官员拿获邻境罪应斩决首伙盗犯三名者,应当送部引见。故山西巡抚张之洞题奏提出,"将首先拿获邻境斩枭盗犯三名和林格尔通判惠俊咨请议叙"。吏部议奏,"应请将首先拿获邻境斩枭盗犯三名之和林格尔通判已留省另补惠俊,按照定例,应行令该抚给咨,该员赴部引见,恭候命下,臣部遵奉施行"②。惠俊赴部引见之后的仕宦情形,在此不赘。

需要说明的是,《和林格尔县志·历代郡县职官表》记,镶白旗蒙古人恩丞在光绪七年(1881)为和林格尔理事通判。③据以上考证,光绪六年至八年,和林格尔理事通判乃是惠俊,志表有误。

---

① 赵德馨主编,谷远峰、周秀鸾点校:《张之洞全集(一)》,武汉:武汉出版社,2008年,第76—77页。
② 光绪九年四月十四日大学士管理吏部事务宝鋆题,一档馆藏内阁吏科题本,档号:02-01-03-12116-034。
③ 和林格尔县志编纂委员会编:《和林格尔县志》卷11"人物",呼和浩特:内蒙古人民出版社,1993年,第574页。

（六）光绪、宣统朝

豫临 内务府旗人。署和林格尔通判。光绪二年（1876）十月二十六日到任。曾审理"和林格尔厅寄民田德盛因借钱纠纷杀毙高有幅仔""和林格尔厅寄民赵浍小仔因借面被拒互骂伤毙王懊"①等案。豫临署任期间，因三起劫案而三度被参。

一起发生在甲赖儿村。光绪三年（1877）八月二十七日深夜三更时分，甲赖儿村冯旺业的协成当铺遭劫。盗贼二十余人用石块砸开门，执持刀械闯进铺里，打伤当铺伙计杨岱、刘太二人，劈毁木箱，劫去银钱衣饰等物后逃逸，计赃二百八十八两零。豫临火速勘验讯供，随即调遣差役缉捕。九月初一日，缉役周福等在平鲁县拿获盗伙成员李义、曹兴芳、王汰等三人，并起获赃包三个。经讯问，盗匪头目为蔡八十、韩成，俱已远飏。豫临加紧缉捕，无奈至十二月二十七日，四个月疏防限满，仅获伙盗三名，尚有首伙盗犯二十二名未获，豫临因疏防失职而被参。②

第二起发生在新营子村。光绪四年（1878）六月十四日响午，左云县脚户赵存详从直隶行唐县揽驮布卷七驮赴归化城永兴元等各号交送，行抵新营子村南四里许，遇马贼五人，各执

---

① 光绪五年八月二十八日刑部尚书文煜题，一档馆藏内阁吏科题本，档号：02-01-007-035115-0015。
② 光绪四年四月初六日山西巡抚曾国荃题，一档馆藏内阁吏科题本，档号：02-01-03-11874-021。

刀械，拦住骡驮，割开布卷二驮，抢去白布二百零四匹逃逸，计赃六十一两零。至十月二十七日，四个月疏防限满，豫临因疏防失职而被参。①

第三起发生在舍必崖村。光绪四年（1878）十一月十三日下午，代州人贾洪业雇车赴归化城探亲，行至舍必崖村外，突遇马贼三人，各持枪械，拦住车辆，抢去银饰衣物逃逸，计赃九十五两零。至光绪五年三月十三日，四个月疏防限满，马贼未获，豫临因疏防失职而被参。②

咸丰初，归绥道钟秀曾对和林格尔的匪盗多发现象做过这样的描述：

> 和厅村落，多系土墙，间有并院墙俱无者，鼠窃最易生心。赖以民户瘠苦，穿窬尚不多见。唯马上盗匪，三两同行，蒙回莫辨。遇有官人盘诘，则诡称贩马。见孤身行客，辄下马抢夺。厅属东南山路险阻，多可藏匿。西平原旷野，一鞭十里，追捕无从。虽派役往来梭巡缉捕，实未易易。③

豫临还经历了荒地请豁事件。和林格尔厅属南窝子、上窑子等村粮户因地亩退化，无力承担租粮，纷纷弃地逃走，

---

① 光绪五年二月十三日山西巡抚曾国荃题，一档馆藏内阁吏科题本，档号：02-01-03-11915-033。

② 光绪五年七月初四日山西巡抚曾国荃题，一档馆藏内阁吏科题本，档号：02-01-03-11922-056。

③ ［清］钟秀、张曾编，李治国点校：《古丰识略》卷33《艺文·钟秀上抚宪禀》，呼和浩特：内蒙古人民出版社，2016年，第161页。

致使近二千八百石租粮无从征缴。地方上报之后，光绪四年（1878）十一月，朝廷要求晋省"派委妥员，再行履亩，认真会勘，造具册结"。山西布使司与归绥道随即委派清水河通判色勒、署和林格尔通判豫临、托克托城通判常荣一同到废地处核查，发现"率皆黄沙白草，一望弥漫，考察地利，断难招复承种，实无以熟报荒、以少报多情弊"。又询问附近百姓，皆称"各粮户因承种地亩均被沙碛卤废，不堪垦种，是以纷纷潜逃，并无复回之户"。各官取具切结，归绥道加具印结，由山西巡抚曾国荃题请豁除荒地钱粮。①

据《题为审理和林格尔厅王五四仔因拢劝索欠纠纷殴伤李福小仔身死一案依律拟绞监候请旨事》②，豫临于光绪六年（1880）三月初九日从和林格尔厅卸事，接替他的正是前任惠俊。豫临后来任托克托城抚民通判等职。

德生 汉军正蓝旗人。字子明，一字易楼，号佩九。同治四年（1865）进士，翰林院庶吉士，选授云南南宁县知县，署陆凉州、宣威州知州，因军功保以同知直隶用，加运同衔，赏戴花翎，改分山西。光绪八年（1882）五月之后接替惠俊署和林格尔通判。③

---

① 光绪五年三月初九日山西巡抚曾国荃题，一档馆藏军机处录副奏折，档号：03-6200-040。

② 光绪七年三月十五日山西巡抚卫荣光题，一档馆藏内阁刑科题本，档号：02-01-07-12980-017。

③ 德生署任和林格尔的时间，《归绥道志·国朝职官表》（第824页）系于光绪八年，《绥远通志稿·职官》沿用，甚是。《和林格尔县志》系于光绪二年，排在豫临（光绪二年）与惠俊（光绪六年）之间，显误。和林格尔县志编纂委员会编：《和林格尔县志》卷11"人物"，呼和浩特：内蒙古人民出版社，1993年，第574页。

在任期间曾审理"和林格尔厅人犯张幅荃续奸未遂故杀王氏身死"①"和林格尔厅人犯刘六五仔与嗣母口角致其服毒身死"等案。②光绪十年（1884）闰五月因"过客刘玉玺在途被劫案限满赃贼未获"而被参。③其他政绩不详。据《绥远通志稿》，德生在光绪五年、七年、十二年、十六年四度署归化厅理事同知，"熟于边情，悉心兴革"，为当地教育事业贡献尤多，"在任数年，黉序渐立，士习彬彬然，绥民至今乐道之"④。

恩丞（一作恩承） 蒙古镶白旗人⑤，荫生，世袭云骑尉。据《新修清水河厅志·职官》，光绪二年（1876）署清水河厅

---

① 光绪十年五月二十日刑部尚书恩承题，一档馆藏内阁刑科题本，档号：02-01-07-4098-022。
② 光绪十年十一月十二日刑部尚书锡珍题，一档馆藏内阁刑科题本，档号：02-01-07-4106-005。
③ 光绪十年闰五月十六日署理山西巡抚奎斌题，一档馆藏内阁吏科题本，档号：02-01-03-12176-006。
④ 绥远通志馆编纂：《绥远通志稿》，呼和浩特：内蒙古人民出版社，第11册，第207页。
⑤ 此据《新修清水河厅志·职官》（[清]文秀修，[清]卢梦兰纂：《新修清水河厅志》，呼和浩特：远方出版社，2009年，第124页）与《归绥道志·国朝职官表》（[清]贻谷等修，[清]高赓恩纂：《归绥道志》，呼和浩特：远方出版社，2007年，第823—825页）。《新修清水河厅志》初成于光绪九年，纂修主持者文秀曾在光绪六年任清水河通判，与恩承为同时代人，所记自然较为可信。《归绥道志》关于清水河厅的史料主要采择自《新修清水河厅志》，相关记载的可信度同样较高。《绥远通志稿》卷84《职官》作"汉军镶白旗人"（绥远通志馆编纂：《绥远通志稿》，呼和浩特：内蒙古人民出版社，第10册，第342页）；卷88《人物（仕绩）》作"宁夏、汉军旗"（第11册，第207—208页）。《托克托县志·托克托县境历代政权部分官员表》亦作"汉军镶白旗人"（托克托县志编委会编：《托克托县志》，呼和浩特：内蒙古人民出版社，2003年，第236页）。

通判。据《归绥道志·国朝职官表》，光绪九年补托克托城通判，光绪十年两度出任和林格尔通判①，当是以托克托城通判署理和林格尔厅事务。《绥远通志稿》为之立传，称其"为人诚笃，廉正敢为"。

张焕 直隶广昌县（今河北涞源县）人，字寿山。以附贡生多次报捐入仕。同治五年（1866）加捐通判。光绪五年（1879）发山西试用。光绪九年，山西巡抚张之洞奏称：

> 晋省口外七厅，政事繁剧，今昔异形。查和林格尔厅系奏改烦疲难抚民通判要缺，该厅俗犷讼烦，素称难治，现当办理清丈，整顿粮赋，剔除民累，事体烦剧，必须精壮缜密之员。查有试用通判张焕，年壮才勤，心思沉细，以之试署和林格尔直隶厅抚民通判兼理事衔，实堪胜任。②

同年十二月十三日，题奏获允，张焕以山西试用通判试署和林格尔抚民通判，并于光绪十年（1884）三月二十五日到任。③

---

① 《和林格尔县志》系于光绪七年，排在惠俊（光绪六年）之后，炳玉（光绪十年）之前。(和林格尔县志编纂委员会编：《和林格尔县志》卷11"人物"，呼和浩特：内蒙古人民出版社，1993年，第574页）

② 光绪十二年八月初八日山西巡抚刚毅题，一档馆藏内阁吏科题本，档号：02-01-03-12240-049。

③ 《绥远通志稿》卷84《人物》记张焕署和林格尔厅的时间为"光绪十年初"，与档案信息大体一致。（详绥远通志馆编纂：《绥远通志稿》，呼和浩特：内蒙古人民出版社，第11册，第209页）《和林格尔县志》系于光绪十二年，似误。（和林格尔县志编纂委员会编：《和林格尔县志》卷11"人物"，呼和浩特：内蒙古人民出版社，1993年，第574页）

至光绪十一年二月二十五日，试署一年期满，依例当由山西巡抚保题。和林格尔厅上级衙门归绥道将张焕履历政绩造册上报，评语如下：

> 该员每月初一日、十五日宣讲圣谕广训，俾士民咸知感格，以厚风俗，而兴教化。该员每月三、八日亲赴书院课试生童，取列前等者给与膏火，随时奖劝，以期士风日上。
> 该员编立门牌，力行保甲，稽查贼匪，以期地方安静。
> 该员劝谕农民，竭力耕作，不使土地荒芜。
> 该员自理词讼，案件随到，即行审结，并无积压拖累。
> 该员征收钱粮，令民自封投柜，随征随解，并无拖欠。
> 该员经管常平仓谷石，随时风晒盘量，并无亏短霉烂。
> 该员日用薪蔬等物具，系现钱平买，并无赊欠。
> 覆查该员年力富强，才胜繁剧，堪以实授。

布政司、按察司据此覆查认为"该员当差谨慎，办事细心，堪以实授"。山西巡抚刚毅根据两司会详，亦认为"该员精细干练，办事勤能，堪以实授"，并具题请旨。据《题为遵旨议准署山西和林格尔抚民通判张焕期满实授事》①，张焕于光绪十二年十二月初八日（1887年1月1日）奉旨实授和林格尔抚民通判，但由于其出身系捐纳之员，仍需试俸三年。

---

① 光绪十二年十二月初六日吏部尚书锡珍题，一档馆藏内阁吏科题本，档号：02-01-03-12246-004。

据《题为和林格尔抚民通判张焕试俸期满请销试俸事》①，张焕于光绪十四年（1888）四月调署萨拉齐同知，光绪十五年三月初七日接替程世荣，重回和林格尔抚民通判本任。从光绪十二年十二月初八日奉旨准其实授之日起，连闰扣至光绪十五年十一月初八日，试俸三年期满，经山西巡抚刘瑞祺题请，销去试俸字样，成为"货真价实"的抚民通判。据《题为审理和林格尔厅寄民乔招娃仔因借衣未得争斗误伤乔白氏身死一案依律拟绞逢恩请免事》，因姻亲回避②，张焕于光绪十七年从和林格尔厅卸事。

从试署到实授，张焕担任和林格尔抚民通判长达七年有余，多有惠政。《绥远通志稿》卷八八《人物（仕绩）》为之立传，文云：

> 张焕，字寿山，直隶广昌县附贡生，以通判试用山西。光绪十年初署和林格尔厅，继调署萨厅。十五年复任和厅事。曩年各村岁纳钱粮草豆，支应车差，吏役苛派，借以索贿，乃严革其弊，明定办法，苦累悉除，人民便之。社会积粮，必集公正绅民，妥议劝捐，无取威迫。遇讼者至，小劝速和，大则速断，唯恐有误农时。署中所需，概发市价，不沿旧规。常以勤俭教导厅民，而以身作

---

① 光绪十六年五月二十九日山西巡抚刘瑞祺题，一档馆藏内阁吏科题本，档号：02-01-03-12411-039。
② 光绪十八年九月初九日护理山西巡抚胡聘之奏，一档馆藏朱批奏折，档号：04-01-12-0556-048。

则,亦近代之循吏也。①

《归绥道志·恤政》记和林格尔厅有新义仓,捐积谷一千七百一十二石三斗四升,"光绪十六年(1890),通判张焕劝民捐储,详明连岁丰登,陆续捐积"②,说的正是张焕劝募百姓捐粮积贮,"社会积粮,必集公正绅民"的善举。《和林格尔县志草》说旧有"张公德政碑,在东栅口。光绪中年通判张公焕字少珊"③。由此可见张焕颇有古循吏之遗风而为和厅士民所爱戴。

张焕还曾主持编纂《和林格尔厅志》,全书包括二"志"(舆地志、人物志)、六"政略"(吏政略、户政略、礼政略、兵政略、刑政略、工政略)、三"录"(前事录、金石录、古迹录)。这是继同治十年(1871)陈宝晋所撰《和林格尔厅志略》之后,第二部和林格尔地方志书。相较于内容仅三千余字且属"急救章"性质的前者,后者广采图籍所存、簿书所载,又博采周谘,史料更为丰富,内容更为详赡。该志在光绪十七年(1891)成书,不知何故,一直没有刊刻。至光绪三十三年,时任抚民通判乔樾荫接续辑补,供《归绥道志》编纂采用。该志现已不存,幸赖民国时期刘汉鼎编纂《和林格尔县志草》,

---

① 绥远通志馆编纂:《绥远通志稿》,呼和浩特:内蒙古人民出版社,第11册,第209页。
② [清]贻谷等修,[清]高赓恩纂:《归绥道志》卷20,呼和浩特:远方出版社,2007年,第645页。
③ [清]陈宝晋等纂辑:《和林格尔厅志略·和林格尔行政文·和林格尔县志草》,呼和浩特:远方出版社,2008年,第313页。

在卷末所附"掌故"中有所节录，使后人得以略知此志梗概。在此仅转录张焕所撰《和林格尔厅志序》：

> 和林格尔以协理笔帖式改为厅，已百余年矣。今又改通判为抚民而兼理事，满汉并用，固所谓因时制宜，期臻上理者耳。夫土地、人民、政事、服官者，皆当据今证昔，冀以善俗宜民，勉尽厥职。然不为之志，后将欲志之而无从，又奚以为朝夕循览之资也。和林旧无志乘，闻同治间任斯土者曾有志编辑，志稿未成，兹并其未成之稿而亦不可得，乃就图籍所存考正方位，簿书所载撮记大纲，为《舆地志》及《政略》六，又博采周谘，为《人物志》及《前事》《金石》《古籍录》三。文从其简，省抄胥之力也；图绘以分，表疆里之形也。若夫补其阙略而润色之，则以俟后之君子。
>
> 光绪辛卯夏四月，抚民通判兼理事衔广昌张焕谨识。①

炳玉 满洲镶蓝旗人。字石山，署和林格尔通判。据《题为和林格尔厅民傅明亮在途被抢案疏防限满开参署抚民通判炳玉等员事》②《题为查议山西署和林格尔抚民通判炳玉管解京饷

---

① ［清］陈宝晋等纂辑：《和林格尔厅志略·和林格尔行政文·和林格尔县志草》，呼和浩特：远方出版社，2008年，第637—638页。
② 光绪十一年十二月十九日山西巡抚刚毅题，一档馆藏内阁吏科题本，档号：02-01-03-12228-037。

银十万两按限至京给予加一级事》①,光绪十一年(1885)三月至十二月在任。②光绪十一年十二月,因挠儿板申村民傅孝威在途被抢一案疏防限满而被参。③离任时间不明。光绪十四年任归化城厅理事同知。

炳玉在署和林格尔抚民通判任上值得称道的政绩是建设丰备仓。《归绥道志·恤政》记和林格尔厅有丰备仓,捐积谷七百四十九石六斗,"光绪十三年(1887),署通判炳玉劝民捐储"④。又《和林格尔县志草》记载,旧有"炳公德政碑,在东栅口。光绪中年通判炳公讳玉字石山"⑤。

程世荣 顺天府大兴县(今北京市大兴区)人。祖籍江苏震泽县。初为监生,遵例捐通判,指分山西试用,光绪七年(1881)闰七月二十八日到省。嗣经丁忧,服满起复,于十三年九月十八日回省。光绪十四年署和林格尔抚民通判。⑥据《题为审理和林格尔厅寄民乔招娃仔因借衣未得争斗误伤乔

---

① 光绪十一年九月初五日大学士管理吏部尚书灵桂题,一档馆藏内阁吏科题本,档号:02-01-03-12211-001。
② 《归绥道志·国朝职官表》《绥远通志稿·职官》《和林格尔县志》皆将炳玉任职时间系于光绪十年。
③ 光绪十一年十二月十九日山西巡抚刚毅题,一档馆藏内阁吏科题本,档号:02-01-03-12228-037。
④ [清]贻谷等修,[清]高赓恩纂:《归绥道志》卷20,呼和浩特:远方出版社,2007年,第644页。
⑤ [清]陈宝晋等纂辑:《和林格尔厅志略·和林格尔行政文·和林格尔县志草》,呼和浩特:远方出版社,2008年,第313页。
⑥ [清]贻谷等修,[清]高赓恩纂:《归绥道志》卷26《职官·国朝职官表》,呼和浩特:远方出版社,2007年,第824页。按,《和林格尔县志》记程世荣于光绪十四年、二十九年两度担任和林格尔抚民通判。

白氏身死一案依律拟绞逢恩请免事》①，光绪十五年三月初七日卸事。其后历署归化城抚民同知、清水河厅抚民通判，光绪二十八年补授清水河厅抚民通判，宣统元年（1909）升宁远厅抚民同知。

程世荣在和林格尔厅署任约一年，政绩风闻不详。山西巡抚锡良奏请以程世荣补授清水河厅通判时称，"该员明敏克成，办公勤奋，曾权斯篆，措置裕如，以之请补是缺，实堪胜任"②，当属勤政之官。

据《归绥道志·国朝职官表》《绥远通志稿·职官》《和林格尔县志》，程世荣曾在光绪二十九年（1903）为和林格尔抚民通判。按，据《奏为清水河厅通判程世荣试俸期满请销去试俸字样事档号》③，光绪二十八年正月至三十二年六月，程世荣一直担任清水河抚民通判，其任职和林格尔厅，当为署理或代理。

周亲民　顺天府宛平县人。以监生报捐入仕。据《题报和林格尔厅通判周亲民病故日期事》④，光绪十六年十二月（1891）委署和林格尔抚民通判，十七年三月到任，接替因姻亲回避而

---

① 光绪十五年十一月十八日山西巡抚豫山题，一档馆藏内阁刑科题本，档号：02-01-007-036090-0018。
② 光绪二十六年十二月十六日山西巡抚锡良奏，一档馆藏朱批奏折，档号：04-01-12-0599-004。
③ 光绪三十二年六月二十一日山西巡抚恩寿奏，一档馆藏军机处录副奏折，档号：03-5462-061。
④ 光绪二十三年四月初六日山西巡抚胡聘之题，一档馆藏内阁吏科题本，档号：02-01-03-12737-015。

离任的和林格尔抚民通判张焕。光绪十八年九月初九日,护理山西巡抚胡聘之奏请以候补通判周亲民补授和林格尔抚民通判[1],称和林格尔抚民通判"系繁疲难兼三要缺,例应在外拣选调补。……候补通判周亲民……该员年力富强,才具稳练,现署斯缺,一切措置裕如,以之请补,实堪胜任,与例亦符"。补授任事时间为光绪十九年正月二十九日。

在任期间,曾审理"和林格尔厅革书李应陇因赊买未得口角伤毙王三全"[2]"和林格尔厅寄民白二小仔等因赊买烟土纠纷伤毙陈供"[3]等案。周亲民在和林格尔抚民通判任上最值得称道的政绩,是妥善处理赈灾抚民事务。

光绪十七年(1891)秋,口外归化城一带遭遇霜冻,农业歉收。次年春,又逢大旱,禾稼保收无望。山西巡抚张煦称:"归化厅旱亢太甚","若五月底无雨,六月即有雨,亦不能种,且天寒霜早,即种亦不能收"[4]。赈灾恤民,势在必行。这年四月,山西委派候补知府锡良总办口外七厅抚恤事宜,史称"春抚"。

锡良,字清弼,蒙古镶蓝旗人,为人刚正不阿,处事以雷厉风行著称。他以"总办北路采运备济事宜候补知府"的新身

---

[1] 光绪十八年九月初九日护理山西巡抚胡聘之奏,一档馆藏朱批奏折,档号:04-01-12-0556-048。
[2] 光绪二十二年八月十三日山西巡抚胡聘之题,一档馆藏内阁刑科题本,档号:02-01-007-036734-0011。
[3] 光绪二十三年七月初五日刑部尚书松溎题,一档馆藏内阁刑科题本,档号:02-01-007-036829-0021。
[4] 刘鸿逵监修,沈潜总纂,可永雪点校:《归化城厅志》卷6《济恤》,《内蒙古文献丛书》本。

份到达归化城之后，迅速调查灾情，安抚百姓，制定章程，开仓放粮。和林格尔厅"春抚"情形，在抚民通判周亲民等执事官员与锡良的来往信札中时有记述，罗列数则如下。

其一：

> 青弼太守堂台大人阁下敬启者：
> 昨捧逯示，并奉到大移及粘单内晓谕各村章程八条，均已领悉，足见堂台惠恤穷黎，无有不周，曷胜钦佩。承嘱妥速查造户口，无率无迟，无遗无滥各节，敝厅遵领照办。兹已饬派妥绅，迅即将四乡各村极次贫民大小户口查明，造具清册，容俟造就，再行牒呈堂台鉴核。至敝厅应于适中村镇暨本街设厂五处，昨已开具清折，牒覆在案，故特走函奉覆也。
> 专此覆呈，敬请勋安，惟希赐照不尽。
> 晚生　周亲民顿启。①

此系周亲民汇报和林格尔地方情形函件，锡良于光绪十八年（1892）五月十三日收到。据函可知，锡良制定赈灾抚民章程八条，要求各厅传达至村，务令百姓尽晓。赈灾放粮的前提是掌握灾民口数，故周亲民旋即依照锡良指示，派遣得力稳妥的乡绅深入乡村，按照极贫、次贫、大口、小口四项指标统计灾民，然后造册上报。同时，又按照要求，在城关及四乡各设一

---

① 虞和平主编：《近代史所藏清代名人稿本抄本》第三辑，第110册，《锡良档九三》，郑州：大象出版社，2017年，第44—45页。

厂，以便就近赈济。

其二：

敬禀者：

窃卑职全章案蒙札委饬，赴和林格尔分办春抚事宜，会同地方官妥为抚恤等因。奉此，遵即会同卑职沛，于初七日束装起程，十七日行抵差所，当即会商周倅，先查户口为要务，分列极贫、次贫之家。周倅言之，屡奉列宪严札，饬令地方官先查草册，卑职等未经到厅，业已选派公正乡耆，分途前赴各村清查，日内先交草册。卑职等即速轻骑简从，按村按户逐一清查，遗者补之，滥者删之，总使民沾实惠，款不虚糜。惟查厅属周境，计五百里之遥，村庄四百八十余座之多，零落散户亦复不少，彼至此村，近者隔十余里，远者一二十里之遥，村舍大半居山，竟有车马难行之处，必须步履而行，势必挨村查到，方足以昭核实。去夏赈抚之时，略可支持者概未散给，尚盼秋丰正望之际，冰雹水灾，有力之家今春转为贫户。卑职等由杀虎口入和林界，至厅一百二十里，沿途不动声色，采访民间疾苦，审视顺道村庄，民有饥色，囊岁村中百户，逃亡者三四成不等，迭见野有饿莩，实堪悯恻。该处哀鸿遍野，嗷嗷待哺，虽经周倅设法赈粥，无如近难救远，人数过多，力有未逮，只可权救。目前之计，所有和厅现在情形及到差日期，理合先行禀报查核，如乡耆日内先交草册，卑职等星夜分途暂查数村，究竟如何情形，会同周倅,即速驰谒崇阶,面聆训诲。专此具禀,恭请筹安,伏祈垂鉴。

卑职金章、沛谨禀。①

此函是金章、叶恩沛奉命前往和林格尔厅调查春抚情形后,向锡良所作汇报。他们一行由杀虎口进入和林格尔境内,沿途目睹灾后百姓"哀鸿遍野,嗷嗷待哺"的情形,也了解到抚民通判周亲民正在履职救灾,一方面遵照锡良指示,"选派公正乡耆,分途前赴各村清查",拟将灾民造册上报;另一方面"设法赈粥",全力以赴挽救濒于死亡的饥民。二人名义上是协助地方官办理抚恤,实际上主要任务是调查、监督,因此,他们在函中反映的情况——无论是和林格尔厅赈灾形势之严峻,还是抚民通判周亲民的积极作为,都是真实可信的。

其三:

青翁堂台太守大人赐鉴:

正拟修笺,遝捧函谕,遵钦敬复,乃承怜念。敝厅贫民,饥困已极,粮放一月,恐不敷接续新粮,嘱将去岁被灾地方分别轻重,动用常平仓谷加放一个半月,足见堂台惠恩并施,功德无量,灾黎全活,感戴二天。但以仓谷核数,普加半个月当有盈余,极贫之处实难敷衍,莫若择其极贫者加放口粮一月,次贫者加放半月,庶可

---

① 虞和平主编:《近代史所藏清代名人稿本抄本》第三辑,第111册,《锡良档九四》,郑州:大象出版社,2017年,第396—398页。

以昭公允。动用仓谷若干,再请示酌议,会禀可也。至各处来领口粮,嘱即一并加放,免其往返奔驰,已领过之处再传来领一节,晚同黄令再三计议办理,不无掣肘,一则现已放过三百数十处,未放数十处,一二日内可领放完;二则每日所来不下四五十处,随到随放,片刻无延,当日发完,再若加放,日来之村过多,难以如数发齐,势必有守候之苦,所好者贫民现领有余,不至甚急,何妨一番生活两番做法,最为妥当,且将一月口粮放竣,核明户口实数,再传来领,按数发放,亦不至耽延,贫民又不受苦累,仰副堂台体恤之至意。所有办理详细情形,晚再商同黄令,分晰缕陈。

月前本城管理驿站蒙古章京禀呈,据称该蒙古站兵五十户,甚属困苦,虽有户口地亩,全赖民人耕种,只因今岁荒旱,租资无收,求放赈粮等语。晚若不放给,必招众怨,是以将该章京所递之禀附呈核阅,是否发给之处,候示遵办。如蒙俯准放给,四乡穷蒙古均来求领,约在万数日口之多,当祈酌夺,指示施行。

敝厅自上月十六日后至今,得雨三次,差查属境,一律透沾,惟靠山河村庄被水刮去十余亩,余勿为害也。

专覆草率不恭,敬请勋安,惟希原鉴。

晚周亲民谨启。

黄令附笔禀安。①

---

① 虞和平主编:《近代史所藏清代名人稿本抄本》第三辑,第112册,《锡良档九五》,郑州:大象出版社,2017年,第31—35页。

这是光绪十九年（1893）闰六月初周亲民写给锡良的信函。主要内容是建议变通粮食发放方法，即鉴于实际库存不足，而灾民需求又不一致，故将向全体灾民集中加放一个半月口粮的做法，改为向极贫者加放一个月口粮，次贫者加放半个月口粮，确保救济实效。周亲民的变通，实出无奈，因为春抚以来，和林格尔厅常平仓储米已经消耗大半。早在光绪十八年六月，锡良向山西巡抚汇报时就说，"查各厅仓谷，归化无存，萨拉齐现存一千二百余石，丰镇现存一万六千余石，清水河现存五千四百余石，和林格尔现存二千九百余石，托城现存四千余石"。由于和林格尔灾民数量超出预期，常平仓余粮已经不能满足锡良制定的普遍"加放一个半月"的放粮标准，这就是信函中所说的"仓谷核数，普加半个月当有盈余，极贫之处实难敷衍"。在这种情况下，把有限的存粮向极贫灾民倾斜，显然更为合理，这也就是信函所谓"以昭公允"。

由以上三则函件可以看出，周亲民并非那种胸无丘壑、唯上级马首是瞻的俗吏，他的身上颇有几分以民生为务、勇于作为的循吏气象。据《题报和林格尔厅通判周亲民病故日期事》，光绪二十三年（1897）二月二十四日任上病故。

姚濬源 直隶乐亭县人。周亲民任上病故，姚濬源以候补知县暂行代理和林格尔厅抚民通判。①据《题为审理和林格尔厅客民李二狗仔等因拢劝疑窃争闹伤毙胡二幅仔一案依律分别

---

① 按，《和林格尔县志·历代郡县职官表》记作"姚睿源"。(和林格尔县志编纂委员会编：《和林格尔县志》卷11"人物"，呼和浩特：内蒙古人民出版社，1993年，第574页）

定拟请旨事》①,光绪二十三年(1897)三月初八日到任,四月十八日卸事。

杨逢春 甘肃清水县人。署和林格尔厅抚民通判。据《题为审理和林格尔厅客民李二狗仔等因拢劝疑窃争闹伤毙胡二幅仔一案依律分别定拟请旨事》,光绪二十三年(1897)四月十八日到任,八月初七日卸事。

李恕 直隶宝坻县人。以托克托城通判兼理和林格尔厅通判。据《题为审理和林格尔厅客民李二狗仔等因拢劝疑窃争闹伤毙胡二幅仔一案依律分别定拟请旨事》,光绪二十三年(1897)八月初七日到任,十月初四日卸事。

李恕兼理和厅时间不足两个月,政绩不详,不过从他在托克托城厅通判任上"为政严切,抑奸锄强,顽梗畏服,谓之'李剥皮'"的记录来看,其行政风格大抵以酷烈著称。李恕后来因教案处理失当而被拟斩监候,服毒自杀。《绥远通志稿》卷88《人物(仕绩)》为之立传,称"恕锄恶贾怨,死非其罪,人皆冤之"②。

毛世黼 湖南长沙县人。以监生遵例报捐,获得入仕资格。同治八年(1869)分到山西省,历署芮城、岳阳、太谷等县知县。曾任安泽县令,并于光绪十年(1884)办起义仓,劝

---

① 光绪二十四年三月十九日山西巡抚胡聘之题,一档馆藏内阁刑科题本,档号:02-01-007-036911-0014。

② 绥远通志馆编纂:《绥远通志稿》,呼和浩特:内蒙古人民出版社,第11册,第212页。

民积谷。①光绪二十三年五月初十日,山西巡抚胡聘之奏请以毛世黼补授和林格尔抚民通判,称"该员才具明干,办事勤能,前曾历署各缺,措置裕如,以之请补是缺,实堪胜任"②。据《题为审理和林格尔厅客民李二狗仔等因拢劝疑窃争闹伤毙胡二幅仔一案依律分别定拟请旨事》,光绪二十三年十月初四日到任。

任内审理"和林格尔厅客民李二狗仔等因拢劝疑窃争闹伤毙胡二幅仔"一案。该起命案发生在光绪二十三年(1897)二月十九日。东倒拉突力亥村的华三娃仔因两天前自家的树被人偷砍,怀疑是同村"平素游荡"的胡二幅仔所为,便去查问。胡二幅仔不依,两人发生口角,被众人劝开。十九日黄昏时分,胡二幅仔又到华三娃仔家门前叫骂,与华三娃仔及其妻侄李二狗仔动起手来,被华、李二人用木粪锤、铁穗鞭打伤,至次日伤重而死。二十一日,本村甲头报案,时任和林格尔抚民通判周亲民因重病在身,未及去现场验讯,即于二十四日病故。至三月初八日,代理通判姚濬源走马上任,随即带领刑仵亲诣相验,并对相关人等进行讯问,但是未及覆审,就于四月十八日卸事。新任署厅杨逢春于同日到任后接审,案犯对前情供认不讳。归绥道覆审无异,前于光绪二十三年九月十八日转解到按察司。案犯突然翻供,此案遂被驳回确审。驳文尚未到厅,署厅杨逢春已先于八月初七日卸事。新任兼理和厅通判李

---

① 杨世瑛、史标青修,王锡祯、王之哲纂:《重修安泽县县志》卷三《建置·仓备》,民国二十一年(1932)。
② 光绪二十三年五月初十日山西巡抚胡聘之题,一档馆藏朱批奏折,档号:04-01-12-0581-062。

恕于是日到任，同样未奉驳文，便于十月初四日卸事。新任通判毛世黼于十月初四日到任，奉文确审，由道解司，至次年三月，由山西巡抚胡聘之定拟请旨。此案并不复杂，审理时间也不算长，但是前后历经五位和林格尔厅长官，故在此历叙，以便有识者采掇。

毛世黼任内还审理"和林格尔厅寄民范来娃等共殴致伤范彩身死"一案，因驳审迟延未及一月而被题参。①

光绪二十七年（1901）三月，毛世黼因对境内教案处置不当而被革职，"发往极边，永不释回"②。未及离任即病故。据《归绥道志》，毛世黼还曾在光绪二十六年代理宁远厅通判。③

吉泰 顺天府人。④ 据《绥远通志稿》卷84《职官》，吉泰在光绪二十六年（1900）为绥远城粮饷理事同知。⑤《归绥道志·国朝职官表》《和林格尔县志·历代郡县职官表》均将吉泰担任和林格尔厅抚民通判之事系于光绪二十七年⑥，推断应是

---

① ［光绪二十六年四月］刑部等，一档馆藏清代档案，档号：16-01-011-000011-0027。
② 《清德宗实录》卷481，光绪二十七年三月丁丑，北京：中华书局，1987年，第249页。
③ ［清］贻谷等修，［清］高赓恩纂：《归绥道志》卷26《职官·国朝职官表》，呼和浩特：远方出版社，2007年，第818页。
④ 《绥远通志稿·职官》记作"正蓝旗人"。（绥远通志馆编纂：《绥远通志稿》，呼和浩特：内蒙古人民出版社，第10册，第347页）
⑤ 绥远通志馆编纂：《绥远通志稿》，呼和浩特：内蒙古人民出版社，第10册，第305页。
⑥ 《归绥道志》卷26《职官·国朝职官表》，第825—826页；《和林格尔县志》卷11"人物"，第574页。

在毛世黼被审查革职之际，绥远城粮饷理事同知吉泰奉委暂理和厅事务，直至三月份林开菜正式署理。

林开菜 福建长乐县人，字希实。光绪四年由荫生恩赏举人，遵例报捐，补内阁中书缺，光绪二十五年（1899）四月到山西。①据《呈山西省光绪二十七年春季分委署代理过同通州县各员缺单》②，光绪二十七年三月，和林格尔厅抚民通判毛世黼病故，遗缺由补用同知林开菜署理。

据《绥远通志稿·职官》，林开菜还在光绪二十七年（1901）兼理宁远厅抚民通判，其后历托克托城抚民通判、丰镇厅抚民同知、宁远厅抚民通判、兴和厅抚民同知等职。

任秉铨 直隶吴桥县人。光绪二十七年（1901）六月二十日，山西巡抚岑春煊奏请将任秉铨升补和林格尔通判，称：

> 窃照山西和林格尔抚民通判毛世黼，前于光绪二十七年二月初十日在任病故，应以病故本日作为开缺日期，系繁疲难调要缺，例不掣签，应行在外拣选，业经咨报开缺。截缺应即照例拣选。查定例，知县以上官员应行调补之缺，均令该督抚照例于属员内对品改调。若该省实无可以调补之员，而属员内果有才守兼优、政绩卓著者，于疏内将无可调补、必须题升之处，详细声明。又州

---

① 光绪三十三年十二月十三日护理山西巡抚宝棻奏，一档馆藏朱批奏折，档号：04-01-12-0659-088。

② 光绪二十七年六月初九日山西巡抚岑春煊呈，一档馆藏军机处录副奏折，档号：03-5409-011。

县以上应升缺出,应令先将卓异引见回任候升之员,先尽升用各等语。今和林格尔通判缺居边隅,幅员辽阔,民蒙杂处,凤号繁难,加以变故之后,教案棘手,非才能廉辨之员,不足以胜此剧任。现在晋省例,准调繁之简缺,各通判或历俸未满,或请补未覆,或尚未选人,一时实无合例堪调之员。臣督同两司在于应升各班内逐加遴选,查有卓异候升神池县知县任秉铨,现年五十七岁,系直隶吴桥县人,由廪生中式同治癸酉科举人,光绪庚辰科会试后大挑一等,奉旨:以知县用,签分陕西,截留回籍。光绪九年,咨取到陕。十二年,借补商州直隶州州同。十六年,调补南郑县知县。十八年,大计保荐卓异,旋捐同知升衔。二十一年,丁母忧,开缺回籍。二十三年,服满起复,引见。奉旨:准其卓异,加一级,注册候升。钦此。随即投供候选。二十四年正月,签掣得缺。二月初二日,奉旨:山西神池县知县员缺,着任秉铨补授。钦此。领凭赴晋,是年八月十二日到任。照例将陕西南郑县任内所得卓异应升之案带于新任,注册候升。该员持躬谨饬,练达有为,以之升补和林格尔抚民要缺通判,与例相符,堪以胜任。该员任内并无承审案件、承缉盗案、征解钱粮、已起降革参限,此外一切因公处分例准毋庸计算。其调缺请升,实因无可调补之员,例得详细声明,据署布政使吴廷斌、署按察使恩霖会详,请奏前来。合无仰恳天恩,俯准以神池县知县任秉铨升补和林格尔要缺通判,洵于地方有所裨益。如蒙俞允,该员系知县卓异早经引见候升之员,今请升通判，应免送部引见。至所遗神池县知县系简缺，山西现有应补人员，应请扣留外补所有拣员，请升和林格尔要缺通判，以资治理缘由，理合恭折具奏。①

毛世黼病故前后，吉泰、林开菜暂理和厅事务，和林格尔抚民通判缺出，急需新官上马。然而和林格尔本就以繁乱难治著称，新近又成为"教案"重灾区而备受关注，故岑春煊奏称"非才能廉辨之员，不足以胜此剧任"。但是吏部奉旨议奏，以任秉铨"历俸尚未扣满三年"为由予以驳回。

据《奏为托克托城抚民通判员缺请以神池县知县任秉铨升补事》②，任秉铨在光绪三十年（1904）之前曾"历委调署和林格尔通判、洪洞县知县"。又据《和林格尔厅原设捕盗营经制外委贾世侒到任日期年岁履历清册》③，光绪二十八年六月，任秉铨以署和林格尔厅抚民通判身份，将捕盗营经制外委贾世侒到任日期、年岁、履历等造册上报。据此推断，早在光绪二十七年六月岑春煊奏补前后，任秉铨或已奉委署理和林格尔抚民通判事务。

任秉铨从和林格尔离任之后，先是奉委调署洪洞县知县，

---

① 光绪二十七年六月二十日山西巡抚岑春煊奏，一档馆藏朱批奏折，档号：04-01-12-0605-022。

② 光绪三十一年十二月初七日山西巡抚张人骏奏，一档馆藏朱批奏折，档号：04-01-12-0642-064。

③ 光绪二十八年六月署山西和林格尔厅通判任秉铨，一档馆藏清代档案，档号：15-02-001-000238-0051；光绪二十八年八月初四日护理山西巡抚赵尔巽咨，一档馆藏清代档案，档号：15-02-001-000238-0050。

又于光绪三十年六月返回神池县旧任，三十二年（1906）七月十八日至三十三年十月二十七日任托克托厅抚民通判。值得注意的是，山西巡抚岑春煊举荐他升补和林格尔通判时的评语是"持躬谨饬，练达有为"；另一位山西巡抚张人骏举荐他升补托克托城通判的评语是"年健才明，办事勤奋"。然而任秉铨在托克托城履职仅一年多时间就被参革职，宣统元年（1909）三月山西省的一份地方官考核档案如是记录："该员性情乖张，操守难信，业经参革。"①

林以绂 江苏江浦县人。由监生报捐同知衔，因其父署大同镇总兵林成兴在任病故，经部议奏，给予六品荫生。光绪二十二年（1896）送部引见，奉旨着以通判选用。二十四年到山西省，期满甄别留省补用。②光绪二十八年署理和林格尔通判。林以绂当时只有三十岁，应该是清代和林格尔最年轻的地方主官。

郝敬端 陕西渭南县人。光绪三十年（1904）二月二十四日署和林格尔抚民通判，"该员谨慎从公，地方要政，尚能实心整顿"③。三十二年二月交卸。

当时杀虎口站地垦务局正缺得力干将，刚从和厅卸任的

---

① 《山西省光绪三十三年分考核各厅州县事实相同清单》，宣统元年三月十五日，一档馆藏档案，档号：21-0345-0014。
② 光绪三十三年五月十八日山西巡抚恩寿奏，一档馆藏朱批奏折，档号：03-5483-004。
③ 《呈光绪三十一年分晋省各厅州县各员衔名等并核其事实治行加具考语清单》，光绪三十三年正月二十日山西巡抚恩寿呈，一档馆藏清代档案，档号：03-5476-010。

郝敬端"情形熟悉，素著勤能"，遂于光绪三十二年（1906）四月二十九日被委任为杀虎口站地垦务局帮办，负责和林格尔分局，办理和林格尔、新店子、杀虎口三站垦务。① 由于垦务罔顾百姓生计利益，受到强烈抵制，形成轰轰烈烈的"反清丈"事变，郝敬端亦于三十四年四月十一日被革去帮办之职。

晁鸿年 陕西三原县人，字叔颐，号燕生，一号秋舫。光绪十六年（1890）殿试三甲第五十九名，钦点翰林院庶吉士，历任山西泽州沁水知县、署陶林厅通判。光绪三十一年十二月饬准补和林格尔通判。② 光绪三十二年二月初一日从陶林卸事③，到任和林格尔的时间当在二月。光绪三十二年闰四月，遵照贻谷札委，与代理归化城同知林以绂、署托克托城厅通判定荣一并襄理台站垦务。④ "清丈"伤及百姓利益，新店子一带百姓很快联络聚集，反对清丈。光绪三十二年七八月间，新店子六十三村农民在站地局聚众抗议，晁鸿年奉示前往劝解，群众逐渐散去，紧张态势得以暂缓。光绪三十二年八月十六日，贻谷下令张贴告示：

---

① 内蒙古自治区档案馆编：《清末内蒙古垦务档案汇编（绥远、察哈尔部分）》，呼和浩特：内蒙古人民出版社，1999年，第901页。参见王泽民《杀虎口与中国北部边疆》，呼和浩特：内蒙古大学出版社，2007年，第150页。
② 光绪三十二年三月二十五日山西巡抚恩寿呈，一档馆藏清代档案，档号：03-5458-016。
③ 光绪三十三年六月二十六日山西巡抚恩寿咨，一档馆藏清代档案，档号：16-02-005-000112-0021。
④ 内蒙古自治区档案馆编：《清末内蒙古垦务档案汇编》，第902页。

照得杀虎口所属各站地亩,前经本大臣将军奏明,由官清丈放垦,各站地户民蒙均已遵章认领,畅行丈放。乃近闻新店子各村,竟有不肖棍徒,因不便私图,暗相鼓煽,造言阻挠,致令站内各户为所摇惑,且有聚众抗阻举动,殊出情理之外。本应即时查拿为首滋非者,严行惩办,以遏刁萌,惟本大臣将军不忍不教而诛,用特剀切晓谕,兹将缮就告示十六张札,发札到该局,即便查收迅饬分赴各该村择要张贴,俾众周知,一面将张贴处所具报查考。①

当时,百姓耕种清丈后的土地,需要交一笔银钱,称之为押荒地价银。负责清丈和林格尔站地事务的帮办站地垦务山西试用同知郝敬端向贻谷汇报说:

惟查已领押荒条者,现经数月之久,仍未来局交银,殊属疲玩,而催交押荒银两,非责成地方官不能得力。局中虽催,终属罔应,且时已秋收,恐再迟延,转瞬年关将近,则不易催收。卑职已与晁倅商明,合行禀明钦宪,札饬晁倅赶紧催令来局交押荒地价银两,以重公款而济局用。②

贻谷闻讯,十分恼火,迅即于光绪三十二年(1906)十月

---

① 内蒙古自治区档案馆编:《清末内蒙古垦务档案汇编》,第910页。
② 内蒙古自治区档案馆编:《清末内蒙古垦务档案汇编》,第914页。

十日饬令和林格尔通判晁鸿年,"赶紧将未交押荒地价各户按户差催,勒限追缴,毋任延缓,切切"。除此之外,贻谷还要求晁鸿年对违抗清丈事务的百姓采取严厉措施,"其三和当等户,倘仍抗不遵办,亦即据实禀办,不必瞻顾"。晁鸿年既不敢抗令不遵得罪贻谷,又担心强势弹压激起更大规模的民变,进退维谷。至十月底,新店子又发生反清丈百姓打砸局牌、殴伤兵丁、抢夺枪械的暴力事件,晁鸿年亲往调解,又约束官兵不许还击,才使得事端没有进一步恶化。十一月二十一日,贻谷再次致函晁鸿年,将新店子各村的抵制行为归咎于地方官"既未能体察于先,复不知变通于后",愤然诘问:"本大臣将军自办垦以来,由直晋以迄甘陕,均赖地方官相助为理,何新店一隅竟难办如是耶?"①晁鸿年在这次官民冲突中的表现一再令贻谷失望,仕路蒙尘。光绪三十三年正月,他因病告假,离开和林格尔。

晁鸿年之前署任陶林厅时,得到"老成练达,办事精详"的考评之语。②这种偏柔的行政风格在急功近利的贻谷那里并不讨好,却为他的仕途行稳致远提供了保障。据《为查核山西和林格尔厅民刘裕家被劫一案三参承缉不力职名事等》,晁鸿年于宣统二年(1910)八月十五日重回和林格尔担任抚民通判,直到清朝寿终正寝,就此成为有清一代和林格尔最后一位通判。

---

① 内蒙古自治区档案馆编:《清末内蒙古垦务档案汇编》,第917页。
② 光绪三十三年正月二十日山西巡抚恩寿呈,一档馆藏清代档案,档号:03-5476-010。

一 | 旧志所见清代和林格尔厅通判补订

余宝滋 陕西安康县人,字兰宾。光绪壬寅科(1902)副榜贡生。据《呈山西省光绪三十三年春季分委署过同通州县各缺清单》,光绪三十三年(1907)正月,"和林格尔抚民通判晁鸿年因病请假,遗缺酌委试用通判余宝滋署理"①。又据《为据禀悉台站垦务会办余宝滋请假赴京省亲应予照准并咨明山西巡抚并行辕暨站地垦务总局查照事》②,余宝滋正式署理和林格尔厅抚民通判的时间为是年二月。

余宝滋到任不久,又奉委以署理和林格尔厅抚民通判兼任杀虎口站驿地垦务局会办。任命文书称:

> 现署和厅余倅宝滋,前在萨厅任内襄办垦事,畛(畛)域不分,深资臂助。即着派为杀虎口站地垦务总局会办,专办和林、新店子、杀虎口三站垦务,以专责成。自三月初一日起,每月支给津贴银五十两,以资办公。其新店子等处刁民抗垦各节,仰即查明,认真究办,仍开导民户遵章领垦,期无扞格,迅速观成。③

贻谷对余宝滋寄予厚望,切盼他能与自己同心同德,迅速扭转局面。每月五十两的会办津贴银,也算得上"诚意"满

---

① 光绪三十三年六月初八日山西巡抚恩寿呈,一档馆藏清代档案,档号:03-5483-133。
② 光绪三十三年六月十八日督办蒙旗垦务大臣贻谷,一档馆藏清代档案,档号:16-01-030-000010-0085。
③ 内蒙古自治区档案馆编:《清末内蒙古垦务档案汇编》,第922页。

满。余宝滋也想努力作为，回报贻谷的知遇之恩。上任不久就派守备易柏林前往新店子与百姓谈判，又访得乡民中德高望重者五人游说众人，然而辛苦数月，劳而无功，"抚衷自问，抱愧滋多，虚抛岁月，辜负宪恩"①，遂于光绪三十三年（1907）六月十二日以入京探母为由，告假请辞。

光绪三十四年（1908）五月，贻谷因在督办垦务过程中有"二误四罪"而被革职。余宝滋等因"骄谄互用，迎合殃民"也被革职②，至宣统元年（1909）八月开复山西试用通判原衔。履职和林格尔之前，余宝滋曾署萨拉齐抚民同知，创设学校六七十所，《绥远通志稿》卷88《人物（仕绩）》为之立传。③

乔樾荫 陕西朝邑县人。光绪三十三年（1907）六月署理和林格尔通判。七月二十五日以署和林通判派充杀虎口站驿地垦务局会办。光绪三十四年五月，因与贻谷牵连而被革职。

谢锡庆 湖北汉阳县人。光绪二十五年（1899）曾任宁远厅抚民通判。光绪三十四年五月署和林格尔抚民通判。在任期间曾审理"山西寄民张二毛眼用铁锹殴伤马三身死"④"山西和林格尔厅客民郝大秃夺刀扎伤武铁拴越日身死"⑤等案。

---

① 光绪三十三年六月十八日督办蒙旗垦务大臣贻谷，一档馆藏清代档案，档号：16-01-030-000010-0085。
② ［清］朱寿朋编，张静庐等校点：《光绪朝东华录》光绪三十四年四月丙辰，北京：中华书局，1960年，第5888—5889页。
③ 绥远通志馆编纂：《绥远通志稿》，第11册，第214—215页。
④ 宣统元年八月三十日山西巡抚宝棻咨，一档馆藏档案，档号：16-02-005-000097-0015。
⑤ 宣统二年二月二十五日山西巡抚丁宝铨题，一档馆藏档案，档号：16-02-005-000098-0034。

民国刘汉鼎纂《和林格尔县志草·官署》记载,"光绪末年通判谢修理学堂,拆厫二座"。查清末谢姓和林格尔通判,只有谢锡庆一人,"通判谢"当即谢锡庆。当时本县设有仓厫六座,分别为"地字厫""宇字厫""宙字厫""洪字厫""盈字厫""藏字厫",各有五间,谢锡庆拆其中两处,修理学堂。①

据《为查核山西和林格尔厅民刘裕家被劫一案三参承缉不力职名事等》②,宣统二年(1910)七月初二日卸事。

洪铨 江苏省人,属县不详。光绪三十四年(1908)至宣统三年(1911)任清水河厅抚民通判③,宣统二年七月兼理和林格尔抚民通判。据《为查核山西和林格尔厅民刘裕家被劫一案三参承缉不力职名事等》,宣统二年七月初二日到任,八月十五日卸事。

有清一代和林格尔最后一位通判是晁鸿年,据《为查核山西和林格尔厅民刘裕家被劫一案三参承缉不力职名事等》,宣统二年(1910)八月十五日到任。

综上,借助于档案资料及其他典籍文献,考得清代和林格尔协理笔帖式、协理通判、理事通判、抚民通判共94人(包括署理、兼理、代理),其中拔彦、张观、继昌、松禄、清魁、文山、珠隆阿、惠俊、张焕、晁鸿年等十人均在和厅履

---

① [清]陈宝晋等纂辑:《和林格尔厅志略·和林格尔行政文·和林格尔县志草》,呼和浩特:远方出版社,2008年,第239页。
② 宣统三年三月编置司呈,一档馆藏档案,档号:16-02-005-000105-0016。
③ 绥远通志馆编纂:《绥远通志稿》卷84《职官》,第10册,第358页。

职两次，故总共为104任，是既有方志统计数字的三倍多。[①]这当然不会是清代和林格尔通判的全部，但相信遗漏不会太多，因为大部分通判的任职时间踵继连接。这样一来，始于雍正十三年（1735）的首任协理同知事务笔帖式和泰，终于宣统二年（1910）的最后一任兼理抚民通判晃鸿年，由百余人次构成的清代和林格尔通判谱系基本上确立起来。无论是地方志的修订，还是区域历史文化的研究，都可以从这项基础工作得到助力。

[①]《归绥道志》25人次，《绥远通志稿》30人次，《和林格尔县志草》26人次，《和林格尔县志》25人次。

下编

二 从协理笔帖式到抚民通判：和林格尔厅主官演变

（一）丹晋建策

今内蒙古呼和浩特市和林格尔县境域主体，明代后期为漠南蒙古土默特部驻牧之地，居土默川平原南缘。隆庆、万历年间，土默特部首领俺答汗与明朝通贡互市，并在土默川核心地带丰州滩建起库库和屯城，明朝赐名"归化城"，故驻牧其地的土默特部又称归化城土默特。明清鼎革之际，归化城土默特归附后金，并被分为左右两翼，各设都统、副都统，分领左右二旗。今和林格尔县境属土默特左旗。

早在明末，就有汉人通过杀虎口等处阑出边墙，进入土默特宜农地区从事耕种。降及清朝建立，蒙古内附，长城内外合为一家，政治环境日益稳定，更多汉人流入归化城土默特，或

二 ｜ 从协理笔帖式到抚民通判：和林格尔厅主官演变

租种蒙古人田地，或开垦荒地，或做生意，或卖手艺，遂使这一地区形成了蒙汉杂处、农牧交错的社会景观。与此相应，蒙人、汉民交涉事件日益增多，原有管理体制已经无法适应新的社会形势。在这种情况下，如何对土默特地区进行有效治理，成为清朝统治者必须直面的问题。时任归化城都统丹晋（或作丹津）的数次建策，为归化城管理体制改革发展发挥了重要作用。

丹晋是土默特部贵族后裔，曾祖古禄格楚琥尔、祖父锡喇布、父亲古睦德都曾担任土默特左翼都统，身世显赫。他在京城生活多年，当过皇家侍卫，并兼任蒙古正白旗佐领，康熙四十三年（1704）回到归化城，承袭归化城土默特左翼都统。丹晋具有在京为官的经历，见识超迈群伦，担任都统前后三十余年，在归化城的行政和文化建设方面都有所建树。[①] 上任之初，丹晋曾奏请在归化城土默特推行州县制度，使口外与内地划一而治，但由于条件并不成熟，清廷未予采纳。[②] 至雍正元年（1723），复经丹晋奏请，清廷同意"添设归化城理事同知一员"[③]。

理事同知，最初是为了应对八旗驻防地区旗人、民人交涉事务而设置的官职，属知府的佐贰官，正五品。归化城理事同

[①] 达力扎布：《归化城土默特左翼旗都统丹津出任乌兰察布盟盟长考》，《西部蒙古论坛》2023年第3期。

[②] 乾隆元年四月初一日稽查归化城军需工科掌印给事中永泰奏，一档馆藏朱批奏折，档号：04-01-01-0012-016。

[③]《清世宗实录》卷10，雍正元年八月癸亥，北京：中华书局，1985年，第186页。

知即"归化城蒙古民事同知",主要职责是管理当地汉民的刑名案件,遇有蒙汉交涉事件,则由归化城土默特都统委派蒙古属员会同审理。至于蒙人事务,仍由归化城都统管理。归化城理事同知初设之时,因地近口内大同府,故一切文移由大同府申转;雍正七年(1729)之后改由区位更近的新设之朔平府申转。①

归化城理事同知的设置,暂时改变了以往旗佐难以经管地方一切事务的被动局面,无奈归化城地广事繁,理事同知疲于应付,迫切需要增添人手来分管。乾隆二十五年(1760)山西巡抚鄂弼的奏折中追述说:

> 后因幅员辽阔,蒙古、民人事务殷繁,始增协理笔帖式二员,分管地方。②

笔帖式本是中央各部院内的低级文官,职掌翻译、抄写等方案事务,向来是旗人出仕之阶。"空投"地方的笔帖式如何分工,是否适配口外庶务,我们不得而知,但可以肯定的是,增设两名协理笔帖式,仍然不敷使用。雍正十二年(1734)九月十五日,军机处议奏丹晋提出的方案:

---

① 详参胡恒《边缘地带的行政治理:清代厅制再研究》,北京:社会科学文献出版社,2022年,第151页。
② 乾隆二十五年八月初七日山西巡抚鄂弼奏,一档馆藏朱批奏折,档号:04-01-01-0238-005。

二 | 从协理笔帖式到抚民通判：和林格尔厅主官演变

>于归化城居住、贸易、种地、伐木、工匠等民人较前增多，且四子、茂明安等旗交壤处，民人开铺子种地者亦甚众。蒙民争斗互讼，命案频出，仅理事同知、协办笔帖式二员，实难悉行查办。又因同知隶于朔平府知府管辖，凡有案件，惟取供后，将蒙民一并解送知府，同知不能定案了结，常使案件迁延久拖。祈请再添理事同知一员、协办笔帖式一员，将该同知派驻托克托城，笔帖式派驻萨拉齐地方，与原有同知、笔帖式，分地办事。①

这个方案的核心要义有两点：一是继续增加人手；二是分地办事。朝廷本已议准，丹晋复又上奏对原方案予以修正，即停止增设额外同知，而是在归化城周边的和林格尔、昆都仑、托克托城、萨拉齐等四地派驻笔帖式，协助归化城同知就近办理事务。是年十二月初四日，军机处议奏此事。鉴于相关内容对了解和研究包括和林格尔在内的归化厅诸协建置历史至为重要，兹将档案原文迻录如下：

>雍正十二年十二月初四日，领侍卫内大臣英诚公臣丰盛额等谨奏。
>据丹晋等奏称，适才接准办理军机事务大臣等咨文内开，经议臣等所奏，准于归化城增设同知、笔帖式；设

---
① 《大学士鄂尔泰等议奏归化城添设理事同知办理蒙民案件等情折》，中国第一历史档案馆编：《军机处雍正朝满文议复档译编》第13册，北京：商务印书馆，2021年，第8090—8091页。

置大员之处，毋庸议等因。奏准咨行前来。窃思，臣等先前所奏略未详尽。归化城周围共有一千五百余里地，其间有大小村落将至五百处，纷争、盗贼、命案频出，将涉案人等提取办理，或同知亲临办理，俱属不易。且有前往各处验尸，与察哈尔、鄂尔多斯扎萨克等会办之事宜。目今再增设同知一员，则同知二员相互推诿，亦未可料。尚且增设同知一员，不如停止增添额外同知，即在归化城南边和林格尔地方设一笔帖式，东边坤都伦村设一笔帖式，西边托克托城设一笔帖式，西北隅萨拉齐地方设一笔帖式，协助原有同知办事；原有同知仍率领原在归化城之笔帖式等同驻。

凡何处发生案件，就近交付笔帖式等办理，而笔帖式等将其各自地方验尸争讼之小案审办后，即呈报同知审核完结。同知将应行亲临办理之事，即亲临办理呈报。笔帖式等效力三年，其优者，更换时出具考语，报部分别议叙；将劣者，亦报部更换察议。此等所设之笔帖式，若仍交付巡抚，照原有笔帖式之例，拨给住房、差役及养廉银，不仅结案迅速，则蒙民亦可免于远途之累久拖之苦等语。

查得，先前都统丹晋等奏请在托克托城再增设同知一名、笔帖式一名等因。经臣等议奏准行在案。今丹晋等奏称，归化城周围有一千五百余里地。其间有村落将至五百处，纷争、盗贼、命案频出。凡涉案之人等，因路遥难以提解，倘同知亲临审理，又难以尽抵，且同知二员相

二 | 从协理笔帖式到抚民通判：和林格尔厅主官演变

互推诿，亦未可料。故伊等酌其地方之情形会同复行详议，又请停止增设同知，于和林格尔、坤都伦村、托克托城、萨拉齐等四处增设笔帖式四名，协助原有同知办事等语。是以，应照其所奏，停止增设同知，于归化城之和林格尔等四处增设笔帖式各一名。此增设之笔帖式，自各部及理藩院笔帖式等内，由该大臣等，将通晓汉文、人亦尚可者拣选各一名送交吏部，具奏引见，简派四名遣往。伊等仍照原定之例，三年期满后更换。三年内，效力优者，即报部分别议叙，劣者更换察议。再，笔帖式所住房屋、差役、养廉银等项，俱如丹晋等所奏办理。俟命下之日，交付该部，行文各应行文之处遵行可也。

雍正十二年十二月初四日奏入。奉旨：依议。钦此。[①]

按照丹晋的设计，驻扎和林格尔等地的四名笔帖式有办公场所、随从差役和养廉银，实际上是归化城蒙古民事同知的派出单位。主要任务是审办各自地界发生的争讼小案，及时呈报归化城蒙古民事同知，由后者审核完结。笔帖式不是官员，职权有限，也没有关防印记，但有地利之便，可以就近完成讯问案犯、验尸之类的常规事务，有助于减轻归化城同知奔波之苦，也有利于提高办案效率。更重要的是，和林格尔、昆都仑、托克托城、萨拉齐四地派驻协办同知事务笔帖式，成

---

① 《领侍卫内大臣丰盛额等议奏于归化城和林格尔等处增设笔帖式折》，中国第一历史档案馆编：《军机处雍正朝满文议复档译编》第13册，北京：商务印书馆，2021年，第8157页。

为乾隆年间在归化城设立道、厅的雏形。①因此，雍正十二年（1734）的丹津建策，事实上按下了清朝在广袤的归化城土默特地区设官分辖的启动键，该地在其后一百七十余年间踵接递进的协理通判、理事通判、抚民通判，都肇端于此。无论是从归化城地方经济社会发展的角度，还是从清代统一多民族国家边疆治理的角度，丹津建策都称得上是契合时代需要、顺应历史发展的宏图良策。

和林格尔何以被择定为归化城南部笔帖式驻在地，是值得思考的问题。

和林格尔为蒙古语 Qoringer 的汉语音译，意为二十户人家，当地俗称"二十家子"。此地北山南壑，东西狭长，形势逼仄，耕地短少，不具备成为大型都邑的自然条件。历史上，汉朝曾在今和林格尔境内建置了成乐（在今盛乐镇土城子遗址）、骆（今大红城乡大红城村古城遗址）、武成（今新店子镇榆林村古城遗址）、武要（今黑老夭乡古城窑村古城遗址）四座县城。特别是成乐，西汉时为定襄郡治所，南北朝时为拓跋鲜卑的都城，隋唐时为单于都护府，尽显地理优势。彼时的和林格尔或许还没有成为邑落。到了清康熙时期，清廷大力经营从杀虎口通往归化城的战略要道，和林格尔地当孔道，距离适中，水草供给充足，成为这条驿路中间最重要的台站之一。台站，是清代蒙古地区站道沿途分段负责通讯和转运的基层交通机构。②和林格尔属于国家提供经费、设备、管理人员的官设

---

① 晓克主编：《土默特史》，呼和浩特：内蒙古教育出版社，2008 年，第 292 页。
② 金峰：《清代蒙古台站的管理机构》，《内蒙古大学学报》1979 年第 1 期。

二 | 从协理笔帖式到抚民通判：和林格尔厅主官演变

台站，不少外地人因生计而寄居于此，生聚日繁。康熙五十八年（1719），兵部尚书范时崇等前往漠北筹设军用台站事务，去时夜宿和林格尔，发现"尚有店可住，系陕人所开"；归来再宿和林格尔，留下了"出塞经年，于是日始卷毡幕，得栖屋宇"的愉快记忆。① 显然，康熙末的和林格尔，已经发展成为归化城南部的一个稍具规模的邑聚。至雍正十二年（1734），归化城都统丹晋思谋在归化城四周分设协理笔帖式，把东南距杀虎口100里，北到归化城110里，地当孔道，位置正中，又有一定规模的和林格尔选作归化城南路中心，也是顺理成章的事情。

（二）和林格尔厅协理笔帖式

丹晋建策经军机处议奏并得到最高统治者批准，时在雍正十二年十二月初四日（1734年12月28日）。清制，谕旨中的"依议"二字往往意味着决策生效。因此，雍正十二年十二月通常被认定是和林格尔设员分管的肇始时间。②

时届年末，加上元旦前后长达一个月的"封印"时间，和林格尔笔帖式的选任事宜，迁延至雍正十三年（1735）三月才

---

① ［清］范昭逵：《从西纪略》，《昭代丛书》本，《丛书集成续编》，台北：新文丰出版公司，1988年，第279册，第621—647页。
② 如［清］刚毅修，安颐纂《晋政辑要》卷一《吏制·官制》"分巡归绥道"条："雍正十二年，设和林格尔协理笔帖式。"《续修四库全书》，上海：上海古籍出版社，第46页。

正式完成。内蒙古呼和浩特市土默特左旗档案馆收藏的一件满文档案《理藩院为和林格尔增设笔帖式咨文归化城都统丹津》①，记录了和林格尔首任笔帖式产生的宝贵信息。据档案，雍正十三年三月二十四日，理藩院接到吏部咨文，称：

> 我部于雍正十三年三月初五，为在和林格尔等地设笔帖式，带领各部院保题的笔帖式博纳等七人引见，奉旨：布讷、富良、叶赫布、和泰协理归化城理事同知，办理和林格尔等地方的案件。钦此。钦遵，查得：和泰系正黄旗理藩院笔帖式，故为知会理藩院，要求行文等因。呈准，为此咨事。

据此可知，雍正十二年（1734）十二月军机处议复之后，六部与理藩院各自拣选出一名"通晓汉文、人亦尚可"的笔帖式，报送吏部。雍正十三年三月初五日，七名笔帖式由吏部带领引见。引见，是清代重要的选官制度。凡京官五品以下，外官四品以上，于授官、京察、大计、保举、升调、俸满之时，均需由吏部或兵部导引晋见皇帝，经皇帝当面考察鉴定，做出升、降、去、留之最后决定，既慎重人事，又宣示皇恩。引见仪式结束之后，被引见者退出宫外，带领引见的大臣得到皇

---

① 雍正十三年四月六日，土默特左旗档案馆藏清代归化城土默特副都统衙门档案，档号：80-16-21。此档收入内蒙古土默特左旗档案馆、内蒙古科技大学联合整理《土默特左旗档案馆藏土默特历史档案汇编（第一辑）》（广西师范大学出版社，2018年，第1册，第243页），但是著录标题与页面内容毫不相关，不知何故。

二 | 从协理笔帖式到抚民通判：和林格尔厅主官演变

帝的谕旨，出来当众宣布，正式生效。① 在这次引见中，雍正皇帝当面考察七名笔帖式，从中钦点布讷、富良、叶赫布、和泰四人，派往归化城，协助理事同知办理和林格尔等地方的案件。引见宣谕，意味着正式认命。故也有典籍将和林格尔设员分管的时间记为雍正十三年三月。②

理藩院根据吏部知照，于四月六日咨文给归化城都统丹晋并归化城理事同知恒文。四月十四日，丹晋等收到咨文，随即着手准备接收四名笔帖式。四位笔帖式各自要"下乡"到归化城所属和林格尔、托克托城、萨拉齐、昆都仑四地中的何地，这条档案没有具体记录，相关志书也一概阙如。我们根据中国第一历史档案馆相关档案进行比对，可知和泰分配至和林格尔，布讷分配至托克托城，富良分配至萨拉齐，叶赫布分配至昆都仑。至于这个分配环节是由朝廷决定还是由归化城地方安排，是本人主动挑选抑或是掣签决定，我们并不清楚。

创制之初，筚路蓝缕。协理笔帖式分驻地方，遭遇了不少困窘。地方发生刑案，笔帖式必须带着仵作、刑书尽快前往现场相验。然而归化城同知衙门只有一名仵作，如果刑案集中发生，就会出现"一仵难求"的尴尬情形。据《题为会议归化城

---

① 参见黄十庆《清代的引见制度》，《历史档案》1988 年第 1 期；王志明《雍正朝引见制度的若干问题》，《故宫博物院院刊》2002 年第 5 期。
② 如乾隆朝《晋政辑要》卷一《官缺繁简》记载："分驻和林格尔厅通判一缺，向系协理通判笔帖式，于雍正十三年新设。"乾隆五十四年刻本，美国哈佛大学汉和图书馆藏。

所属和林格尔等处添设仵作事》①，雍正十三年（1735）七月初四日，归化城都统丹津咨文山西巡抚石麟，要求给归化城添设仵作：

> 归化城因地方辽阔，各处聚集来种地之百姓及贸易之人甚众，乡村居多之故，奏请归化城所属和林格尔、脱脱城（即托克托城——笔者注）、萨拉齐、孔笃领（即昆都仑——笔者注）等四处添设协理同知事务笔帖式四员，接连居住，于蒙古人事务甚有裨益。但此四员笔帖式各所属境内俱有缢死人命事件，归化城理事同知衙门止有仵作一名，协理同知事务笔帖式等衙门并无仵作。今设有人命事出五处，反等一名仵作到时方理事任，此等候之暇，事件止管迟滞，尸不无朽坏。今专因仵作不足用之故，移咨贵院，烦请查照，将归化城所住协理同知事务新旧笔帖式等衙门请俱设立仵作各二名，于地方之事务得有裨益。

归化城本就地域广袤，随着外来人口的迅速增加，社会经济日益复杂，刑盗案件相应多发。在这种情况下，由和林格尔、托克托城、萨拉齐、昆都仑四个衙门与归化城同知衙门"共享"一名仵作，自然难敷需要。朔平府奉巡抚之命详议此事，提出：

---

① 乾隆元年三月二十七日兼总理刑部事务允礼题，一档馆藏刑科题本，档号：02-01-007-014669-0009。

二 | 从协理笔帖式到抚民通判：和林格尔厅主官演变

> 各协理笔帖式分驻地方俱有检验之责，需用仵作，临时关取，往返耽延，诚有不便。除归化城地广人稠，案件繁多，厅协两员照原议额设仵作二名外，和林格尔、脱脱城、孔笃领、萨拉齐四处协理厅每处应添设一名，共需仵作四名，其应得工食每名每年银六两，应请动正项钱粮，随各该厅俸工支领。

最终，和林格尔、托克托城、萨拉齐、昆都仑四个衙门得以单独配置一名仵作。

雍正十三年（1735）秋冬之际，兵部侍郎德沛视察杀虎口内外，对派驻地方的协理笔帖式予以考察，随后针对笔帖式个人素质与地方不相适宜、办公条件过于简陋等弊端提出建议。军机处于十月二十五日议奏，对德沛的建议多有采纳。军机处大本议覆档《和硕果亲王允礼等议奏归化城笔帖式应选派通晓蒙语之人事折》记录了德沛的报告、军机大臣的讨论结果和皇帝的批准过程，因其对研究协理笔帖式至为重要，迻录如下：

> 雍正十三年十月二十五日总理事务和硕果亲王臣允礼等谨奏。
>
> 据德沛奏称，协办归化城同知事务之笔帖式内有各部选派者，在蒙汉杂居地方审案时，若为通晓蒙语之官员，方可详知其缘由。今派驻之人皆初晓事务，故除将伊等仍行留驻外。再更换派遣时，请选派理藩院章京、笔帖

式，若无人可选，则同知由该部章京内拣选补放，笔帖式由蒙古中书、别部蒙古笔帖式内拣选补放。再，本臣抵达和林格尔后，看得驻在该处之一名笔帖式租住店房，该处汉民因其无印无衙署而有藐视之态。从前补放之协办笔帖式，将归化城入官之一排房屋以四百两银购买后作为衙署。此衙门亦以四百两银修建，而现若新建，仍需增添许多。九年，在左云县补放一名通判，迄今尚未修建衙署；再，驻外官员等所住衙署破损者甚多。故请将此五名笔帖式铸给办理通判事务笔帖式之印信，作为凭证；修建左云县通判、归化城新增四名笔帖式之衙署时，其不敷用者，即增添修建；将修整驻外官员等所住破损衙署，几年修整一次，新旧官员交接，转交衙署，及动用何项银两之处，交该省督抚办理等语。

查得，归化城四周新增设之四名笔帖式，俱为由各部衙门保举之人具奏引见后所派遣者。兹德沛既称在此任内补放通晓蒙语及稔知蒙古习性之人为善，应准如所奏。俟再换人时，于蒙古中书及各部衙门笔帖式内，应选派通晓蒙语、能够办事之人；同知之职，仍由理藩院章京内拣选补放。

又查得，外任县丞、典史等微职之员，皆已颁给图记。此等增设之四名笔帖式，系专为协助同知办事而设，既然分驻归化城，伊等每人应颁给协办通判事务图记，并交付该部，兼铸清汉文颁给。将此等人所驻之衙署以其所需增添快建，及修建左云县通判衙署，修整外员所住衙门等处，

二 | 从协理笔帖式到抚民通判：和林格尔厅主官演变

皆咨行山西巡抚石麟办理可也。

雍正十三年十月二十五日奏入。奉旨：依议。钦此。①

这件档案是目前所见最早的关于和林格尔笔帖式生活、工作状态的记录，对于研究和林格尔及归化城诸协厅历史而言，非常珍贵。根据这件档案，德沛发现的问题主要包括三个方面：

其一，语言不通。新增笔帖式的主要职责是处理民人与蒙人交涉事务，自然应该兼通蒙、汉两种语言。上引丰盛额议奏只强调"通晓汉文"，结果拣选出来的笔帖式中有不熟悉蒙语者，致使"在蒙汉杂居地方审案时"不能"详知其缘由"。按照德沛的说法，不熟悉蒙语者大抵是"各部选派者"。由于笔帖式向为旗人入仕之阶，六部笔帖式又以满人居多，此次出自各部的三名笔帖式不熟悉蒙语，推测应是满人。德沛建议，派驻外地的几名笔帖式已经"初晓事务"，不必调整；以后更换派遣，应从理藩院笔帖式、蒙古中书及各部蒙古笔帖式中拣选补放。值得注意的是，派驻和林格尔的笔帖式和泰出自理藩院，熟悉蒙语与蒙古习俗，德沛对其应该是较为满意的。

其二，办公场所简陋。德沛专以驻在和林格尔的笔帖式为例，其人没有专门衙署，办公、起居都在租住的旅店房舍中，官威不足，以致当地汉民对其"有藐视之态"。为此，德沛建

---

① 《和硕果亲王允礼等议奏归化城笔帖式应选派通晓蒙语之人事折》，中国第一历史档案馆编：《军机处雍正朝满文议复档译编》第13册，北京：商务印书馆，2021年，第8565页。

议尽快给驻外笔帖式修建衙署,并定期整修,维护官府威仪。

其三,没有官印,权威不足。按照最初的制度设计,这些笔帖式只是协助归化城同知办理事务,或者说是同知的助手。如乾隆二十五年(1760)山西巡抚鄂弼所言,"笔帖式既非职官,且无关防印记"[①]。但民间向来有"有官无印非真官"的说法,和林格尔百姓对初来乍到的笔帖式"有藐视之态",也属难免。德沛建议铸给"办理通判事务笔帖式之印信",作为官家凭证。

德沛的建议几乎全部得到采纳。朝廷责成山西巡抚石麟修建笔帖式衙署,礼部铸造兼有满、汉两种文字的"协办通判事务图记",派驻和林格尔的归化城协办同知事务笔帖式就此摆脱了无印无署无权威的窘境,建章渐趋规范。乾隆元年(1736)增设清水河、善岱笔帖式时,明确规定"各部院将满洲蒙古中书笔帖式内通晓蒙古语,清、汉字好,能办事者,各遴选一人"[②],特别强调要通晓蒙古语,显然与上年德沛的视察反馈有关。

值得注意的是,关于铸给印信之事,无论是德沛建议中的"办理通判事务",还是军机处议奏中的"协办通判事务",都提到了"通判"二字。显然,协理笔帖式随之改为协理通判,也与德沛的建议有关。

派驻到和林格尔的笔帖式虽然并非国家认可的正式官员,

---

① 乾隆二十五年八月初七日山西巡抚鄂弼折,一档馆藏宫中朱批奏折,档号:04-01-01-0238-005。

② 《钦定大清会典事例》卷34《吏部·满洲铨选》"遴选协办同知"条。

二 ｜ 从协理笔帖式到抚民通判：和林格尔厅主官演变

但也应有相对固定的官称。丹晋是派驻分管之制设计者，从前引雍正十二年（1734）十二月军机处议复档《领侍卫内大臣丰盛额等议奏于归化城和林格尔等处增设笔帖式折》来看，他只是强调这批笔帖式的任务是"协助原有（归化城）同知办事"，并没有提出明确的官称。在前引雍正十三年七月要求添设件作的文档中，丹晋使用了"归化城所住协理同知事务新旧笔帖式""协理同知事务笔帖式"这样的术语。德沛则使用了"归化城协办同知事务笔帖式"一语。据此，派驻和林格尔笔帖式的官称应该是"归化城南路和林格尔协理同知事务笔帖式"或者"协理归化城同知事务和林格尔笔帖式"，简称"和林格尔协理笔帖式"。光绪《晋政辑要·吏制·官制》卷一《吏制·官制》"分巡归绥道"亦记："雍正十二年，设和林格尔协理笔帖式。"[①]

和泰，是第一位和林格尔协理笔帖式，也是唯一一位和林格尔协理笔帖式。

（三）和林格尔厅协理通判

归化城驻外笔帖式改称协理通判的原因，在于笔帖式原本只是秘书性质的低级文官，没有官防印记，在地方开展行政事务，多有不便。至于改称的具体时间，通常认为是乾隆元

[①] ［清］刚毅修、安颐纂《晋政辑要》，《续修四库全书》，上海：上海古籍出版社，第46页。

年（1736），如张永江指出，"1734年清廷在萨拉齐、和林格尔和托克托城分别设立了协理笔帖式，办理当地蒙汉事务。1736年上述三笔帖式改为协理通判，同时在清水河也设立协理通判"①。赵之恒在《内蒙古通史》第三卷讨论厅的设置时沿用这一观点。②

改称后的协理通判，全称是"归化城某路分驻某地协理通判"。和林格尔在归化城南边，全称便是"归化城南路分驻和林格尔协理通判"。土默特左旗档案馆所藏和林格尔乾隆三年、四年、五年"申解买卖牲畜记档银两"文档，责任人和泰的衙门官衔都记作"归化城南路分驻和林格尔协理通判"③。乾隆五年八月，和泰奉命暂署昆都仑，其官衔在《申报侯保等四人盗昆都仑通判衙内衣物一案》文档中写作"署归化城东路分驻昆都仑协理通判事南路和林格尔协理通判"④。这些例子表明，乾隆元年（1736）之后，"和林格尔协理笔帖式"确实为"和林格尔协理通判"所替代，和泰的身份已经由"和林格尔协理笔帖式"转变为"和林格尔协理通判"。

按照常理，改称之后，"和林格尔协理笔帖式"这一官称便不再使用。但实际情形并非如此。在乾隆三年（1738）九

---

① 张永江：《论清代漠南蒙古地区的二元管理体制》，《清史研究》1998年第2期。
② 曹永年主编，赵之恒分卷主编：《内蒙古通史》第三卷，呼和浩特：内蒙古大学出版社，第110页。
③ 土默特左旗档案馆藏清代归化城土默特副都统衙门档案，分见乾隆三年二月初七日，档号：80-6-8；乾隆四年一月初八日，档号：80-6-12；乾隆五年六月初七日，档号：80-6-13。
④ 乾隆五年十二月，土默特左旗档案馆藏清代归化城土默特副都统衙门档案，档号：80-4-19。

二 | 从协理笔帖式到抚民通判：和林格尔厅主官演变

月，和泰因疏防夹渠沟牛正邦孙凤家被盗一案而被题参，题本中所列疏防专管官职名是"和林格尔协理笔帖式和泰"①。乾隆七年八月，他因榆树梁地方高尚升被贼打伤劫去衣物一案承缉不力而再被题参，职名也是"和林格尔协理笔帖式和泰"②。据此，乾隆元年之后，"协理通判"似乎并没有完全取代"协理笔帖式"。

我们注意到，"申解买卖牲畜记档银两"文档属于地方官文书，报参题本属于上报中央的官文书。乾隆元年（1736）之后，地方官文书几乎全部改用"协理通判"，中央官文书则是二者并用，有时还使用"协理通判笔帖式"如乾隆十九年，昆都仑协理通判普喜因历俸三年期满而得到山西巡抚恒文的保题，包括绥远城粮饷理事同知、归化城蒙古民事同知、归绥道、山西布政使、山西巡抚在内的各级上司提供的保荐语皆用"昆都仑协理通判普喜"，吏部则用"昆都仑协理通判笔帖式普喜"③。显然，协理通判与协理笔帖式之间，并不存在纯粹意义上的取代与替代关系。

乾隆五年（1740），署绥远城将军印务副都统甘国璧奏称"和林格尔等处各员以笔帖式办理通判"④。据此理解，协理通

---

① 乾隆三年九月初二日山西巡抚石麟题，一档馆藏内阁刑科题本，档号：02-01-007-015041-0004。
② 乾隆七年八月二十六日大学士兼管吏部尚书事张廷玉题，一档馆藏内阁吏科题本，档号：02-01-03-04042-005。
③ 乾隆十九年九月二十五日山西巡抚恒文题，一档馆藏内阁吏科题本，档号：02-01-03-05153-012。
④ 中国第一历史档案馆编：《乾隆朝上谕档》，北京：档案出版社，1998年，第1册，第532—534页。

判其实就是以笔帖式身份办理通判事务的职官，故又称作"协理通判笔帖式"①。有研究者指出，协理通判并非"清代职官体系中的正式一员，遍寻清代文献，也只在雍正末乾隆初年的山西口外出现过"②。正因为这样，清代官修政书记述归化城诸协厅官职变迁，很少提及"协理通判"。乾隆朝《钦定大清会典》卷四《吏部·文选清吏司·官制三》记"归化城、和林格尔、昆都仑、托克托城、萨拉齐、清水河、善岱协办同知笔帖式各一人"。光绪《晋政辑要》卷一《吏制·官制》"分巡归绥道·和林格尔"条据《会典》内载："雍正十二年，设和林格尔协理笔帖式。"

总之，乾隆元年（1736）之后，"和林格尔协理通判"官称在归化城地方得到普遍使用。但在中央部院，"和林格尔协理笔帖式""和林格尔协理通判笔帖式"与"协理通判"并用，直到乾隆二十五年"协理通判"被"理事通判"全面取代。

和林格尔协理通判存在了二十五年。其间正值归化城地区百废始兴、迅速发展，行政建置屡屡调整，故有必要在此略作铺陈，缕析一下其行政关系变迁。

和林格尔协理通判最初的职能定位是协助归化城同知办理地方轻微案件，遇有重要事务，仍需同知出面。随着承担事务渐多，职能与地位已经远远突破了原有设定，即如护理山西巡

---

① 如乾隆朝《晋政辑要》卷一《官缺繁简》记载："分驻和林格尔厅通判一缺，向系协理通判笔帖式，于雍正十三年新设。"乾隆五十四年刻本，美国哈佛大学汉和图书馆藏。

② 胡恒：《边缘地带的行政治理：清代厅制再研究》，北京：社会科学文献出版社，2022年，第154页。

二 | 从协理笔帖式到抚民通判：和林格尔厅主官演变

抚朱一蜚所言："七处协厅系自雍正元年以后陆续增添，经管事务实与州县相同。"①诸务之中，刑名与钱粮仍是和林格尔协理通判最核心的职责。由于归化城地区的刑名与钱粮分归归化城蒙古民事同知与绥远城粮饷理事同知，和林格尔协理通判需要向两位主官负责。

钱粮方面。清廷于乾隆二年（1737）设立绥远城理事粮饷同知一员，主司粮饷，同时督征归化厅地区地亩钱粮。和林格尔每年要向绥远城上交租税钱粮，充作驻军粮饷。因此每年都要查核造册，由粮饷同知报请山西布政司核转，照内地钱粮考成。②和林格尔协理通判为经征官，接受督催官绥远城理事粮饷同知的监督管理。如果没有完成征缴指标，经征官与督催官都要照例被处罚。遇有灾害事件，和林格尔协理通判需向粮饷同知报告，请求勘验或赈济。如乾隆二十三年六月，上下骆驼沟山水淤漫农田，时任协理通判鄂朔闻报，迅即前往查勘，并向负责征解土默特厂地租银的绥远城粮饷理事同知呼世图汇报。呼世图陪同时任护理归绥兵备道印务普喜赴灾区视察，确定灾情属实，呈请建威将军保德、山西巡抚塔永宁联合具题，最终使受灾地亩应交钱粮得到蠲免。③乾隆六年，清廷设置归绥兵

---

① 乾隆十六年二月二十九日护理山西巡抚朱一蜚折，一档馆藏朱批奏折，档号：04-01-01-0206-004。
② 中国第一历史档案馆编：《乾隆朝上谕档》，北京：档案出版社，1998年，第1册，第532页。
③ 乾隆二十三年九月初三日建威将军保德、山西巡抚塔永宁题，一档馆藏内阁户科题本，档号：02-01-04-15164-001。

备道(简称归绥道)①,"将各同知、通判归其考核,口外一应刑名、钱谷政务俱督察办"②。至此,钱粮事务形成了和林格尔协理通判—绥远城理事粮饷同知—归绥道三级行政关系。

刑名方面。根据审理对象的不同,分为民人(即汉民)案件、蒙古民人交涉案件、蒙古案件三种情况,形成不同的审理程序和行政关系。

归绥道成立之前,和林格尔境内发生民人命盗案件,和林格尔协理通判职在验报,即赴现场相验,并向主管上司归化城同知报告之后,押解人犯入口(杀虎口),交由朔平府委派州县官员审拟完结。若是蒙古、民人交涉案件,协理通判负责勘验讯问,通报同知、按察司、山西巡抚,同时呈报归化城都统,委派蒙古旗员会审定拟完结。若是纯粹的蒙古案件,由相关各旗派员,会同和林格尔协理通判审拟完结。

归绥道设立之后,虽然具有监督查办"口外一应刑名"的职权,但最初并没有完全发挥出来,直到十年后的乾隆十六年(1751),护理山西巡抚朱一蜚奏请对归化城七协管理积弊进行改革:③

---

① 为了强化归绥道的权威,乾隆十一年经山西巡抚阿里衮奏请,归绥道加兵备衔,并可稽查靖远营,其正式官衔遂变为"总理旗民蒙古事务分巡归绥兵备道"。乾隆十一年七月山西巡抚阿里衮折,一档馆藏录副奏折,档号:03-0083-060。

② 乾隆六年九月十九日绥远城建威将军补熙折,一档馆藏朱批奏折,档号:04-01-01-0062-024。

③ 乾隆十六年二月二十九日护理山西巡抚朱一蜚折,一档馆藏朱批奏折,档号:04-01-01-0206-004。

二 | 从协理笔帖式到抚民通判：和林格尔厅主官演变

设官授职，事有专司。定界分疆，责无旁贷。所以命盗等案查验审拟，皆须该处地方官承办。即命案有代验之例，而承审仍归本处，良因身处其地，则事无可遁之情状，职有一定之责成也。

惟晋省归化城七协理笔帖式所属民人命盗等案承审定例，尚有应筹议者……查七处协厅系自雍正元年以后陆续增添，经管事务实与州县相同，只因地联蒙古，所以遇有蒙古、民人交涉命盗事件，例报将军、都统派委旗员会同该协厅审拟，招解归化城同知审转，由归绥道核明，移咨按察使，具详巡抚核题。至于民人命盗等案并无蒙古干涉者，令该协厅勘验通报之后，解犯进口，由朔平府派委所属州县另行扣限审解府司核详。是验报者一官，而承审者又一官，不特于通行经制未符，且与添设归绥道原议亦未尽合，而情弊丛生，亦有所必至者。查乾隆六年添设归绥道案内题明，口外一应钱谷、刑名政务俱由该道督察办理，凡协厅申报同知之事，同知转报该道覆勘明白，应由抚司完结者，移会两司核转等因在案。现今一切事件，俱由该道核咨两司。而独于民人命盗之重案不就近核审于本管之厅道，而反归于隔属之朔平知府，所谓与添设原议未符者此也。至于承审案件，必须较勘确情，方成信谳。朔平府属之州县距七协厅地方，近者四五百里，远者千有余里。以盗案而言，失事处所，委员未经亲勘；以命案而言，杀伤情形，委员未曾寓目。其间或赃证不确，或伤仗不符，被罪各犯每因官已更移，任意绞展，案无根据，质对维艰,所以内地承审州县不得不往返提查,差役守候,甚至详请带犯亲赴口外会勘会审,迢遥间隔,动辄经年累月,为时愈久,案内真情愈难研讯,而干连之乡地甲长、邻佑证佐自数人以至十数人不等,往来之盘费艰难,农工之废时失业,均堪怜悯。况明罚敕法,原以惩一儆百,今则解审定案具非犯事地方,口外民人并无闻见,其于劝惩之道亦未协宜。臣查从前之派委朔平府属州县承审者,因口外同知止有一员,协理笔帖式亦止一二员,不敷查办,且地界尚未分晰之故。今既分设七协,井疆犁然,且监狱囚粮、吏书件作俱逐渐齐备,而绥远又设一同知分掌钱谷,其归化城同知止司刑名,责有专属,该同知、协厅等既可审理蒙民交涉之案,即可承审民人之案,就近由归绥道核审,实为至便。应请嗣后七协厅民人命盗等一切问拟案件,俱照直隶热河八沟例,责成各该协承审,就近招解归化城同知审转,由归绥道覆审,移解按察使审详,巡抚分别题咨,毋庸解送朔平府委员承审,则与通行之成法画一,而迟延拖饰之患均可渐除矣。

朱一蜚所言切中时弊。其实,早在乾隆元年(1736),稽查归化城军需工科掌印给事中永泰就曾批评这种审理程序"殊多往返,甚为无益"①。只是当时协理笔帖式驻外分管制度刚刚启动,弊端尚未充分显露,实践十余年后,遂成积弊。朱一蜚所提建

---

① 乾隆元年四月初一日稽查归化城军需工科掌印给事中永泰奏,一档馆藏朱批奏折,档号:04-01-01-0012-016。

二 | 从协理笔帖式到抚民通判：和林格尔厅主官演变

议遂被采纳，时在乾隆十六年五月。此后，和林格尔协理通判在民人刑盗案件中的角色，由验报官升格为承审官。遇有刑盗案件，协理通判就近承审，然后解送归化城同知审转，由归绥道复审，不必再舍近求远南下朔平府。和林格尔—归化城—归绥道由下而上的行政关系也由此确立巩固。

钱粮、刑名之外，维护地方治安也是和林格尔协理通判的重要职责。乾隆初年，官方对流入土默特地区的汉族百姓严格管理，各协理通判要对境内人口登记造册，提交上级官府备案，加强治安管理。①据土默特左旗档案馆所藏满文档案《兵司翼长扎布等呈将同知所送七路协理通判所辖民人汉文名册七本造册满文送往巡检衙门的呈文》②，乾隆五年（1740），归化城同知吹木频接上司命令，"将城内及各村、屯、沟所居民人等，无一遗漏，出具其原籍、名姓，尽皆保结，造册前来"。同知随即"咨饬各路协理通判，令其查送"。不久，托克托城、和林格尔、昆都仑、善岱、归化城、萨拉齐、清水河七路协理通判先后造册呈来，通过土默特都统衙门管理命盗斗殴赌博案件的兵司，"将同知吹木频所送各村屯所居汉文花名册七本，及照抄之满文册七本，送往巡检衙门"。

随着人口流动日益频繁，土默特地区的社会治安问题日益严重。据土默特左旗档案馆所藏满文档案《兵司为每夜派

---

① 云飞：《清代归化城土默特地区蒙汉地域社会的演进研究》，西南大学博士学位论文，2022年，第77—78页。
② 乾隆五年六月九日，土默特左旗档案馆藏清代归化城土默特副都统衙门档案，档号：80-23-11。

人巡夜防盗事呈文归化城都统》，乾隆十四年（1749），归化城都统衙门在一份下达给土默特两翼六十二佐领的文件中称，"近来看得，贼盗破墙偷畜及在途抢劫者甚众，此皆派出缉盗之员，各村人等未奋力巡查，疏松所致"，要求"嗣后，派出缉盗之员、村人等，务必每夜轮班防堵道路，绕村严行查核外，彼等各村亦未板查靖可也，若不每夜轮班巡查，又出盗劫之事，系哪路缉盗之员，哪村民出板值班，则与其他人一起议罪，决不姑息"①。当时和林格尔社会治安恶化的情形，亦可由此略知。

鄂朔担任和林格尔协理通判五年半（乾隆二十年五月至二十五年十二月），承审了"和林格尔蒙古阿玉什偷窃张良志牛只""和林格尔蒙古根本尔什等偷窃民人崔国朝等牛只""土城子楼子让被窃鞘银"等盗案，及"和林格尔案犯米现因索工钱及寄放钱文起衅伤毙闫忠鹤""和林格尔厅寄民赵明贵殴伤索饮混闹陈大功身死""和林格尔厅田荣因索分公柴未得砍伤张三身死""和林格尔寄民武国宝因讨牧牛工资起衅扎死姚章""和林格尔厅客民刘大成因承种地亩还欠争闹伤毙王永福""和林格尔刘玉玺因白有华酒后滋事将其扎毙""和林格尔厅何仁因戏谑纠纷扎死张大义""和林格尔犯人石兆月因劝阻屡偷不悛砍死贾存私埋""和林格尔厅民李金发因索欠争闹伤毙卢二子""和林格尔厅冯进成丐民谋取衣服殴死武旺""和林格尔乞丐米二小子因分食纠纷殴伤温庶通身

---

① 乾隆十四年七月十四日，土默特左旗档案馆藏清代归化城副都统衙门档案，档号：80-19-50。

二 | 从协理笔帖式到抚民通判：和林格尔厅主官演变

死""和林格尔民人杨通因被吠咬争闹扎死陈世忠""和林格尔厅客民樊亮因被窃收麦伤毙营兵厄鲁特""和林格尔民班有业因索欠纠纷主使刘三伤毙王大汉"等至少十四起命案。这些命案的诱发原因五花八门，但是很少有故意杀人，往往都是细碎摩擦引发口角争斗，争斗失手难免伤害致死。咸丰时期的归绥道道员钟秀总结说："口外则五方杂处，刁野成风，细微之端，即起争讼。"①

从乾隆元年（1736）到乾隆二十五年，和林格尔协理通判之制持续了二十五年，至少八位官员曾履此职，包括和泰、胡必泰（代理）、怀丞（署理）、常平、齐赉（署理）、明德、槐唐阿（署理）、鄂朔。

（四）和林格尔厅理事通判

与协理笔帖式相比，协理通判拥有作为印信凭证的条记，更为规范，但毕竟不是清代国家职官体系中的正式一员。把协理通判一职放在更为宏阔的背景中考察，"只在雍正末乾隆初的山西口外出现过，这也充分说明这一时期对口外的管理多是权宜之计，尚未经过系统性的谋划"②。至乾隆二十年（1755）左

---

① ［清］钟秀、张曾编，李治国点校：《古丰识略》卷33《艺文·钟秀上抚宪禀》，呼和浩特：内蒙古人民出版社，2016年，第157页。
② 胡恒：《边缘地带的行政治理：清代厅制再研究》，北京：社会科学文献出版社，2022年，第154页。

右，随着内地民人不断流入，归化城地区农商经济取得长足发展，社会环境、民生百态日益复杂，地方治理难度相应提高。在这种情况下，本就属于"权宜之计"产物的协理通判体制，弊端渐显，越来越难以适应社会环境的变化。

协理通判体制最直接的弊端，就是事繁责重与升转无路之间存在矛盾，导致通判素质堪忧。乾隆二十五年（1760），山西巡抚鄂弼在著名的《奏请更定晋省杀虎口外归化等协厅官制职守事》奏疏中指出：①

> 至协理笔帖式，虽改为协理通判，既非实在职衔，无升转之路，又例不入计典举劾，虽庸劣败检之员，自可随时参劾；而激劝之方未备，中才皆不知奋勉。且由部院笔帖式补放，内中固有通晓清文、蒙古，明白干练之人，其平庸者往往于钱粮、刑名事务茫然不解，且有但谙清文而于汉文不甚通晓者。该衙门所理民人命盗重案全系汉文，尤多未谙。

由于激励机制不健全，协理通判干劲不足，"不知奋勉"。又因他们都由部院笔帖式补放，语言能力、业务能力往往与地方需要存在脱节之处，却又无法及时调适。基于此，鄂弼提出：

---

① 乾隆二十五年八月初七日山西巡抚鄂弼折，一档馆藏宫中朱批奏折，档号：04-01-01-0238-005。

二 | 从协理笔帖式到抚民通判：和林格尔厅主官演变

臣就现在归化等七协理通判经管承办事件，实与内地州县职掌无异，如因仍旧制职守，不专激劝未备，殊非慎重边外要地之道。查晋省大、朔亦照丰、宁两通判之例，由部院拣选，请旨补放，到任一年期满，如果谙练称职，具题实授；如不能谙练，及于地方不宜，随时奏请撤回原衙门办事。实授之后，果有政绩出众者，遇计典一体保荐；庸劣不职者，列入八法纠参。如遇晋省现任知县等官内系旗人通晓清文、熟悉口外情形者，亦得题升归化等厅通判，俾得驾轻就熟。归化等厅通判内如有人才出众、政绩超群者，遇本省有应行升用之缺，亦得一例题请。如此则考核严而激劝备，于边外吏治庶觉整饬。其余由绥远、归化两同知辖转，并归绥道统辖事宜，悉备旧章，无事更易。

鄂弼所指，切中肯綮。乾隆二十五年（1760）九月，清廷对归绥地区治理体系做出重大调整。一是将归绥诸协理通判一律改为理事通判，吏部颁给关防，并依照内地及丰镇、宁远两厅通判之例进行考核升转，提高这一群体的素质。二是裁撤善岱、昆都仑二协理通判，将其辖区划分调整，最终形成归化城、和林格尔、萨拉齐、清水河、托克托城五厅。这就是口外发展史上著名的"更定口外归化协厅官制职守"事件。

经过这次改制，和林格尔正式成为固定的行政建置——厅。厅的原义即为官员的临时办公处。同知与通判原同为知府的佐贰官，由知府派出分管某地方，即名之为某厅，久之遂演变为一级固定的行政单位。清朝各厅都设于不便设置州县的特殊区域。同知为正五品，通判为正六品，都高于一般知县的品第，也显示出各厅不寻常的地位。①厅的长官同知或通判并非正印官，手中只有关防而无印。和林格尔主官由协理通判改为理事通判，正式关防为"分驻和林格尔管理蒙古民事通判关防"。

和林格尔厅是此次改制的最大受益方之一。以下三个方面尤能说明问题：

其一，辖区与人口扩大。原属昆都仑厅的大沟门（今西沟门）、郭家营、七杆棋、后公喇嘛、古力半忽洞、新窑子、舍必崖（今哈拉沁）等123村划拨给和林格尔厅，和林格尔将南部的黑蛇沟等22村划拨给清水河厅，仍较过去多出101村，无论是辖境还是人口，都显著扩大了。可以作为比较的是，其余四厅中，归化城通判厅新划入153村，萨拉齐新划入99村，托克托城新划入23村，清水河新划入22村。

其二，属员扩充。昆都仑厅旧设巡检一员，仍然驻扎昆都仑村，归和林格尔厅统辖，印信改为"和林格尔分驻昆都仑巡检司之印"。这样一来，五厅中只有和林格尔厅与归化城厅配置巡检二员。此外，昆都仑厅额设清字缮书一名，也划入和林格尔衙门，承担翻译书写事务。

其三，驿站配置升级。口外七协厅原设驿马二十六匹，用以驰递紧要公文。此次改制之后，"归化城、和林格尔二处为口外极冲，武职有将军都统各衙门，文职有道厅各衙门，公文

---

① 参见安介生《清代山西口外蒙古地区政区建置述论》，《中国方域》1999年第1期。

二 | 从协理笔帖式到抚民通判：和林格尔厅主官演变

往来如织，原设马六匹，实属不敷，应如所议，每厅再添设马四匹，连旧共设马十匹，以资递送"①。和林格尔与归化城一样，驿马增至十匹，马夫增至五名，冲要地位尽显无余。与其形成鲜明对照的是，托克托城、萨拉齐、清水河三厅仍各自保持二马一夫的旧制。

在这次改制中，通判本人的收入待遇也有显著提高。和林格尔协理通判事务繁重，又动辄因承追承缉被问责，称之为"高风险"员缺，并不夸张。然而高风险并非总是意味着高收入，协理通判的薪俸并不宽裕。按照乾隆二十五年（1760）归化城蒙古民事同知福川给所辖七厅协理通判计算的收支，和林格尔协理通判每年的收入分作两块：一块是俸银 28 两；一块是养廉银 600 两。俸银属于纯收入，养廉银则有工作经费的性质，因为通判衙门配置了 38 名衙役，包括门子 1 名、快役 6 名、皂役 6 名、捕役 8 名、更夫 5 名、禁卒 8 名、仵作 1 名、马夫 1 名、斗级 2 名，每名岁支工食银 6 两，合计工食银 228 两。无论是俸银还是养廉银，都不及内地通判的一半。②改制之后，通判俸银增至 60 两，与内地通判持平；养廉银由 600 两增至 840 两，虽不及内地通判，但较之过去，仍改善不少。

这一时期，和林格尔理事通判的行政隶属关系发生了一些变化。乾隆二十九年（1764），归化城理事通判被裁，原有治

---

① 乾隆二十六年四月二十六日山西巡抚鄂弼题，一档馆藏内阁户科题本，档号：02-01-04-15427-009。

② 乾隆二十六年四月二十六日山西巡抚鄂弼题，一档馆藏户科题本，档号：02-01-04-15427-009。

权划给原来的上级衙门归化城理事同知。这样一来,"和林格尔理事通判—归化城理事同知—归绥道"变更为"和林格尔理事通判—归绥道"。

行政隶属关系的简化,往往意味着权力的扩大和效率的提高,有助于地方治理。但是硬币的另一面,是理事通判的责任更重,压力更大。咸丰初,归绥道钟秀向山西巡抚汇报所属各厅情形,把归绥地区的治理难点总结为四个方面。一是各厅辖境过大,"程途往返,动辄兼旬。传证缉凶,每多窜匿外藩,广于分壤,实有鞭长莫及之虞,则难于控制"。二是宜农地少,植物生长期短,特别是和林格尔与清水河两厅,"山坡硗确,屡报逃荒",农民"劳于耕作而薄于收成",导致"完纳维艰,逋逃甚易,则难于催征"。其三,治安环境恶劣,"口外为盗贼之渊薮,而缉捕甚难"。其四,风俗浇薄,好争易讼,"蒙民交涉事件,须由副都统委员会审,事权不一,办理诸多掣肘"[①]。作为归绥道属厅,和林格尔也存在以上四个方面的治理难点,其中第二个方面尤为突出。

乾隆以来,和林格尔境内大量土地被开发为农田,来自口内特别是祁县、太原、太谷、阳曲、大同、左云、平鲁等县的民人租种厅属耕地,向官府交纳租税。《钟秀上抚宪禀》所附和林格尔厅地方情形有如下记录:

> 厅属官地,共三千二百二十五顷六十二亩五分五厘

---

① [清]钟秀、张曾编,李治国点校:《古丰识略》卷33《艺文·钟秀上抚宪禀》,呼和浩特:内蒙古人民出版社,2016年,第156—162页。

二 ｜ 从协理笔帖式到抚民通判：和林格尔厅主官演变

七毫，额征本色米三千二百六十五石四斗九升八合四勺，银折米二千三百三十二石一升九合七勺。

厅属五旗厂地，共七百二十三顷四十八亩，额征银一千一十三两三钱七分三厘，随征耗银五十两六钱六分三厘。

厅属蒙厂地，共二百八十顷九十三亩六分四厘，额征银五百四十六两六钱七分四厘，又鳏寡孤独蒙古地六十六顷九十五亩，额征银七十七两七钱五分一厘。

这组数据反映的是咸丰初的情况。实际上，较之乾嘉道时期，咸丰初和林格尔厅的地亩数和额征粮银已经有所缩减。乾隆三十五年（1770），朝廷将右卫空出的一千八百五十二顷五十五亩五分牧厂地分拨给和林格尔厅，由和厅承包给粮户，仅此一项，每年就能征收租银二千五百九十三两五钱七分七厘、耗银一百二十九两六钱七分九厘，就近解交绥远城粮饷同知衙门，贮库充饷。初时运行通畅，官库、民人、地方都能从中得利，后来土地沙化，收成渐少，一遇水旱歉收，便无法完成粮银缴纳任务。官府不恤民困，强行催逼，粮户迫于无奈，往往弃地逃入口内。嘉庆二十年（1815）发生的丰裕庄刘思裕弃地遗粮潜逃事件[①]、道光元年（1821）发生的万安庄白银富弃地遗粮潜逃事件[②]，都是规模较大、扰动户部的大事。就

---

① 嘉庆二十一年十二月初八日山西巡抚衡龄题，一档馆藏内阁户科题本，档号：02-01-04-19618-008。
② 道光五年六月初三日山西巡抚福绵题，一档馆藏内阁户科题本，档号：02-01-04-20188-007。

在《钟秀上抚宪禀》成文之前不久的咸丰二年（1852），丰太庄二百二十四家粮户逃走，共弃地四百二十六顷一十五亩，涉及粮银六百二十六两四钱。①作为归绥地区的长官，钟秀对和林格尔厅逃户弃地事件频繁发生的根本原因和内在逻辑非常清楚：

> 和厅征粮官地多在山坡，五旗蒙古厂地虽在平川，而土脉瘠薄异常。原先垦种时，均赖浮面肥土，尚堪滋润，嗣后愈耕愈瘠，收成日歉。每亩种子二升，约收二斗。前种黍、稷、莜、荞等麦，近被沙土拥蚀，多种蒿子，收成益薄，催征益难，兼以口外地寒，三四月间，青黄不接，上忙征收，不过具文。下忙追呼，稍急，种地者辄合户逃走。催科之难，较他处尤甚。

"铁打的通判流水的农户。"当时租地农人并不在和林格尔当地落户著籍，逃回内地，便难以追究。粮银无从上缴，作为经征官的通判自然要被问责。嘉庆、道光、咸丰时期，和林格尔厅通判因粮银未完而被题参的现象较为普遍。有些通判出于侥幸而挪移垫解，但一旦被查知，往往要革职赔补。嘉庆二十二年（1817）至二十五年担任和林格尔厅通判的吉龄，因"垫解民欠，因公挪移"等问题被革职，直到一年之内将欠

---

① 咸丰五年十月二十八日大学士管理户部事务贾桢、户部尚书文庆题，一档馆藏内阁户科题本，档号：02-01-04-21558-017。

二 | 从协理笔帖式到抚民通判：和林格尔厅主官演变

银七千余两全部还清之后，才得以开复为官。① 还有更为极端的例子。嘉庆十七年，和林格尔厅通判德恒因挪移库项难以弥补，愁急之下，割喉自杀。② 地方官在征粮环节徇私舞弊，与民争利，也是常有的事情，但有时也会激起民愤，酿成事变。嘉庆二十四年，和林格尔厅粮户刘光照越级上诉，进京向都察院控告本厅征粮不公，通判纵容丁书历年勒折浮收，甚至刑讯逼拷，导致村民逃散，这就是轰动一时的"刘光照京控"事件。和林格尔厅通判吉龄被征至省城太原对质备讯，被处以降一级留任。③ 这些例子，都印证钟秀说和林格尔"催科之难，较他处尤甚"并非虚言。

从乾隆二十五年（1760）到光绪九年（1883），和林格尔理事通判之制持续了123年。其间至少有74人（次）出任此职，包括乾隆朝25人次：拔彦、堂英（署理）、海明（署理）、保琳、噶尔炳阿（署理）、八格、七十五（署理）、积福、德兴（署理）、富明阿、苏尔通阿、智常、善福（署理）、景裕、恒龄（署理）、世麟、舒德善、赫本（署理）、阿永张观（署理）、承炷、长琳（兼署）、张观（署理）、保志；嘉庆朝13人次：继昌、嵩伊善（署理）、继昌、阿禄、松禄、德恒、塔清阿（兼署）、松音（署理）、常达、松禄（兼署）、吉龄、九

---

① 道光二年闰三月十四日山西巡抚邱树棠奏，一档馆藏军机处录副奏折，档号：03-2522-054。
② 嘉庆十七年六月二十八日署山西巡抚事务衡龄奏，一档馆藏军机处录副奏折，档号：03-2313-017。
③ 嘉庆二十五年十二月二十日山西巡抚成格奏，一档馆藏朱批奏折，档号：04-01-01-0610-001。

龄（暂署）、庆纯（署理）；道光朝 14 人次：富广、德福（署理）、寿麟、齐克坦布、德斌、荣庆（署理）、宝昌（署理）、清魁、魁英（署理）、清魁、毓恩（署理）、珠隆阿、文山（署理）、伊长阿；咸丰朝 9 人次：珠隆阿（兼理）、哈芬布、多芳（兼理）、端良（署理）、玉衡、富山（署理）、玉衡、文山（署理）、和绷额（署理）；同治朝 9 人次：塔思哈（署理）、德昌、德永（兼理）、和升额（代理）、裕厚（署理）、长青、庆启、常桂（署理）、惠俊；光绪朝 4 人次：豫临（署理）、惠俊、德生（署理）、恩丞（署理）。

（五）和林格尔厅抚民通判

以上所示和林格尔协理通判、理事通判在维持治安、催科钱粮等方面所面临的日益扩大的困窘和压力，反映出大环境变化与管理者守旧之间的矛盾。前引《钟秀上抚宪禀》在列述归绥地区四个治理难点后一针见血地指出：

> 以边外之难治，值近日之情形，自非精明谙练、通权达变之员，鲜克有济。而各厅多由京外笔帖式简补，与各省抚民抚彝等同知曾任州县者有别。其间岂无人材，未免短于历练，膺此盘错之托，殊难措置裕如，所以口外治理，未能日见起色者，殆由于此。

二 | 从协理笔帖式到抚民通判：和林格尔厅主官演变

自雍正末分地管事模式启动以来，百余年间，归绥地区的社会环境发生了巨大变化，相应也对管理者的素质和能力提出了更高的要求。然而从协理笔帖式到协理通判再到理事通判，拣选范围仍以部院内外笔帖式为主，"由于选择面过窄，多无地方行政经验，而理事同知、通判所辖又往往是地方形势极其复杂的地域，其行政素养难以满足治理需求"①。尽管时有有识之士如鄂弼、钟秀等提出改进主张，但沉疴既久，积弊难返。

降至晚清，列强环伺，北疆吃紧，内外交困之下，归绥地区政区改革终于启动。光绪八年（1882），洋务派领袖张之洞就任山西巡抚。在当年七月二十九日所上《请变通边缺折》中，他就分析形势之严峻，称"再不及此量能授官，修明政事，将为边圉大忧"②。次年九月二十九日，又上《筹议七厅改制事宜折》，提议将口外诸厅由理事改为抚民兼理事。抚民同知（通判）与理事同知（通判）的最大区别在于，理事同知（通判）的主要责任与权限在于处理汉民之间出现的诉讼与纠纷，无事则不理，并不涉及日常事务；而抚民同知（通判）则要与内地州县长官一样，全面负责汉民的管理。③更重要的是，"所谓'理事'，其实重心在于强调少数族群的分布及其优势地位，清朝全国几乎所有的理事同知或通判都与旗汉问题有

---

① 胡恒：《边缘地带的行政治理：清代厅制再研究》，第172—173页。
② 赵德馨主编，谷远峰、周秀鸾点校：《张之洞全集（一）》，武汉：武汉出版社，2008年，第100页。
③ 安介生：《清代山西口外蒙古地区政区建置述论》，《中国方域》1999年第1期。

关,而'抚民'一词则强调的是以'民'为主,相当于承认了汉人的主体性"①。和林格尔行政长官的关防,相应由"分驻和林格尔管理蒙古民事通判关防"改为"山西和林格尔抚民通判之关防"。

和林格尔抚民通判的铨选范围出现质的突破。张之洞所上十二条建议之"补署宜定章"条强调,选用同知或通判要以"人地相宜,不拘满汉"为根本原则。②其实在上年的《请变通边缺折》,张之洞已经对此作了阐释:

> 考国初疆理建置之时,蒙多民少,政简俗朴,不得不专以旗员治之。……今则出塞民人,数倍于土著,蒙部即土默特人等言语嗜欲,亦全与汉民无异,多不能通晓蒙古语言文字。遇有狱讼公事,则每厅设有翻译书职一二人,循例翻成满、蒙文,其实官之与民,都未甚解。今昔情形迥异,则断宜以为地择人为先。③

与"人地相宜"相表里的是"不拘满汉"。以和林格尔主官为例,此前无论是协理笔帖式、协理通判还是理事通判,由于是在部院笔帖式中拣选,而笔帖式又多为满洲、蒙古旗人,故历来非满即蒙。根据笔者的统计,此次改制之前的七十余位和林格尔主官中,只有二人不属于满、蒙,即乾隆末的张观(汉军

---

① 胡恒:《边缘地带的行政治理:清代厅制再研究》,第173页。
② 赵德馨主编,谷远峰、周秀鸾点校:《张之洞全集(一)》,第193页。
③ 赵德馨主编,谷远峰、周秀鸾点校:《张之洞全集(一)》,第101页。

镶白旗）和光绪八年（1882）的德生（汉军正蓝旗）。与此形成鲜明对照的是，改制后的17位和林格尔抚民通判中，除了光绪十一年署任的炳玉（满洲镶蓝旗），其余16人皆为汉人。

如果说"补署宜定章"解决了"官"的问题，"编立户籍"条则解决了"民"的问题。归绥地区治理最为棘手的两个难点，无论是匪乱还是逋欠，都与户籍制度缺失有直接关系。张之洞在"编立户籍"条中指出：

> 查七厅半系客民寄居，五方杂处，良莠不齐，村舍零星，人情涣散。虽居已祖孙数世，实则盖藏千箱，人无定名，籍无定户，不特赋役保甲难于稽考，案件人证难于查传，而奸匪之薮匿，赃盗之攀诬，词讼之波累，弊不胜穷，现欲整齐治理，非查造户籍，无从措手。①

通过查造户籍，将雁行流民变为编户齐民，有利于维护地方治安，同时也可抑制粮农弃地逃粮之弊。嘉庆二十年（1815）和林格尔刘思裕逃地案发生之后，朔平府知府巴宁安前往事发地丰裕庄讯问，村民供称：

> 口外地方本系五方杂处，并无土著，民人凡卖买种地，多属外来流寓之人。逃户刘思裕等原是口内流寓人民，只身出来认种此项地亩，并无携带家口，或住窑洞，或盖土房，将就栖身。春来耕种，就近雇觅短工帮佣，冬

---

① 赵德馨主编，谷远峰、周秀鸾点校：《张之洞全集（一）》，第194页。

即收粮回籍，或往别处卖买，至春复来种地。近年以来，因收成歉薄，无力完租，以致陆续潜逃。①

口内汉人来口外租田种地，没有户籍可查，亦无资产为质，因而轻于去就，遇歉即逃。这种情况在当时较为普遍，《古丰识略》记述："租户俱自远来，岁收偶遇歉薄，辄卷席逃遁，无籍贯可考，无家属亲族可追。"②租田之人就地落户，变为本地的编户齐民，自然会减少逋欠逃亡现象。

户籍制度是行政区划的基础，也是地方治理的重要手段。和林格尔户籍制度的建立，事实上承认大批内地移民的合法地位，推动了民族融合，有利于当地的稳定与发展。

和林格尔抚民通判厅的确立，意味着通判拥有了处理境内一切行政事务的资格和权力，标志着州县化过程即将完成。从光绪十年（1884）到宣统三年（1911），和林格尔抚民通判之制持续了27年。其间至少有20人（次）出任此职：张焕（试署）、炳玉（署理）、程世荣（署理）、张焕、周亲民、姚濬源（代理）、杨逢春（署理）、李恕（兼理）、毛世黼、吉泰（暂署）、林开棻（署理）、任秉铨（署理）、林以绂（署理）、郝敬端（署理）、晁鸿年、余宝滋（署理）、乔樾荫（署理）、谢锡庆（署理）、洪铨（兼理）、晁鸿年。

---

① 嘉庆二十一年十二月初八日山西巡抚衡龄题，一档馆藏内部户科题本，档号：02-01-04-19618-008。

② ［清］钟秀、张曾编，李治国点校：《古丰识略》卷19《田赋》，呼和浩特：内蒙古人民出版社，2016年，第43页。

三 从"冲繁难"到"繁疲难":
和林格尔厅行政等第的变迁

清代创设了一套根据"冲繁疲难"来确定全国各道、府、厅、州、县政区等第,进而划分官缺等级的制度。所谓"冲",指地当孔道;所谓"繁",指政务纷纭;所谓"疲",指赋多逋欠。所谓"难",指民刁俗悍,命盗案多。地理位置的冲要或偏僻,管理事务的繁杂或简易,赋税征收的顺完或久欠,民风之柔悍及案件之多寡,对地方主官的行政能力以及选任考核提出了不同的要求,自然应该对官缺进行分等。清朝统治者创造性地将"冲繁疲难"政区等第,与"最要缺""要缺""中缺""简缺"官缺级别,以及"请旨""题调""部选"铨选机制联系起来,形成一套颇具新意的地方行政管理制度。

这套制度始创于雍正六年(1728),其后屡次调适,特别是在乾隆十二年(1747)至十三年进行了一次范围较大、程度较深的调整之后基本定型,即如有识者所言,此次调整"标志着请旨缺、外补缺和部选缺在道、府、厅、州、县中分配格局的正式确定,亦标志着道、府、厅、州、县缺选任结构和选任权力分配的正式定型"①。这项制度为划分地方官缺等级提供了一套全面、合理的操作标准,也对地方道、府、厅、州、县官员的选任、行政素质的改善以及选任权力的分配产生了深远影响。②关于这套制度中"厅"的情形,胡恒先生研究指出:

> 清代的厅的等第首先要看府的等第,即占有"冲繁疲难"四字的多寡,而后根据等第确定缺分的差异,按一般性的规则是占有四字为最要缺,三字为要缺,二字为中缺,一字或无字为简缺,但在实践中,偶尔会有打破一般对应规则的例子。待确定了缺分之后,又会将其划分为请旨缺、题调缺和部选缺三类。一般而言,最要缺和要缺归属请旨缺、题调缺,而中缺、简缺多划为部选缺。其中请旨缺归皇帝简放,题调缺归督抚,而部选缺则归吏部。这相当于是三套体系,即由政区位置、政务繁简、赋税征收和治理难度四项指标确定等第,再根据等第确定繁简缺分,而后再根据繁简缺分确定其选官权力归属于皇帝、督抚还是吏部。三套体系大体是对应关系,但也有特殊情况。一般政区等第调整以后,也会带来缺分的对应调整。③

---

① 张振国:《论清代官不久任与"冲繁疲难"缺分之调整——以乾隆十二年为中心》,《明清论丛》第15辑,北京:故宫出版社,2015年,第174页。
② 参见张振国《论清代"冲繁疲难"制度之调整》,《安徽史学》2014年第3期。
③ 胡恒:《边缘地带的行政治理:清代厅制再研究》,北京:社会科学文献出版社,2022年,第136页。

三 | 从"冲繁难"到"繁疲难":和林格尔厅行政等第的变迁

这是目前所见到的关于这套制度体系结构最为精辟的总结。作为口外重镇,和林格尔也被纳入这一体系之中。

(一)"冲繁难"兼三要缺

有清一代,和林格尔厅通判始终是"兼三"要缺,只是其所兼内涵经历了从"冲繁难"到"繁疲难"的变化。关于这一变化,光绪时修订的《晋政辑要》有明确记载:

> 《会典》内载雍正十二年设和林格尔协理笔帖式,又载乾隆二十五年设和林格尔厅通判。卷查是年巡抚鄂弼奏请改设和林格尔理事通判,定为冲繁难要缺,由部拣补。又查光绪八年巡抚张奏请改为抚民通判,边外要缺,加理事通判衔,不论满汉,请调请补请升。又查光绪九年巡抚张奏请定为繁疲难抚民通判兼理事衔边外要缺。又查光绪十年署巡抚奎(即奎斌,笔者注)奏请定为应调要缺。①

和林格尔在乾隆时期即为"冲繁难"要缺,至光绪九年(1883)经山西巡抚张之洞奏请,改为"繁疲难"边外要缺。关于光绪时改缺原因,本书将在后面进行探讨,在此先讨论乾

---

① [清]刚毅修,安颐纂:《晋政辑要》卷一《吏制·官制》"分巡归绥道"条,光绪十三年刻本。《续修四库全书》,上海:上海古籍出版社,2002年,第46页。

隆朝定缺过程。

修订本《晋政辑要》成书于光绪十三年（1887），其对前此三四年发生的归绥诸厅缺分调整过程的记录自然是值得依赖的。与此相较，其对百余年前乾隆朝定缺过程的记述则略显粗疏，易致歧解。所谓"是年巡抚鄂弼奏请改设和林格尔理事通判，定为冲繁难要缺"，按照字面意思，可以解作和林格尔在乾隆二十五年（1760）才定为"冲繁难"兼三要缺。[①]事实上，早在乾隆初，和林格尔就已经是"冲繁难"要缺。

乾隆六年（1741），针对"冲繁疲难"制度执行过程中地方等第与缺分级别之间名实不符的混乱情形，乾隆帝要求吏部行文各省督抚，"将从前所定各缺，悉心妥议，务期名实相称，以便于引见时酌调繁简，庶于吏治有所裨益"[②]。山西巡抚喀尔吉善随即奉文整改，并于次年五月二十四日将晋省整改情形造册进奏。[③]整改内容主要包括两项。一是按照朝廷要求重新厘定地方等第与缺分级别，"无可改易者悉仍其旧，于册内注明"；变动者"于册内详悉开造，分别议详"。二是根据缺分等级，明确选任方式是请旨、题调抑或部选。其中与归绥二厅七协相

---

① 民国《和林格尔县志草》承袭此说，其《吏政略·职官》称："乾隆二十五年裁和林格尔协理笔帖式，改设理事通判，定为冲繁难要缺，由部拣补。"[清]陈宝晋等纂辑：《和林格尔厅志略·和林格尔行政文·和林格尔县志草》，内蒙古历史文献丛书之五，呼和浩特：远方出版社，2008年，第645页。

② 《清高宗实录》卷154，乾隆六年十一月戊辰，北京：中华书局，1986年，第1200页。

③ 乾隆七年五月二十四日山西巡抚喀尔吉善题，一档馆藏内阁吏科题本，档号：02-01-03-03961-015。

三 | 从"冲繁难"到"繁疲难":和林格尔厅行政等第的变迁

关者有两条。一条较为简单:"归化城分驻善岱协理笔帖式,原定繁难中缺,今改为专难简缺。"另一条则较为复杂:

> 口外归化、绥远两处同知及协理笔帖式各员,管理夷汉交涉事件,俱有钱谷刑名之责,又因五方杂处,案件繁多,办理责任较内地州县为更难。现今查丈地亩及承办土默特旗地并招民屯垦各事宜,尤需熟谙边情精明练达之员,方于口外地方有益。应请将归化城蒙古民事同知、绥远城粮饷理事同知二员,遇有升迁事故缺出,即于各协理笔帖式内拣选,送部引见,请旨题补用,则驾轻就熟,于边城有益。至归化城协理笔帖式、和林格尔协理笔帖式二缺,俱定为兼三要缺,设有人地不相宜之员,应请于各协理笔帖式内酌量调补,方为合宜。

从这条材料可以看出,和林格尔协理笔帖式的缺分等级不在此次调整之列,属于"无可改易者悉仍其旧",这意味着其"兼三要缺"在乾隆七年(1742)之前就已经确定下来了。这条档案没有明确显示和林格尔协理笔帖式所兼到底是哪三项,不过,鉴于当时和林格尔地方赋税征收还处于摸索阶段,大范围、长时段的赋税拖欠情形并不存在,以"赋多逋欠"为特征的"疲"自然不会成为评价地方等第的核心要素。也就是说,乾隆初和林格尔协理笔帖式所兼三项只能是"冲繁难"。乾隆二十年二月,和林格尔协理通判明德因病请求解任,山西巡抚恒文依例题奏,称"其所遗和林格尔员缺系冲繁难要缺"①。此处的"冲繁难要缺",显然就是乾隆初以来和林格尔主官缺分等级的延续。乾隆二十五年之后,和林格尔协理通判改为理事通判,但终乾隆一朝,其"冲繁难要缺"缺分等级始终未变。乾隆中后期的诸多档案可资证明。请看以下数例:

乾隆二十九年(1764)一月,山西巡抚和其衷奏请补授堂英为和林格尔厅通判,称此缺"系冲繁难三项相兼要缺,例应于各部院蒙古笔帖式内请旨补放。如人地不宜,于各协厅内调补。臣查该通判地处口外,与蒙古接壤,界当冲要,户口繁多,命盗相验等事案牍颇繁,必得精明强干、熟悉风土之员,方克胜任"②。

乾隆三十一年(1766)六月,和林格尔理事通判僧保因病解任,山西巡抚彰宝依例题报,称"所遗员缺系冲繁难要缺,应由部拣选,请旨补放"③。

乾隆三十四年(1769)六月,兵部尚书署理吏部尚书事务托庸题奏称:"和林格尔理事通判保琳签升理藩院员外郎……所遗和林格尔厅通判员缺系冲繁难要缺……例应由部请旨补放。"④

---

① 乾隆二十年二月二十九日山西巡抚恒文题,一档馆藏内阁吏科题本,档号:02-01-03-05211-003。
② 《宫中档乾隆朝奏折》,第20辑,台北"故宫博物院"印行,1982年,第352页。
③ 乾隆三十一年七月十一日山西巡抚彰宝题,一档馆藏内阁吏科题本,档号:02-01-03-06087-011。
④ 乾隆三十四年六月二十四日兵部尚书署理吏部尚书事务托庸题,一档馆藏内阁吏科题本,档号:02-01-03-06355-017。

三 | 从"冲繁难"到"繁疲难":和林格尔厅行政等第的变迁

乾隆末纂成的《晋政辑要》则有助于我们理解和林格尔员缺为何被定为"冲繁难"要缺。该书卷一"官缺繁简"记载:

> 分驻和林格尔厅通判一缺,向系协理通判笔帖式,于雍正十三年新设。南接杀虎口,北连归化城,解饷递犯,络绎不绝,且稽查奸匪,并理夷汉命盗等案,事务纷繁。原系冲繁难要缺,照例由部于各部院蒙古笔帖式内请旨补放。如有人地不相宜之处,于各协理厅员内酌量请补。乾隆二十五年前院鄂奏准照丰镇、宁远两厅改为通判,换给关防,其员缺由部院拣选,请旨补放。①

和林格尔"南接杀虎口,北连归化城",当属"冲"要之地;"解饷递犯,络绎不绝",可谓事"繁";"稽查奸匪,并理夷汉命盗等案",皆为"难"事。和林格尔通判的"冲繁难要缺"等级身份在乾隆之后仍然延续。在嘉庆二十二年(1817)三月,和林格尔理事通判常达告病解任,山西巡抚衡龄奏称:"和林格尔理事通判常达员缺,系冲繁难要缺,例应请旨补放,但晋省现有候补理事同知人员,例准借补。兹据布政使习振翎、按察使承光详称,查有候补理事同知吉龄,年壮才明,办理勤干,请题借补和林格尔通判前来。"② 咸丰六年(1856)正

---

① [清]海宁总辑,郑源璹等纂辑:《晋政辑要》卷一"官缺繁简",美国哈佛大学汉和图书馆藏乾隆五十四年刻本。另参见杨永康、刘婉玉《乾隆刊本〈晋政辑要〉史料价值略论》,《史志学刊》2018年第6期。
② 嘉庆二十二年五月二十九日山西巡抚衡龄题,一档馆藏内阁吏科题本,档号:02-01-03-09189-030。

月,和林格尔理事通判哈芬布在任病故,山西巡抚王庆云依例题报,称"所遗和林格尔理事通判员缺系冲繁难要缺,晋省并无应补人员,应由部请旨简放"①。这种情形一直延续到光绪九年(1883),时任山西巡抚张之洞整饬晋省秩序,重新厘定归绥诸厅等第缺分,经其奏请,和林格尔调整为"繁疲难"边外要缺。

综上,从乾隆初到光绪九年,和林格尔通判的"冲繁难要缺"等第级别持续了将近一个半世纪的时间;从光绪九年到清末,其"繁疲难要缺"等第级别仅仅存在了不足三十年时间。我们虽然未能确知和林格尔纳入"冲繁疲难"等第制度的具体年份,但是有两点是可以肯定的:其一,自纳入这一体系,和林格尔始终是"兼三要缺";其二,在纳入这一体系的绝大部分时间里,其所兼三项都是"冲繁难"而非"繁疲难"。

(二)口外"冲缺"

乾隆二十五年(1760),山西巡抚鄂弼奏请以拔彦补授和林格尔厅理事通判,称其"为人率直,办事勇往,于和林格尔冲缺相宜"②。在乾隆二十六年的一份奏疏中,鄂弼又称"归化

---

① 咸丰六年二月十八日山西巡抚王庆云题,一档馆藏内阁吏科题本,档号:02-01-03-11184-034。
② 乾隆二十五年十一月二十六日山西巡抚鄂弼奏,一档馆藏宫中朱批奏折,档号:04-01-12-0104-087。

三 | 从"冲繁难"到"繁疲难":和林格尔厅行政等第的变迁

城、和林格尔二处为口外极冲,武职有将军都统各衙门,文职有道厅各衙门,公文往来如织,原设马六匹,实属不敷,应如所议,每厅再添设马四匹,连旧共设马十匹,以资递送"[①]。所谓"冲缺""口外极冲",都显示出和林格尔在地理交通方面的重要性。

和林格尔地理区位的抬升,受益于归化城,更受益于杀虎口。清初直至康熙前期,从北京前往归化城,首选之路是张家口而非杀虎口。康熙二十七年(1688),由领侍卫内大臣索额图、都统佟国纲、法国传教士张诚等组成的使团,奉命前往尼布楚与俄罗斯议约定界,所取路线是从北京出发,经昌平、怀来、宣化,由张家口出塞进入内蒙古地界,北行复西行,经今乌兰察布境内的皂火口、平地泉、灰腾梁九十九泉、卓资山六苏木城、凉城县蛮汉镇圐圙村、呼和浩特赛罕区白塔村,由城南进入归化城,然后越阴山而北行。[②] 乌兰布通战役(1690)之后,清廷为推进平定噶尔丹的战争,并有效辖控内蒙古六盟49旗,在内蒙古构建起一个规模庞大的掌形驿路体系:以京师北京为掌心,以喜峰口、古北口、独石口、张家口、杀虎口五个长城隘口为掌指关节,以扎赉特、阿鲁科尔沁、克什克腾、归化城、鄂尔多斯等内蒙古各盟各旗为指端。在此基础上,安设经内蒙古通往外蒙古库伦、乌里雅苏台、科布多等地的驿

---

① 乾隆二十六年四月二十六日山西巡抚鄂弼题,一档馆藏内阁户科题本,档号:02-01-04-15427-009。
② 参见〔清〕张鹏翮《奉使俄罗斯日记》、钱良择《出塞纪略》,毕奥南整理:《清代蒙古游记选辑三十四种》,北京:东方出版社,2015年。

路，由近及远，尽在掌握。

　　杀虎口驿路是"口外五路"最靠西的一条。这条驿路的东端是北京，西经昌平、怀来、宣化、大同、左云、右玉到达杀虎口，由杀虎口出长城进入内蒙古地界，西北行，经八十家子站（今内蒙古呼和浩特市和林格尔县新店子镇河西村）[①]、和林格尔站（又名二十家子，今和林格尔县城关镇）、萨尔沁站（或作萨勒沁，今呼和浩特市土默特左旗沙尔沁镇）到达归化城（今呼和浩特市旧城），复由归化城向西联结乌喇特蒙古前、中、后三旗，谓之北路；或由归化城经杜尔根（或作都尔格尔、杜尔格、图尔根河，在今呼和浩特市托克托县伍十家镇）、东素海（或作栋素海、多素合、东斯垓海，在今内蒙古鄂尔多斯市准格尔旗境内）进入鄂尔多斯地界，联结鄂尔多斯左右翼七旗，谓之西路。这条驿路既是北京联结乌拉特三公旗和鄂尔多斯七旗的干道，也是清廷经略西北边疆的动脉，因而备受重视。值得注意的是，这条驿路无论是北路还是西路，都必然取道和林格尔。

　　自康熙中期始设，取道和林格尔的杀虎口驿路一直是政使出行、西部蒙古王公朝觐、军兴运输、商旅往来、公文传递

[①] 八十家子与杀虎口旧时实为一地。同治十年十二月（1872年2月）成书的《和林格尔厅志略》于"边堡"条下记载："杀虎口即八十家子村，在厅南一百里右玉县界。"（[清]陈宝晋等纂辑：《和林格尔厅志略·和林格尔行政文·和林格尔县志草》，内蒙古历史文献丛书之五，呼和浩特：远方出版社，2008年，第14页）边墙内称杀虎口，为汉站；边墙外为八十家子，为蒙古台站。（参见冯改朵等《西口研究——以杀虎口为中心》，太原：山西经济出版社，2012年，第128页）

三 | 从"冲繁难"到"繁疲难":和林格尔厅行政等第的变迁

乃至羁犯押转的主干道。康熙五十八年(1719)夏,兵部尚书范时崇等为筹设漠北军用台站事务,前往远在喀尔喀毛代插汉叟儿(在今蒙古国扎布汉省乌里雅苏台以南)的清军振武将军傅尔丹所部驻地。他们于四月二十四日从京城起程西行,经昌平、宣化、大同,出杀虎口,经归化城土默特、乌拉特蒙古境,北穿瀚海,到达目的地。往返途径和林格尔境内,随员范昭逵所撰《从西纪略》[①],为我们留下了珍贵的记录:

> ……(五月十五日)随行至杀虎口,犹巳正也。午余,次佛爷沟。土人进奶茶,此后所履皆属蒙古地。盖化归化城南,间有山陕人杂处,而归化以北,更无华民矣。
>
> 十六日早,至新店。内地兵护送止此,换交蒙古导引。至乌孙土鲁,下蒙古格利。格利,华言"帐房"也,以毡为之。蒙古种落不一,皆被圣化,臣属纳贡献。其地无城郭宫室,衣皮革,寝毡庐,膻肉酪浆,以充饥渴。中国茶布,是其所宝。
>
> 十七日,天未明,蒙古人帐外语曰:"吞格利博能阿尔诺。"盖谓天曰"吞格利",谓雨曰"博能",即天下雨也。辰刻起行,抵二十家,尚有店可住,系陕人所开。时议使事,无片刻暇。
>
> 十八日早热,二十里至土城。又二十里至萨里沁,

---

① [清]范昭逵:《从西纪略》,《昭代丛书》本,《丛书集成续编》,台北:新文丰出版公司,1988年,第279册,第621—647页。

店房、水草咸足。晚凉。①

十九日早行至舍勒乌孙,少歇。前次黑河沿地,即青冢也。……

二十一日晴,进归化城驻足。……

返程:

(次年二月)

二十八日,天晴。行次梅勒克,计约五十里。……是日已过第三台得古尔格界。

二十九日,行四十里,过阿牛海,又十里,至厄尔吉格兔下营。……

三十日,行三十里,至二十家第二台站所。出塞经年,于是日始卷毡幕,得栖屋宇。晚复气逆,早睡。

三月初一日,病小愈,乘车行二十里,就村店用饭。有左卫族孙来。又行数里,大司马幕友姜艮庵自浙至陕,自陕返京,又从京来此。下车把臂,各道契阔,同行六十里,歇新店旅舍。

初二日,早雪,逾午止。未刻,至杀虎口第一台站所。不禁慨然曰:"可谓生入玉门关矣!"口占一首:"履险探殊域,言归及故关。山川仍肃穆,人物自安闲。烟暖

---

① [清]范昭逵撰,弍莫勒、娜仁高娃点校:《从西纪略》。弍莫勒、乌云格日勒主编:《中国边疆研究文库·初编·北部边疆卷》,哈尔滨:黑龙江教育出版社,2014年,第95—124页。

三 | 从"冲繁难"到"繁疲难":和林格尔厅行政等第的变迁

荒村外,鞭摇落照间。客愁从此减,计日入宸寰。"进口,过驿道常公署,复行入右卫城,住接引寺僧舍。

据《从西纪略》,从杀虎口到插汉叟儿有七千余里之遥,总共安设了47个台站,自东向西,第一台杀虎口,第二台便是和林格尔。范时崇、范昭逵一行赴西北时,从杀虎口抵达土默特蒙古中枢之地归化城,用时七天,其中有四天经行今和林格尔县境内的佛爷沟、新店子(新店)、武松(乌孙土鲁)、城关镇(二十家)、土城子(土城);次年从漠北返京,则取道已经安设好的台站,未经归化城,径从第三台站得古尔格(即杜尔格,在今呼和浩特市托克托县伍十家镇)东行来到第二台站和林格尔,复经新店子,回到第一台站杀虎口。彼时的和林格尔(蒙古语,意为二十户人家)大抵只是一个村邑,但是由于地处杀虎口与归化城之间,已经显示出一定的地利之便——范昭逵所记"尚有店可住,系陕人所开"就是人口流动、货物往来的注脚,其后和林格尔在雍乾之际成为归化城以南的厅级地方治所,正是得益于其地理区位的优越性。

《从西纪略》生动记录了康熙末年杀虎口驿路初通时制度不全、百事待兴的情形。其后驿制渐备,驿路日熟,杀虎口—和林格尔—归化城一线成为晋省乃至京师沟通土默特地区的主干道。当时,从杀虎口到归化城,至少有三条道路可选。上述杀虎口—新店子—和林格尔—土城子—沙尔沁—归化城一线,位置最西,可称为西路。西路之外,还有中路和东路。中路出杀虎口,向北经今和林格尔县佛爷沟、前后坝、炕板申、黑老夭,顺茶坊河(什拉乌素河)过公喇嘛,经阳盖板(今呼和浩特市赛罕区金河镇羊盖板村)抵归化城。东路从杀虎口向北越永兴沟,过宁远厅(今凉城县永兴镇)进入石匣子沟,从今和林格尔县西沟门村出沟,经哈拉沁村,向西北进入归化城地界。三条道路之中,西路最具"官道"性质,因而从乾嘉、道咸乃至同治初,西路往往是首选孔道。乾隆时六世班禅返藏路线就是力证。

乾隆四十五年(1780)五月,六世班禅一行从藏区经阿拉善、鄂尔多斯,到达归化城,复沿蒙古牧地东行,取道岱海,经多伦诺尔、克什克腾、翁牛特、喀喇沁,于七月到达承德,参加乾隆皇帝七十寿辰庆典。① 朝廷提前拟定了班禅朝觐结束之后离京返藏的路线,即先到五台山朝圣,然后向北出杀虎口,取道归化城,循原路返藏。从杀虎口到归化城怎么走?仍走来时路即取道岱海自然是首选,但负责接待事宜的领侍卫内大臣福隆安、户部侍郎和珅则提出不同意见:"班禅额尔德尼自五台山经大同府出杀虎口,若仍经过岱海寺,反致绕行数日,不如出杀虎口径赴归化城,路近且平坦。"② 所谓"出杀虎口径赴归化城",意味着必经和林格尔。福隆安、和珅的建议得到允准之后,乾隆四十五年十月,山西布政使随即规划晋省路线,这就是台北"故宫博物院"珍藏档案《拟定班禅尖宿程

---

① 陈锵仪、郭美兰:《六世班禅承德入觐述略》,《中国藏学》1992年第4期。
② 《福隆安等奏拟定班禅来年赴五台山及返藏路线折》,中国第一历史档案馆、中国藏学研究中心合编:《六世班禅朝觐档案选编》,北京:中国藏学出版社,1996年,第240页。

三 | 从"冲繁难"到"繁疲难":和林格尔厅行政等第的变迁

站里数清单》。① 根据档案,某位阿哥(或为皇六子永瑢)将陪同六世班禅从五台山前往归化城,杀虎口与归化城之间的行程如下:

杀虎口至新店子四十五里宿

新店子至五素途噜三十里尖

五素途噜至和林格尔三十里宿

和林格尔至后土城子二十五里尖

　　以上系和林格尔地方

后土城子至萨尔沁三十里宿

萨尔沁至大黑河三十五里尖

大黑河至归化城二十五里宿

　　以上系归化城地方

阿哥回京程站里数

　　归化城至大黑河二十五里尖

　　大黑河至萨尔沁三十五里宿

　　萨尔沁至后土城子三十里尖

　　后土城子至和林格尔二十五里宿

　　和林格尔至五素途噜三十里尖

　　五素途噜至新店子三十里宿

　　新店子至杀虎口四十五里尖

按照拟定行程,皇子要陪同六世班禅从右玉出杀虎口进入

---

① 台北"故宫博物院"藏《军机处档件折》,编号 028619。

和林格尔厅地界,经新店子、五素途噜(今武松村)、和林格尔、后土城子四站,进入归化城地方。杀虎口至归化城路程约220里,其中130余里在和林格尔境内。皇子复由原路返回,仍需在和林格尔境内两尖两宿。由于六世班禅在北京染病圆寂,五台山之行取消,灵榇于乾隆四十六年(1781)二月十三日从北京经昌平、宣化、大同出杀虎口,仍取道和林格尔前往归化城。如此高规格的公务团队过境,是和林格尔历史上的大事,除"一路行程道路、桥梁俱应打扫修治平坦,应用夫马、车辆多为预备"①之外,土默特地区最高军政长官绥远城将军弘晌亲自到杀虎口迎接照料,"自新店子地方率土默特官兵,备办马匹车辇,随行照管,三月初一日至归化城"②。

杀虎口驿路也是联通京城与内蒙古鄂尔多斯、乌喇特各盟旗的要道。西部蒙古王公年班朝觐③,中央官员奉使宣慰,络绎不绝。同治元年(1862),内阁学士兼礼部侍郎麒庆奉命前往内蒙古鄂尔多斯部鄂托克旗致祭,正月二十日从北京启程,经宣化、大同、左云、右玉出杀虎口,经和林格尔、托克托城渡黄河,经准格尔旗、达拉特旗、郡王旗、杭锦旗、乌审旗抵达

---

① 《喀宁阿奏报班禅灵榇回藏途经晋省筹办迎送情形》,中国第一历史档案馆、中国藏学研究中心合编:《六世班禅朝觐档案选编》,北京:中国藏学出版社,1996年,第327—328页。

② 《博清阿等奏报照料班禅灵榇安渡黄河抵达鄂尔多斯情形折》,中国第一历史档案馆、中国藏学研究中心合编:《六世班禅朝觐档案选编》,北京:中国藏学出版社,1996年,第365—366页。

③ 清朝规定,蒙古各部王公贵族每年都要分班前往北京(或承德、木兰围场等行在所)觐见皇帝,称为年班制度。年班往返路线,基本上就是经由蒙古各地的台站。

三 | 从"冲繁难"到"繁疲难":和林格尔厅行政等第的变迁

目的地,并于三月初十日回京复命,历时五十余日,往返四千余里。麒庆在所著《奉使鄂尔多斯驿程日记附驿亭吟稿》中详细记录了在和林格尔境内的行程[①]:

> (二月)初四日……出朔平城外,一路平沙,间有冈阜,其两坡中断处,土人率筑石桥以通来往。河流自南而北环绕不断,屡行冰上。遥望西南山顶,废堠颓垣,隐隐可辨,皆长城故址也。行二十里,午抵杀虎口堡外。理藩院管站主事钱卫人、笔帖式国仁差人来接,营弁及台上章京、昆都均来接。公馆在旅店内,钱、国二人来拜。时国已任满,将次回京,因作家信,属之寄去。向奉使各部者,管站处当派通使使往,适本站有拨硕库巴图虎者,曾随锡益亭参赞霖往鄂尔多斯,能通蒙古、汉语,因定计携之往焉。是日行二十里。
>
> 初五日,戊午,晴。内地驿站至昨日止,由今日起即系蒙古台站。备办夫马,迟至巳初,始乘车涉紫河,登白坡梁,行去甚为平坦,比至绝顶,则四面群山,皆可平视矣。近口内外诸山,土多沙松,水冲成沟。下岭则由沟内曲折而行,凡二十里,至佛爷沟,两山相夹,中有涧水,冰多未释。循山足而行,石稜崱屴,尚不甚峻。其沟右之山皱势,多作鱼鳞形,疑古所谓龙堆,或以此欤? 午

[①] [清]麒庆:《奉使鄂尔多斯驿程日记附驿亭吟稿》,稿本。《中国边疆行纪调查记报告书等边务资料丛编(初编)》,香港:蝠池书院出版有限公司,2009年,第16册,第143—226页。

初许,至店中,早餐毕,复乘车沿山而行,山坡逼仄,下临冰涧,深殆数仞,颇为栗栗。行数里后,复过紫河,地忽开阔,路亦平坦。又十余里,于未正抵新店子。公馆在旅店内,台上章京、昆都叩谒如仪。口外西行之路,以和林格尔为第一站,因路远而险,故于此增一腰站焉。昨宿店中,以为尚未出口,比行一日,绝无城闉关隘,到寓一问,乃知昨过榷使税局,旁有木栅,即为口门,所宿地名八十家子,已在口外矣。此处山势平衍,无险可扼,较之喜峰、古北、紫荆、居庸诸口,大不相侔,惟佛爷沟一带尚为要隘耳。晚餐为台上章京所备,略似村店中饮馔。屋尚整洁。是日行四十里。

初六日,己未,晴。辰初许,乘车出新店子街,西北行甫数里,即入山沟,路多石块,尚不甚险。又数里,陟一沙冈,势颇陡峻,名曰榆树梁。下梁后又入山沟,约十里许,复穿一岭,路极曲仄,下临冰涧,名曰胡同坝,坝上有关帝庙。下坝又有山沟,约十里许,午初,始至乌苏图鲁,译言"水好"。在村店中早餐。昨夜为煤气所侵,头痛不能食。午正许,复乘车循山足而行,路稍平阔。申初,抵第一台地名和林格尔,译言"二十家"。街南北各有牌坊,书清汉字地名。公馆在店中,章京等迎见如例。计终日行山中,虽水石树木所在多有,而荒枯无苍润气,其去松亭诸山,大有径庭矣。是日行六十里。

初七日,庚申,早晴,午后阴。卯正许,乘车由和林格尔街中转西行数里,越沙山数重,都不甚陡峻。下

三 | 从"冲繁难"到"繁疲难":和林格尔厅行政等第的变迁

坡后约行五十余里,巳正许,至察汗胡洞。察汗,译言"白";胡洞,译言"坑",以地多沙而中洼也。午正许,复乘车行,道途开朗,四望无一山,盖自出京以来,眼界至此为之一变。行五十余里,途中平沙载道,间以田畴,隔一二里辄有小村落,多晋人寄居者。申初许,抵第二台地名都尔格尔,格尔,译言"房";都尔,译言"足数",言房间足五十家之数也。

事毕之后,麒庆于二月十六日踏上归程,沿来时路线,复经和林格尔境内:

二十三日,丙子,阴。卯正许,由都尔格尔启程,乘车行十余里,微雪,旋止。又三十余里,午初许,至察汗胡洞。店中早餐,午正许,复乘车行廿余里,雪遂大作,群山耸玉,匝地铺银,上下天光,一白无际。东风布暖,六出易融,从者衣履尽湿。余惓伏车中,而开帘入隙,亦有沾濡之苦。疾行廿余里,申正许,抵和林格尔,雪势未已。馆旧舍内,亟觅薙工薙发,盖不栉沐者已二旬余矣。行李亥初始到。是日行一百里。

二十四日,丁丑,雪止。卯初,傲装将行,杀虎口管站笔帖式喜昌赴绥远城,到馆谒见,匆匆而别。随策骑由和林格尔启程,行十余里,天渐开霁,积雪半消,路颇泥泞,涧中冰雪相杂,马行不易。又二十里,巳正许,抵乌苏图鲁,旧店早餐。午初许,复策骑行不十里,至坝梁。关帝庙焚香行礼，庙中匾对极多，往来无不致敬。礼毕，在僧舍啜茗小憩，复策骑行二十余里，东望群山，重重积雪，古木含润，土膏尽融。未正许，至新店子，仍馆旧舍。署和林格尔都司凌安，号松轩，由杀虎口旋署，到馆禀谒。接后刻许，巴图虎于到站后，先回口上料理明日进口事。是日行六十里。

二十五日，戊寅，晴。卯正许，由新店子策骑起程，行约十里，抵紫河。①春冰初泮，水势汹涌，河夫牵马而渡，循山足行。又十余里，入佛爷沟，屡涉涧流。又十余里，至杀虎口栅外，复涉紫河，亦有河夫引路。巳正许，抵口内公馆早餐，管站主事钱伟人来拜，晤谈刻许。午初许，仍策骑至铁公并喜公署答拜，遂启行，涉河数次，又行泥淖中约二三里，凡行二十里，未正，抵朔平，府县守遣人持帖相迎进城，至府县署答拜。申初，至南关，河水漫溢，路不易行。公馆另易一店，屋甚逼仄。是日行六十里。

麒庆西行的同治元年（1862），杀虎口驿路拓通已历百余年，可谓"熟路"，无论是路线里程还是驿站营设，都显得稳妥而规范。他们于二月初四日出杀虎口，夜宿八十家子旅店。有意思的是，由于杀虎口没有与其名气相匹配的标志性设施，他们全然不晓夜宿之地已是口外。二月初五日涉浑河（紫河），大体循今 S210 省道路线，经二铺、茶房、一间房到佛爷沟，向西再涉浑河，经榆林城村，夜宿新店子腰站。初六日仍

---

① 紫河，即今和林格尔境内浑河。整理本多作"柴河"，误。

三 | 从"冲繁难"到"繁疲难":和林格尔厅行政等第的变迁

循S210省道,从新店子向西北穿山行进,经榆树梁、坝底(即胡同坝)、武松(即乌苏图鲁),夜宿口外第一台站和林格尔。初七日循今和托路西行,经察汗胡洞(今和林格尔县舍必崖乡厂圪洞村),抵第二台站都尔格尔(即杜尔格,今呼和浩特市托克托县伍十家镇)。返程同样是由都尔格尔东行,经察汗胡洞抵和林格尔,再由和林格尔经新店子进杀虎口。

值得注意的是,《日记》没有提及和林格尔与归化城中间的重要驿站萨尔沁(或作萨勒沁,今呼和浩特市土默特左旗沙尔沁镇)。事实上,从每日里程数来看,他们也没有经过萨尔沁。显然,前文说及的杀虎口驿路西路路线,当时已经发生了变化,即由杀虎口—和林格尔—土城子—沙尔沁—归化城—杜尔根(都尔格尔)调整为杀虎口—和林格尔—察汗胡洞—杜尔根(都尔格尔),取道更直,路程更短,用时更少。这种情形意味着,同治初年的时候,和林格尔仍是杀虎口驿路上的重要站点。

杀虎口—和林格尔—归化城这条官道,也是蒙晋之间商贾往来、货物流通的商道。刘汉鼎《和林格尔县志草·街衢》记述说:

> 和邑当西北要街,接近内地,开化最先,于雍乾间,三晋富商争先投资,设立营业(《道志》载境内当铺二十有七号,他亦称是),一时行旅如云,商货如山,金融充斥,为口外第一繁盛之区。故廛市庙宇,一应建筑,规模宏大,颇不亚于内地。[①]

---

① [清]陈宝晋等纂辑:《和林格尔厅志略·和林格尔行政文·和林格尔县志草》,内蒙古历史文献丛书之五,呼和浩特:远方出版社,2008年,第235—236页。

这段文字颇有"忆昔开元全盛时"的意蕴，虽属后人追述，依稀可见和林格尔曾经作为"口外第一繁盛之区"的繁荣景象。和林格尔县新店子镇武松村西北0.6公里处的省道S210东侧山体下开凿的壁洞内，有一块乾隆十八年（1753）刊立的石碑，碑文十六列，记述了当时村民及沿途商号捐资建桥修路始末：

>……兹有五素途路村，观□□□□一微渠，石嘴西侧有一小河，二□俱系归化城之大路。因天雨浩大，浸□□□，徒行者苦于病涉，□车载者叹其不前。阖乡公议，各捐己资，观音殿前建立桥梁，虽不能并行不悖，亦可以任重致远；石嘴左边劈山成路，虽不能周道如底，亦可以往来顺利。今功成告竣，爰勤碑石，今后之人，有所观瞻，则创建修补之功，相循而不已焉。是以为序。①

五素途路，即范昭逵笔下的"乌孙土鲁"、麒庆笔下的"乌苏图鲁"，地居和林格尔与新店子中间，是商旅公差打尖歇脚之处。此碑由"朔州刘福阳撰文"，捐资者除"静乐县稽文

---

① 碑文转引自张闯辉、岳够明《杀虎口至归化城的三条茶道及相关遗存》（载塔拉主编《万里茶道学术研讨会论文集》，呼和浩特：内蒙古大学出版社，2019年，第22—31页），并试加标点。按，"观□□□□一微渠"一句，要与"石嘴西侧有一小河"对仗，后文又有"观音殿前建立桥梁"揭示工程方位，故或可补作"观音殿前有一微渠"。"二□俱系归化城之大路"之"□"或为"者"字；"徒行者苦于病涉，□车载者叹其不前"一句，上下应当对仗，故"□"当为衍字；"徒行者"与"车载者"对仗，"徒行者"应指徒步行走的人，"徒""徒"字形相近，容易致误，故"徒行者"当为"徒行者"。"爰勤碑石"，文义不通，"勤"与"勒"形近，或当为"爰勒碑石"。

三 | 从"冲繁难"到"繁疲难":和林格尔厅行政等第的变迁

锦施银五两"外,还有"汾州馆""清泰馆""益隆号""大有局""普宁局"等诸多商号,多属旅蒙商贾。他们在这个口外邑落营建桥梁、劈山成路,既凸显了杀虎口驿路和林格尔地段的重要性,也反映出当时和林格尔商业经济红火向荣的景象。虽然五素途路已经改称武松,所修桥梁今已不存,"但石嘴山体劈凿之痕尚可辨识,旅蒙商功莫大焉"①。

(三)"冲繁难"转为"繁疲难"的原因

杀虎口—和林格尔—归化城驿路在同治十年前后备受重视,其实是由西北动荡这一特殊时势造成的。动荡结束,其受重视程度随之陡然下降。事实上,真正改变和林格尔"冲要"地位的根本性因素不是西北形势,而是另外一条道路的修成。这条道路就是上文所说的"东路":杀虎口—宁远—归化城。《绥远通志稿》记之甚详:

> 清时归化城通京大道,均经杀虎口。其路线由归化南渡大、小黑河,经羊盖板河、什拉乌素河、一间房子、上土城(即古定襄郡也),再由和林格尔县衙衙坝底、新店镇、佛爷沟而抵杀虎口,路极坦平,乾嘉以后,入京

---

① 王凯、吴欣:《西口第一镇》,呼和浩特:内蒙古人民出版社,2009年,第100页。

车马，均行于此，即今所谓旧道也。至咸丰间，有善僧募款修筑凉城县石匣子沟（即古参合陉）大道成功，向之崎岖山陉，至是宽平可行，于是士宦、商旅由山西往来归化者皆径行于此，旧道遂废。其路线由归化东南，过大、小黑河、羊盖板河，经舍必崖、西沟门，由此沿石匣子沟，过坝梁至宁远（今凉城治），转南行入永兴沟，越将军梁，沿王嬙河而抵杀虎口。是即所谓新道也，较旧道近四十里。①

杀虎口—宁远—归化城之间的交通路线形成已久，与西路相比还缩短四十余里，只是由于从宁远（今内蒙古凉城县永兴镇）向西北必须穿越石匣子沟才能从西沟门进入平川地带，石匣子沟山路崎岖，不便车辆通行，故未能成为干道。咸丰四年（1854），石匣子沟路段经过修整，"宽平可行"，里程较短的优势便凸显出来。在交通工具依赖畜力的清代，单套牛车日行五十里，单套马车日行六七十里，二三套骡马车日行八九十至百里。② 新道路程缩短四十里，时间就可以缩短半天左右，与西路旧道相比，优势明显，"士宦、商旅由山西往来归化者皆径行于此，旧道遂废"，也是顺理成章的事情。《古丰识略》所收

---

① 绥远通志馆编纂：《绥远通志稿》卷80《车驼路》，呼和浩特：内蒙古人民出版社，2007年，第10册，第78页。

② 绥远通志馆编纂：《绥远通志稿》卷80《车驼路》，呼和浩特：内蒙古人民出版社，2007年，第10册，第75页。值得注意的是，《和林格尔县志草·街衢》（第236页）称"至光绪间，石匣子沟路开，和邑街市遂每况愈下"。将石匣子沟路修通时间系于光绪年间，不足采信。

三 | 从"冲繁难"到"繁疲难":和林格尔厅行政等第的变迁

《钟秀上抚宪禀》,是时任归绥道尹钟秀呈请山西巡抚"变通各厅升调章程"的呈文,文后《附各厅查察地方情形》记录了新道开通之后和林格尔的变化:

> 和厅旧系南北街途,自咸丰四年,宁远厅新开东和路,客商利其捷径,俱由东路行走,以致此商贾稀少,而官差仍络绎不绝。旧开设典当铺二十七家,现仅十二家。旧开设粟店九家,现仅三家,其它铺户可知。①

《古丰识略》成书于咸丰九年(1859),彼时新道修成不过四五年②,和林格尔就出现了"商贾稀少"、店铺骤减的景象,可见交通地位下降对和林格尔社会经济冲击相当迅猛。更可怕的是,衰退趋势一旦形成,便难以扭转。光绪十七年(1891)成书的《和林格尔厅志·舆地志·疆域说》记述道:

> 出杀虎口通归化城,道路有三:西路由八十家子经新店及厅街、土城等村;中路由万家村经中二十家子、公

---

① 咸丰《古丰识略》卷33《艺文上》,《中国边疆史志集成·内蒙古史志》第27册,北京:全国图书馆文献缩微复制中心,咸丰十年钞本,2002年影印本,第574页。
② 石匣子沟拓路时间,一说在道光年间。同治十年成书的《和林格尔厅志略》之《山川》"石匣子沟山"条记述:"此山原有小道,不能行车马,于道光年经雁门关和尚募开大路。"(〔清〕陈宝晋等纂辑:《和林格尔厅志略·和林格尔行政文·和林格尔县志草》,内蒙古历史文献丛书之五,呼和浩特:远方出版社,2008年,第11页)

喇嘛等村；东路由八十家经宁远厅，至西沟门、舍必崖等村。此路现在商贾辐辏，往来不绝。西路行旅稀少，犯差络绎，店户闭歇，道路荒凉，街市为之萧条。①

《和林格尔厅志》的编纂主持者张焕，在和林格尔前后履职七年之久（光绪十年至十四年，十五年至十七年）。在他主政期间，途径和林格尔的西路虽然仍是"犯差络绎"的官道，但沿路村镇"店户闭歇"，街市萧条，商业经济进一步恶化。土默特左旗档案馆所藏清代档案《转呈天盛当阎子材等恳请将息款改发别行生息》记录说，光绪十三年（1887），和林格尔厅尚有当铺五户；光绪十八年，减至四户；至光绪二十年，只剩下一二户。②当铺是商业荣枯的晴雨表。和林格尔当铺数量自咸丰以来大幅减少，标志着商业经济的大滑坡。导致这种情形的原因有多种，交通地位的下降无疑是最直接的原因。此消彼长，宁远厅的商业因交通便利而发展起来。③

不过，由于驿站体系没有随之调整，公差军务仍选旧道。同治初，因西北军事需要，和林格尔交通要冲的地位再次受到重视。当时，山西输往陕甘的军需物资往往取道杀虎口，经和林格尔、归化城而运抵前线。山西巡抚李宗义奏称："和林格

---

① ［清］陈宝晋等纂辑：《和林格尔厅志略·和林格尔行政文·和林格尔县志草》，内蒙古历史文献丛书之五，呼和浩特：远方出版社，2008年，第643页。

② 光绪二十年十一月二十二日，土默特左旗档案馆藏清代归化城副都统衙门档案，档号：80-6-1008。

③ 参见徐雪强《明清晋蒙交界区商业地理研究》，陕西师范大学博士学位论文，2017年，第130—131页。

三 | 从"冲繁难"到"繁疲难":和林格尔厅行政等第的变迁

尔厅地当孔道,公事纷繁,过往兵差、接递饷鞘军火等项络绎不绝。"经他奏请,时任和林格尔厅理事通判庆启因"不胜冲繁之任"而被撤职。① 为了保障这条军需孔道的高效畅通,同治九年(1870)七月,绥远城将军定安奏请在军兴所经归绥道之归化、萨拉齐、和林格尔三厅,共增设腰拨十二站,"其职务在驰报军情,传送急递,藉补驿站之不逮而重成机也"②。腰拨,亦即腰站,或称作腰顿,是大驿站的中间站,供过往行人休息或换马。和林格尔境内增设的三处腰站,分别位于本街、坝底、佛爷沟,各有递马十匹、马夫五名。③ 和林格尔厅十马五夫的驿站配置,从乾隆二十五年一直延续至同治朝,在归绥诸厅中与归化城厅并列第一。至此又临时加增三处腰站,驿马三十匹、马夫十五名,尽显其在地理交通方面的"冲要"特征。

但是,西北动荡并没有从根本上扭转和林格尔区位优势持续下降的势头。战事结束之后,一切回归常态,在新道的持续冲击下,和林格尔的驿路优势也受到质疑。光绪九年(1883)九月二十九日,山西巡抚张之洞奏请将晋省口外七厅改为抚民要缺,这就是著名的《筹议七厅改制事宜折》。折中将应议未尽各事分列条款,开缮清单,其中一条是"驿路宜变通":

---

① 同治九年六月二十五日山西巡抚李宗义奏,一档馆藏宫中档朱批奏折,档号:04-01-12-0509-161。
② 绥远通志馆编纂:《绥远通志稿》卷82《驿站》,呼和浩特:内蒙古人民出版社,2007年,第10册,第193页。
③ [清]陈宝晋纂辑:《和林格尔厅志略·驿递》,呼和浩特:远方出版社,2008年,第26—27页。

查自右玉县至归化厅，向出杀虎口，以和林格尔厅为驿路。是以归、和两厅额设驿马各十匹，夫各五名，丰镇厅设驿马六匹，夫三名。宁、托两厅各设驿马四匹，夫二名。萨、清两厅各设驿马二匹，夫一名，向归驿站奏销。同治九年七月间，前将军定安因军需紧要，咨明兵部于归化厅设腰拨四处，萨拉齐厅设腰拨五处，和林格尔厅设腰拨三处，归入军需奏销，每年约需夫马工料银六千两内外，至今因之。现以七厅改设，需费较多，款无所出，应即将此项添设腰拨夫马概行裁撤。节存银两，另备要需，其额设之数应仍其旧。惟自咸丰年间宁远厅新开商路，往来行旅不复取道和林，行店车马悉以宁远为聚焦之所，以致和厅支应差务，车马店口雇觅为难，官民交累。虽叠经前抚臣示禁，而宁远路既坦捷，商民争趋，既非情势所顺，断非文告所能禁勒。不若改设驿路，庶于差务、商情两无阻碍。应请将原设和林格尔厅驿马十匹，夫五名移设宁远厅，即以宁远厅所设驿马四匹，夫二名移设和林格尔厅。一应往来文报差使，均改归宁远厅接递支应，车马既便，店口亦多，以免误差累民。①

其中关涉和林格尔厅之事有两件：一是取消同治九年（1870）以来具有战时政策性质的三处腰站；二是将高配的和林格尔厅驿路额设与低配的宁远厅驿路额设互换，使宁远取代和林

---

① 赵德馨主编，谷远峰、周秀鸾点校：《张之洞全集（一）》，武汉：武汉出版社，2008年，第196页。

三 | 从"冲繁难"到"繁疲难":和林格尔厅行政等第的变迁

格尔,成为杀虎口与归化城之间的中心连接点。张之洞改设驿路,顺应了"商民争趋"新道的形势,于商于政,于公于民,都是好事。但驿路额设的陡降(详见下表《乾隆—光绪间口外七厅驿站额设表》),意味着《古丰识略》所谓"官差仍络绎不绝"的过渡情形也将成为绝唱,和林格尔厅已经无可挽回地走向边缘化——至少在交通方面。

乾隆—光绪间口外七厅驿站额设表

出处 额设	乾隆《晋政辑要》[①]		光绪《晋政辑要》[②]	
	马匹	马夫	马匹	马夫
归化城	10	5	10	5
和林格尔	10	5	4	2
丰镇	6	3	6	3
宁远	4	2	10	5
托克托城	4	2	4	2
清水河	2	1	2	1
萨拉齐	2	1	2	1

与"驿路宜变通"相匹配,《筹议七厅改制事宜折》中还有"缺项宜分别"一条,即重新调整归绥诸厅员缺的等第级别。宁远厅因"开垦日多,朔、平外蔽,七属枢纽,且现拟改设驿站",由"繁难中缺"上升为"冲疲难边外要缺";失去"枢纽"位置和高配驿站的和林格尔则由"冲繁难要缺"调整为"繁疲难边外要缺"[③]。以"疲"代"冲",意味着和林格尔在地理交通

[①] 乾隆《晋政辑要》卷7"驿站夫马"。美国国会图书馆藏乾隆五十四年刻本。
[②] 光绪《晋政辑要》卷32《兵制·驿费一》"各驿夫马工料"。
[③] 赵德馨主编,谷远峰、周秀鸾点校:《张之洞全集(一)》,武汉:武汉出版社,2008年,第193页。

方面的区位优势不复存在。张之洞的改革奏议最终获准，和林格尔维持了将近一个半世纪的"冲要"角色，终至谢幕。

光绪三十四年（1908），协办大学士鹿传霖奉旨前往归化城，查办垦务大臣、绥远将军贻谷，在日记中留下了往返杀虎口—归化城的行程记录[①]：

二月二十七日（3月29日）

卯正二刻行，廿里杀虎口，监督、城守尉均驻此，有关一座，铺户居民零散不繁盛。又二十里，察哈营尖，店狭村荒（属宁远）。又四十里宁远厅，宿于学堂。署同知丁英年迎。有和林六十三村民阎三等控垦务，讯批。

二十八日（3月30日）

卯正二刻行，三十五里，阳坡窑尖（属宁远）。又三十五里，舍必崖宿（俗讹沙包脑，和林格尔厅属）[②]，蒙

[①] 许潞梅整理：《鹿传霖日记·钦派赴归绥查办事件日记》，收入张剑、郑园整理《晚清军机大臣日记五种·附录一》，北京：中华书局，2019年，第817—822页。

[②] 清代归绥一带多有以"舍必崖"为村落名者，和林格尔厅至少有两处，一在西境，即今和林格尔县舍必崖乡政府驻地舍必崖村，一即本条材料之舍必崖村，在今和林格尔县盛乐镇哈拉沁村附近，居具北境，故光绪末成书的《归绥道志》在《乡镇·和林格尔厅乡镇记》中记为"北舍必崖村"（第360页）。民国刘汉鼎纂《和林格尔县志草》卷五《教育》之"第五学区乡立小学校一览表"中（第447页），有"哈拉沁、舍必崖乡立小学校"，记述方式与"后公喇嘛乡立小学校""北倒拉板申乡立小学校"等不同，似乎哈拉沁、舍必崖为毗邻二村；民国时期绥远省民众教育馆编《绥远省分县调查概要（和林县）》记由凉城赴绥远大道沿途主村，"有舍必崖，哈拉沁（二村名系一村）"（绥远省民众教育馆总务部发行，1934年）。据此可知，《鹿传霖日记》所记之舍必崖，即今之哈拉沁。

三 | 从"冲繁难"到"繁疲难":和林格尔厅行政等第的变迁

语为廿五家子。代理该厅通判、知县乔樾荫(陕西人)发札示,署归化同知林毓杜(四川人)、管带垦务亲军补用游击李得功(山东人)、管带绥远陆军补用都司胡恩元均来迎。

二十九日(3月31日)

辰行二十里,阳盖板尖。又五十里归化城,里数短,申初即到。……

……

三月二十七日(4月27日) 晴

林毓杜送至此,乔樾荫迎于此,未见。

早起收拾行装。……数里外过一大黑河,草桥两道,五十里,杨盖板尖。……又二十里,未正至舍必崖(又名沙包脑)宿。

二十八日(4月28日) 晴

署宁远同知丁英年见。

早起卯正二刻启行,四十里,阳坡窑尖。皆行两山间乱石滩,冰雪有未融净者。饭后由滩渐登山,沿山弯环,上下曲折十余里仍滩路,两山多土山。循滩逶迤出山,行土夹道,共行四十里,申初二刻宿宁远。

二十九日(4月29日) 早阴午雨

……早起绍来。卯正一刻行,二十里皆平滩,渐上山,数里开平原,又十里,下至察哈营尖。……二十里杀虎口,朔平府汪德溥、右玉县朱士俊迎于此。……

233

鹿传霖从杀虎口北上，经察哈营（今内蒙古凉城县厂汉营乡）、宁远厅（今凉城县永兴镇）、阳坡窑（今凉城县六苏木乡阳坡夭村）、出石匣子沟，经舍必崖（今和林格尔县盛乐镇哈拉沁村）、阳盖板（今呼和浩特市赛罕区金河镇羊盖板村）到归化城，正是咸丰年间修成的"新道"。如果说范昭逵的《西征纪略》是和林格尔"冲繁难"时代的序曲，那么《鹿传霖日记》就是和林格尔"繁疲难"时代的侧影。

以上对和林格尔厅由"冲繁难"要缺调整为"繁疲难"要缺的过程试作缕析。我们注意到，光绪十三年修订版《晋政辑要》如实记录了这一过程，并为民国二十三年（1934）《和林格尔县志草》等志书所承袭。① 但光绪十八年（1892）成书的《山西通志》，光绪三十四年纂成的《归绥道志》，1928 年付梓的《清史稿·地理志》，还有一些当代研究成果，都将和林格尔厅记作"繁疲难"要缺。② 史家基于和林格尔厅在光绪九年之后改制的事实而做出这样的记述，当然无可厚非；但是这种

---

① 《和林格尔志草·吏政略·职官》："乾隆二十五年裁和林格尔协理笔帖式，改设理事通判，定为冲繁难要缺，由部拣补。……（光绪）九年定为繁疲难边外要缺。"（[清] 陈宝晋等纂辑：《和林格尔厅志略·和林格尔行政文·和林格尔县志草》，呼和浩特：远方出版社，2008 年，第 645 页）

② 《光绪山西通志》卷 30《府州厅县考八·归绥道·和林格尔厅》，太原：三晋出版社，2015 年，第 1863 页；《归绥道志》卷五《十二厅治考·和林格尔厅》，呼和浩特：远方出版社，2007 年，第 220 页；《清史稿》卷 60《地理志七·山西·和林格尔直隶厅》，北京：中华书局，1977 年，第 2043 页；乌云格日勒《略论清代内蒙古的厅》（《清史研究》1999 年第 3 期）等，论及和林格尔厅时指出其属于"繁疲难三项"兼具的要缺。

三 | 从"冲繁难"到"繁疲难":和林格尔厅行政等第的变迁

"静态"处理,难免会让人以为清代和林格尔厅始终是"繁疲难"要缺,从而遮蔽了其"冲繁难"的常态。有学者指出,"历史研究中,必须格外警惕'历史书写'问题,一套简化的历史叙述简洁明快,但也存在'倒放电影'的风险"①。史家以"繁疲难"而非"冲繁难"来记述和林格尔厅的等第,其实就存在着"倒放电影"、取近弃远的风险。

---

① 胡恒:《从理事到抚民:清代归绥地区厅制变迁新探》,《清史研究》2022年第3期。

四　昆都仑并入和林格尔厅史事钩沉

乾隆二十五年（1760），清廷对归绥地区行政区划做出重大调整，七协厅中的昆都仑、善岱被裁撤，原属于昆都仑的土地、村落大部分划给了和林格尔。和林格尔辖域、人口因之大幅扩展[①]，区域优势也相应提高。因此，研究清代和林格尔发展史，自然应对昆都仑并入和林格尔这段历史予以必要的关注。由于史乘疏漏，我们对昆都仑协厅知之甚少。事实上，早在同治十年（1871），也就是昆都仑被裁撤百余年之际，时任和林格尔厅巡检陈宝晋撰写《和林格尔厅志略》时，就对昆都仑协理通判和巡检这两名职官的置废时间弄不清楚了，只得留下"设自何年，无案可考""裁自何年，亦无可考"的小注。[②] 本

---

① 乾隆二十五年从昆都仑划拨给和林格尔的村庄数量为 123 个。据《和林格尔厅志略·户口》（[清]陈宝晋等纂辑：《和林格尔厅志略·和林格尔行政文·和林格尔县志草》，呼和浩特：远方出版社，2008 年，第 26 页）记载，同治十年，和林格尔本街及四乡共有村庄 216 个。

② [清]陈宝晋等纂辑：《和林格尔厅志略·和林格尔行政文·和林格尔县志草》，呼和浩特：远方出版社，2008 年，第 28 页。

章将借助档案及方志材料,探讨昆都仑协理区的建置与裁撤过程,并对历任昆都仑协理笔帖式、协理通判的生平与政绩进行考述,藉此勾勒清代昆都仑协理区的历史脉络。

(一)昆都仑协理笔帖式的设置

雍正元年(1723),清廷在土默特地区设置归化城蒙古民事同知,管理当地日益增多的蒙汉交涉事件。同知管辖范围"南接边墙,西临黄河,东界察罕尔镶蓝旗,北界大青山后乌兰察布源泉托苏图山等处,广袤千余里,三面毗连外藩"[①],加之人手有限,时有捉襟见肘的困窘。雍正十二年十二月,清廷采纳归化城都统丹晋的建议,增派四名笔贴式,分驻和林格尔、东边的昆都仑、西边的托克托城、西北的萨拉齐四地,协助归化城同知就近办理轻微案件及其他事务。[②] 归化城地区分地治理的进程就此开启。

昆都仑协理区在归化城以东。南近杀虎口,西邻和林格尔,西北接归化城,北跨大黑河而达大青山南侧,东与宁朔卫(乾隆十五年改置宁远厅)毗连。由于地近杀虎口,不少口内百姓寄居于此,形成村落。通过查阅国家第一历史档案馆所藏

---

① 《钟秀上抚宪禀》,[清]钟秀、张曾编,李治国点校:《古丰识略》卷33《艺文》,呼和浩特:内蒙古人民出版社,2016年,第156页。
② 《领侍卫内大臣丰盛额等议奏于归化和林格尔等处增设笔帖式折》,中国第一历史档案馆编:《军机处雍正朝满文议复档译编》第13册,北京:商务印书馆,2021年,第8157页。

档案，可以确认以下两组村落都曾属于昆都仑：

第一组：脑包村（今属呼和浩特市新城区保合少镇）、保儿哈少村（今属呼和浩特市新城区保合少镇）、苏木沁村（今属呼和浩特市赛罕区榆林镇）、赶直汗或洞村（今呼和浩特市赛罕区榆林镇干丈村）、讨不气村（今呼和浩特市赛罕区榆林镇陶卜齐村）、黄合少村（今属呼和浩特市赛罕区黄合少镇）、买岱儿村（今呼和浩特市赛罕区黄合少镇美岱村），甲喇图村、乌兰哈达村、板达儿什村。

第二组：后公喇嘛村（今和林格尔县盛乐镇驻地）、舍必崖村（今和林格尔县盛乐镇哈拉沁村）、大沟门（今和林格尔县盛乐镇西沟门村）、郭家营（今属和林格尔县盛乐镇）、七杆棋（今属和林格尔县盛乐镇）、古力半忽洞村（今属和林格尔县盛乐镇）、新窑子村（今和林格尔县盛乐镇南新夭村）、侯家梁村（今属和林格尔县盛乐镇）、五拉厂北村（今内蒙古凉城县忽拉厂北村）、旗下窑子村（今属和林格尔县新店子镇）、北昆都仑村（今和林格尔县黑老夭乡昆都仑村）。

据《题为酌议归化城协理等缺裁汰归并事》[①]，乾隆二十五年（1760），昆都仑厅协理区裁撤时，所辖209个村庄，"内板达儿什等八十六村分拨归化城通判并管，大沟门等一百二十三村分拨和林格尔通判并管"。上列第一组的10村，就是由昆都仑分拨给归化城的86村的一部分。《古丰识略》卷二三《村庄》记归化城东乡118村，其中绝大部分应是乾隆二十五年从昆都

---

① 乾隆二十六年四月二十六日山西巡抚鄂弼题，一档馆藏户科题本，档号：02-01-04-15427-009。

仓厅划拨过来的。上例第二组的 11 村,则是由昆都仑分拨给和林格尔的 123 村的部分。1993 年版《和林格尔县志·乡镇概况》所录黑老窑、西沟门、灯笼素、公喇嘛四乡及新店子乡部分村庄,也是乾隆二十五年从昆都仑厅划拨过来的。

丹晋建议在这一地区设员管事,与其交通位置的重要性有直接关系。自清初以来,由杀虎口通往归化城,有三条道路可选,其中有两条道路与昆都仑协理区有关。光绪十七年(1891)成书的《和林格尔厅志·舆地志·疆域说》总结道:

> 出杀虎口通归化城,道路有三:西路由八十家子经新店及厅街、土城等村;中路由万家村经中二十家子、公喇嘛等村;东路由八十家经宁远厅,至西沟门、舍必崖等村。此路现在商贾辐辏,往来不绝。西路行旅稀少,犯差络绎,店户闭歇,道路荒凉,街市为之萧条。中路山径崎岖,久失修理,山水冲刷,车路未通。徒步乘骑者可由此行走,中无营汛防范稽查,亦未可稍忽矣。①

东路从宁远厅治所(今凉城县永兴镇)进入石匣子沟,由西沟门(今内蒙古和林格尔县盛乐镇西沟门村)出沟,经舍必崖(今盛乐镇哈拉沁村)、倒拉板申(今盛乐镇北倒拉板村)向西进入归化城地界。西沟门、舍必崖、倒拉板申都曾属于昆都仑。中路的大部分路段都在昆都仑辖区内。《绥远通志稿》

---

① [清]陈宝晋等纂辑:《和林格尔厅志略·和林格尔行政文·和林格尔县志草》,呼和浩特:远方出版社,2008 年,第 643 页。

对这条道路的走向与特点有更为详细的描述：

> 由归化东南行，经大、小黑河、羊盖板河、公喇嘛入茶坊沟，经黑廊窑子、报马房子、坑板石、前后坝、前后石门子、三十二号、史家窑子、佛爷沟、八十家子而入杀虎口。此路虽山石崎岖，亦可通车，凡入内地马群，此为必经之路，以其路较僻静，行程可免耽延，且不经和、凉二县税局，减少中途盘查之烦也。①

按照现在的地名和交通路线，这条道路的大致走向是：从呼和浩特市南出发，涉过小黑河、大黑河，经赛罕区金河镇羊盖板村，南行至和林格尔县盛乐镇公喇嘛村，沿茶坊河进入茶坊沟，经段家园、陈梨窑水库、中二十家、南天子、哈拉板申、察罕板申、车铺夭、东沟湾、小芍药沟、水磨、店湾、崔家营、府平、黑老夭、张明沟、半滩、报马房、南窑子、大汗沟、炕板申，东折经后坝、中坝、前坝、后石门、中石门、前石门、三十二号、四家夭子、东湾、圪针沟，达到杀虎口。这条道路多为山路，又沿河谷，夏季洪水泛滥，往往阻路难通。但是这条道路有两个优势，一是与官道相比"路较僻静，行程可免耽延"；二是避开和林格尔厅治和宁远厅治的稽税处，"减少中途盘查之烦"。对于贩运马牛等牲口的商人来说，这条道路更是首选。

---

① 绥远通志馆编纂：《绥远通志稿》卷80《车驼路》，呼和浩特：内蒙古人民出版社，2007年，第10册，第78—79页。

四 | 昆都仑并入和林格尔厅史事钩沉

《和林格尔厅志·舆地志·疆域说》《绥远通志稿·车驼路》所记,多属晚清民国时期的情形。事实上,早在乾隆初,就有不少内地商人穿行中路前往归化城。今黑老夭乡哈拉板申村西北茶坊河峡谷北岸崖壁上有一处摩崖石刻,阴刻46字:

> 太原府祁县郜北村董其易,因此路石头广多,车马难以行走,雇石匠四人,重新平治修补。大清乾隆十二年五月刊记。

中路在哈拉板申附近循茶坊河道而行,"石头广多,车马难以行走",祁县商人董其易遂雇佣四名石匠,劈斫茶坊河右岸的山体内侧,又将外侧斜坡砌石为墙,宽可容车,便于商旅通行。① 这说明早在乾隆十二年之前,中路已经成为沟通口内口外的重要道路。

三路之中有两路穿过昆都仑辖区,反映出该地区在交通方面具有一定的区位优势。归化城东路笔帖式驻在地昆都仑村,则是中路最为重要的村落。乾隆二十六年(1761)山西巡抚鄂弼说"该地东通宁远厅并察哈尔等处,西达和厅衙门,计程六十里,南与杀虎口接壤,北与归化城联界,察勘情形,实系紧要之区"②。昆都仑村虽处山间盆地之中,但道路四出,以之

---

① 王凯、吴欣:《西口第一镇》,呼和浩特:内蒙古人民出版社,2009年,第99页。
② 乾隆二十六年四月二十六日山西巡抚鄂弼题,一档馆藏户科题本,档号:02-01-04-15427-009。

作为归化城东隅的行政中心,无论是从区域辐射还是从交通条件来说,都是比较理想的选择。

需要说明的是,雍正十二年(1734)丹晋建策提到的昆都仑村,并非今和林格尔县黑老夭乡下辖的昆都仑村。村名的得来,与附近的昆都仑山有关。当时有两个昆都仑村,居北者就是现在的昆都仑村,时人称作"北昆都仑村"①;居南者则是昆都仑协理通判驻在地,后来改名为万家村。《和林格尔县志草》卷一《山脉》记述:

> 昆都仑有二,此系现今村名。其一在镇山南报马房子川,即第一台站东路昆都仑也,今名万家村。清雍正十二年设协理笔贴式,乾隆六年改设通判,二十五年裁通判,留巡检,隶和林格尔,嘉庆十四年裁巡检,驻包头,今该村有石碑记其事。②

此处记述的万家村,正是前引《和林格尔厅志·舆地志·疆域说》中说及的中路重要站点万家村。曾经的协厅治所昆都仑村何时改名为万家村,我们尚不清楚,目前所能确认的

---

① 乾隆十八年,山西忻州定襄县人史要在"昆都仑协属北昆都仑村开设麦铺"(乾隆十九年闰四月十一日署理刑部尚书阿克敦题,一档馆藏刑科题本,档号:02-01-007-018028-0003)。据此判断,昆都仑厅有两个以昆都仑为名的村庄,一为北昆都仑村,应该就是现在黑老夭乡的昆都仑村;一为南昆都仑村,应为厅治所在,也就是《和林格尔县志草》所说的万家村。

② [清]陈宝晋等纂辑:《和林格尔厅志略·和林格尔行政文·和林格尔县志草》,呼和浩特:远方出版社,2008年,第187—188页。

时间下限,就是光绪十七年(1891),即《和林格尔厅志》的成书时间。《和林格尔县志草》成书于民国二十三年(1934),当时尚有万家村之名。然而不知从何时起,这个村名又消失了。今日和林格尔县已无万家村,颇疑今黑老夭乡报马房子村,即为曾经的协厅治所昆都仑村。

雍正十三年(1735)初,六部与理藩院各自拣选"通晓汉文、人亦尚可"的满洲或蒙古笔帖式一名,报送吏部。三月初五,七名笔帖式由吏部带领引见,雍正皇帝亲自考察,从中钦点四名。内蒙古土默特左旗档案馆所藏的一份档案记录了此次引见后的旨意:

> 布讷、富良、叶赫布、和泰协理归化城理事同知,办理和林格尔等地方的案件。钦此。①

以上四位笔帖式,和泰分配至和林格尔,布讷分配至托克托城,富良分配至萨拉齐,叶赫布则分配至昆都仑。虽然四地并非一级行政区划,笔帖式也只是作为归化城同知的助手派驻地方,"凡何处发生案件,就近交付笔帖式等办理,而笔帖式等将其各自地方验尸争讼之小案审办后,即呈报同知审核完结"②,但这种管理模式显然已经具有分地管事的性质,或者说具备了

---

① 雍正十三年四月六日,土默特左旗档案馆藏清代归化城土默特副都统衙门档案,档号:80-16-21。
② 《领侍卫内大臣丰盛额等议奏为归化城和林格尔等处增设笔帖式折》,中国第一历史档案馆编:《军机处雍正朝满文议复档译编》第 13 册,北京:商务印书馆,2021 年,第 8157 页。

分地管事的雏形。昆都仑就此成为与和林格尔、托克托城、萨拉齐并列的最早派员分管的四个"协理区"之一。

（二）昆都仑协理通判的裁汰

四名笔帖式分驻和林格尔、昆都仑、托克托城、萨拉齐之后不久，乾隆元年（1736），清廷在清水河、善岱二地添设协办同知事务笔帖式。① 乾隆二年，又新设归化城笔帖式。由于笔帖式既非职官且无关防印记，后将协理笔帖式改为协理通判，各给条记。至此，归化城地区形成理事同知下辖七处协理通判的管理体制。有研究者指出，清朝在边疆地区的行政建制最终奠定，是一个"摸着石头过河"的探索过程，起初并无"顶层设计"。② 归绥诸厅同样如此。七协厅体制运行二十多年之后，逐渐暴露出一些弊端。乾隆二十五年，山西巡抚鄂弼奏请更定晋省杀虎口外归化城、和林格尔等七协厅官制职守，其中一项重要内容是裁汰昆都仑、善岱二协厅。

> 七协厅原分管地方本未妥协，且地虽广阔，村落烟户究与内地稍逊，分设七厅亦觉太冗，内如善岱一协介在归化、和林格尔、萨拉齐、托克托城四协之中，昆都仑一

---

① 《清高宗实录》卷23，乾隆元年七月庚申，第539页。
② 胡恒：《从理事到抚民：清代归绥地区厅制变迁新探》，《清史研究》2022年第2期。

协介在归化、和林格尔两协之间,皆地非紧要,尽可就近归并。应请将善岱、昆都仑二协裁汰,改设归化、和林格尔、清水河、托克托城、萨拉齐五厅,各设通判一员,一应书吏、衙役照旧设立,毋庸增改。惟善岱、昆都仑原设巡检二员,酌量移驻于紧要村镇,毋庸裁汰,归并所驻厅员管辖,分驻巡防,甚有裨益。①

鄂弼在奏折中回顾雍乾之际七厅建置过程,称"从前陆续增设协理通判时,亦止就时论事,未经通盘筹计,经管地方之广狭,地亩钱粮之多寡,俱未衡量均调"。当初决策者立足于解决眼前问题而疏于长远考虑,经过二十多年的尝试与实践,既有体制的缺陷得到了较为充分的暴露,调整更张自然也就提上了日程。

口外虽然地广,但是人口稀少,村落疏散,故有必要将既有七厅精减为五厅,整合吏员编制。实际上,精简整合还有一个深层次原因,即归化诸厅设置二十余年以来,人口增加,社会发展,诸协理通判的职掌渐与内地州县官大同小异,收入待遇却大相径庭。口外协理通判每年俸银为 28 两,而内地通判为 60 两;协理通判养廉银只有 600 两,也比内地少了一半。因此,在国家财政增量有限的情况下,通过精简冗余,将节余经费重新分配,以提高通判的待遇,也是一种有效的激劝手段。鄂弼在奏折中说"现在归化等七协理通判经管承办事件,

---

① 乾隆二十五年八月初七日山西巡抚鄂弼奏,一档馆藏宫中朱批奏折,档号:04-01-01-0238-005。

实与内地州县职掌无异,如因仍旧制职守,不专激劝未备,殊非慎重边外要地之道"①,即有此深意。昆都仑、善岱二厅因处于地区政治中心归化城与其他诸厅之间,地理位置相对没有那么重要,于是成为裁汰对象。

据《题为酌议归化城协理等缺裁汰归并事》②,吏部奉旨合议后,于乾隆二十五年(1760)九月初二日题奏,基本认可山西巡抚的改制请求;至于昆都仑、善岱二协厅裁撤归并的具体方案,则由地方酌量议定。乾隆帝于九月十四日下旨"依议",裁撤事务随即按下启动键。二协厅所辖村落如何就近分配,原设协理通判养廉、役食等项如何酌量分摊给五厅,巡检二员移驻何处,都是需要妥为解决的问题。晋省经过调查筹划,提出具体方案,与昆都仑相关内容主要包括以下几项。

其一,所属村庄分拨给归化城理事通判、和林格尔理事通判二厅。时任归化城同知福川、绥远城粮饷理事同知铠家禄奉归绥道道员柏琨之命,督同各协理通判查勘定界和村庄地亩,最终确定将昆都仑管辖的209个村庄一分为二,板达儿什等86村划拨归化城厅;大沟门等123村划拨给和林格尔厅。和林格尔所属黑蛇沟等22村分拨清水河厅。"查所分村庄,虽有多寡不齐,而限于地势,诚未能臻于画一。今所定各该地方,各皆

---

① 乾隆二十五年八月初七日山西巡抚鄂弼奏,一档馆藏宫中朱批奏折,档号:04-01-01-0238-005。
② 乾隆二十六年四月二十六日山西巡抚鄂弼题,一档馆藏户科题本,档号:02-01-04-15427-009。

联络易管,并无隔越纤细,官民两便。"①

其二,昆都仑现任协理通判拔彦改任和林格尔。昆都仑协厅既在裁撤之列,现任协理通判拔彦如何安排,自然是瞩目之处。七厅一盘棋,需要统筹谋划。鄂弼经过通盘考虑,提出如下方案:

> 所有现在七协理通判,臣亲行察勘各厅地方之繁简,现任各员人才办事之能否,详加酌量。查托克托城、和林格尔二员,现在员缺未补,现任归化城协理通判富勒珲、萨拉齐协理通判偏图、善岱协理通判福庆、昆都仑协理通判拔彦、清水河协理通判伊宝五员。归化城一厅地处极冲,狱讼政务最为繁多,富勒珲在任三年有余,虽属谙练,勤慎办理,终觉竭蹶,查有萨拉齐协理通判偏图,人甚明白,才具舒展,到任至今十载,办理民人蒙古案件,尤为熟悉,应请即以偏图实授归化城通判。其萨拉齐厅通判,查有裁缺善岱协理通判福庆,甫于本年九月内到任,人尚明白,办事小心,应请即以福庆署理萨拉齐通判,一年期满,分别题请,其托克托城厅员缺,富勒珲于办理口外政务,犹为谙练,且操持尚谨,富勒珲尚堪胜任,应请即以富勒珲实授托克托城通判,和林格尔厅通判亦现在员缺,查有裁缺昆都仑协理通判拔彦,到任三年有余,为人率直,办理勇往,请即

---

① 乾隆二十六年四月二十六日山西巡抚鄂弼题,一档馆藏户科题本,档号:02-01-04-15427-009。

以拔彦实授和林格尔通判。至现任清水河协理通判伊宝，于上年八月到任，年壮才明，颇能留心地方案件，应请实授清水河通判。以上五员就其人缺相宜，于地方有益。

当时和林格尔属于"冲繁难"兼三要缺，在诸厅中的地位仅次于归化城厅，对通判素质的要求自然也要高一些。昆都仑协厅裁汰之后，末任协理通判拔彦因"为人率直，办理勇往"而得到山西巡抚鄂弼的赏识，遂实授和林格尔理事通判。

其三，属员安置。归化城七协厅皆设巡检司，有巡检一员，负责缉捕盗贼，盘诘奸宄，维持地方治安。昆都仑协厅裁汰之后，大部分村庄划给和林格尔厅，若以一员巡检巡防和林格尔厅全境，难免会有顾此失彼之虞。基于此，鄂弼提出：

> 今查昆都仑原管地方，现在酌分归化城、和林格尔二厅通判并管，该巡检原驻昆都仑村已隶和林通判管辖，该地东通宁远厅并察哈尔等处，西达和厅衙门，计程六十里，南与杀虎口接壤，北与归化城联界，察勘情形，实系紧要之区，似应照旧驻扎，毋庸改移。应照旧驻扎，归于和林厅统辖，并令将该通判所分大沟门等一百二十三村责令一体巡查防范。

鉴于昆都仑村系"紧要之区"，巡检保留并照旧驻扎，只是印信相应改为"和林格尔分驻昆都仑巡检司之印"。这样，和林格尔厅就拥有两名巡检。此外,昆都仑厅额设清字缮书一名[①],添给和林格尔厅衙门,"以资翻译"。

其四,昆都仑协理通判每年养廉银600两分摊给和林格尔等五厅通判。38名胥役每年役食银228两亦分给五厅,用以支付新添置马夫、轿夫工食费用。每年囚粮银92两,分给归化城厅40两,和林格尔厅52两。昆都仑通判衙署及监房等资产估价变卖,并"于所变价值内拨给动用,另行取造估册,报部核覆,办理变价,余剩银两解司入拨"。昆都仑厅原设驿马二匹,拨给和林格尔厅。

从乾隆二十五年(1760)八月初七日鄂弼题《奏请更定晋省杀虎口外归化等协厅官制职守事》[②],到同年九月二日吏部议奏并得"依议"之旨,裁汰昆都仑协厅这一动议的获批过程非常迅速。由于理由充分,筹谋周到,措施得力,裁撤过程也较为平顺。不过由于牵扯面较广,改制内容较为复杂,裁撤事宜并非在当年即已完成。从鄂弼题奏《为酌议归化城协理等缺裁汰归并事》内容来看,直到乾隆二十六年四月,调整工作仍在进行之中。乾隆二十六年发生的一起刑名案件,就反映了裁撤滞后这一事实。是年九月初七日,家住脑包村的忻州人高顺向另一名忻州人李沛讨钱,由口角引发打斗,结果高顺被李沛用刀扎伤而死。审讯过程形成的卷宗记录说:

---

① 清字缮书,指负责满文书写、翻译的吏员。
② 乾隆二十五年八月初七日山西巡抚鄂弼奏,一档馆藏朱批奏折,档号:04-01-01-0238-005。

> 乾隆二十六年九月初八日，据昆属脑包村甲头任富国报称，本月初七日早饭时，有李沛与高顺因讨钱起衅……①

脑包村，即今呼和浩特市新城区保合少镇的脑包村。"昆属"，意即属于昆都仑协厅。脑包村是应当划拨给归化城协厅的昆都仑86村之一，显然，直到李沛杀人案件发生的乾隆二十六年（1761）九月上旬，划拨程序尚未完成。卷宗后文又有：

> 查昆都仑于乾隆二十六年十月十五日奉文裁汰，脑包村分并归化厅管辖，相应将人犯卷宗移解查办。……此案虽于乾隆二十六年九月初八日报官，但昆都仑通判奉文裁汰，其所辖村庄分拨归化城通判管理，应以十月十五移解犯卷到案之日起限。

卷宗文字有前后矛盾之处，但是并不影响做出这样的判断：大致在乾隆二十六年（1761）九、十月之间，脑包村才被归化城厅接管，发生在脑包村的李沛杀人案才名正言顺地由归化城通判接审。据此推断，和林格尔厅、归化城厅完成对昆都仑协厅二百多个村落的接管，时间大约就在乾隆二十六年秋冬之际。从雍正十二年（1734）朝廷批准派驻笔帖式算起，昆都仑协厅存续了二十八年，就此退出了历史舞台，尘封在故纸旧档中。

---

① 乾隆二十七年闰五月十一日护理山西巡抚宋邦绥题，一档馆藏内阁刑科题本，档号：02-01-07-05873-012。

四 | 昆都仑并入和林格尔厅史事钩沉

在此仍有必要交代一下昆都仑巡检的最终归宿。

上文已述，昆都仑协厅在乾隆二十五年（1760）被裁撤之后，原设巡检一员得以保留，以"和林格尔分驻昆都仑巡检司"的名义继续驻扎在昆都仑村。究其原因，一则昆都仑村"实系紧要之区"，二则和林格尔刚从昆都仑接收一百多个村落，警备治安不能疏忽。这样一来，和林格尔厅就拥有两名巡检。在当时的归化城五厅中，只有归化城厅同享这种配置。

随着时间的推移，失去区域政治中心地位的昆都仑村风光不再，渐趋沉寂。就在同一时期，萨拉齐厅的包头村却发展成为"商贾辐辏"的繁华地。此伏彼起，将和林格尔分驻昆都仑巡检司移驻包头的动议随之产生。嘉庆十三年（1808），归绥道道员德纶提出：

> 本道所属之萨拉齐包头村地方，从前人烟稀少，铺户无多，近年以来聚集居民铺口，不下二千余家。该处距厅九十里，东至萨拉齐地方，西与乌拉特西公接壤，南与鄂尔多斯接壤，北与茂明安接壤，商贾辐辏，蒙民杂处，兼有直隶、陕西回民赴彼贸易，并民人开挖煤窑，实为口外紧要之地。若不设立文武员弁专司巡查，以资弹压，不唯奸宄易于混迹，且恐民人因距厅为远，遇有命盗等案，不免讳匿耽延之弊。查和林格尔厅属之昆都仑地方，昔因人烟稠密，设有巡检，驻扎巡查。该处近日商贾稀少，因逼近黄河，常虑水患，居民陆续迁移他处者十有八九。现在该巡检所管之村庄共止二百九十余户，该处烟户数比之

包头村，不过十分之一二……本道再四思维，应请将昆都仑巡检随带原设书役移驻包头村地方，以资弹压。该巡检养廉役食，照旧额编入萨拉齐厅支领。其巡检一缺，仍照旧例，归部铨选。至昆都仑村庄烟户，即令和林格尔巡检兼管，毋庸另添养廉役食。

德纶所陈，确属实情。此时的昆都仑已非昔日的昆都仑，商铺、民户大量外迁，驻设巡检已无必要。嘉庆十四年（1809）二月八日，山西巡抚成宁正式奏请移驻巡检。① 据《题为和林格尔厅属昆都仑巡检奉移驻萨拉齐请给印信事》②，嘉庆十四年年底，"和林格尔分驻昆都仑巡检司"成建制移驻萨拉齐厅包头村。

巡检西移之后，昆都仑褪变为和林格尔厅辖域内的一个普通村落。后来改名为万家村，以区别于同时存在的北昆都仑村（即今之昆都仑村）。《和林格尔厅志草·村庄》将之划入第一区，为东乡114个村落之一。史家仍然记得其不同寻常的过往，于"万家村"栏下记了一笔："东路昆都仑，清设笔帖式。"③

---

① 《内阁大库档案》，《题请昆都仑巡检移驻包头村地方以资弹压》，嘉庆十四年二月八日山西巡抚成宁题，台北"中研院"历史语言研究所藏，登录号：041487。

② 嘉庆十五年二月初八日护理山西巡抚素纳题，一档馆藏内阁兵科题本，档号：02-01-005-023232-0014。

③ ［清］陈宝晋等纂辑：《和林格尔厅志略·和林格尔行政文·和林格尔县志草》，内蒙古历史文献丛书之五，呼和浩特：远方出版社，2008年，第258页。

（三）昆都仑协理通判行迹考

从雍正十三年（1735）至乾隆二十五年（1760），至少十二位官员担任（包括署理、兼理）过昆都仑协理笔帖式或协理通判。

叶赫布 籍贯不详。据《题为查明归化城分驻昆都仑协理笔帖式叶赫布病躯难以供职请准休致事》①，康熙四十四年（1705）由监生用为陵寝八品笔帖式，六十年补用察哈尔笔帖式。雍正二年（1724）补用工部笔帖式。雍正十三年三月拣选协理归化城同知事务，被任命为归化城分驻昆都仑协理笔帖式，同年六月初四日到任。

叶赫布在昆都仑任上履职四年，由于沉疴久积，身体每况愈下，难以继续供职，遂于乾隆四年十二月二十六日（1740年1月24日）提出归旗调养：

> 窃职少多病疾，幼年孱弱……卑职世受国恩，捐躯图报，正宜竭尽驽骀，鞠躬尽职，奈缘雍正九年间差运兵马营鸟枪炮位等物，时值苦寒，马蹶坠地，跌伤小腹，荒辟长途，医调无术，气血寒凝，竟成痼疾。自此之后，穹然高肿，略加劳苦，疼痛几死，亦曾针灸刀开，百医不

---

① 乾隆五年八月初一日护理山西巡抚高山题，一档馆藏内阁吏科题本，档号：02-01-03-03805-009。

效，兼有痰火之症，然时好时患，虽病发之日亦见寸步难移，而不发之时尚可勉力支持。不料去年八九月以至今岁，病发日多，病瘥日少，数月之内，顿然须发尽白。自知精力已枯，不堪复振，然犹勉强支持，未敢告瘁，何图十月至今，大发不止，上有痰火之症，时刻昏迷，下有疼痛之灾，坐卧不宁，日不能食，夜不能寐，至于上车骑马，尤所断断不能者也。昆都仑虽属地僻民稀，然会审相验，东骋西驰，不减州县，以此病躯素餐养廉，则上负朝廷，下误民社，问心难以刻安，况即欲苟留，病实不能，不得不据实详陈。伏叩本院迅赐，准予援例具题，蝼蚁骸骨，得归旗伍，则公事无误，病躯得调，万一幸邀痊可，再图报效，则后此未尽之前程皆出本院再生之盛德矣。

叶赫布所呈病情，大概是实情。早在康熙四十六年（1707），他就曾在陵寝八品笔帖式位上因病告退，直至六十年（1721）才补用为察哈尔笔帖式。而昆都仑协理笔贴式创设之初所面临的重重困难，无形之中加剧了他的病情。

乾隆三年（1738），昆都仑所辖黄合少村（今属内蒙古呼和浩特市赛罕区黄合少镇）附近发生一起命案。九月十八日，六十五岁的山西崞县人马负图赶着牛车从归化城回来，途经此处，被人用石头殴伤致死，其换购来的布、棉花等物也被抢走。叶赫布接到黄合少村甲头报案，随即单骑简从带领刑仵亲诣案发地，查看现场，验问相关人等，取录供词。黄合少村在昆都仑辖区东北方向，距离笔帖式衙署有八九十里之遥，路途杳远，往返耗时，对"病发日多，病痊日少"的叶赫布来说，自然是苦差一件。不过，不能如期破案所面临的问责压力，也许才是更为煎熬而且难与外人道的苦楚。

这起案件最初被定性为命案，后来确认为盗案。叶赫布作为案发地的主官，必须在限定的时限即四个月内辑获贼盗，否则就会因"疏防"而被问责。此案自乾隆三年（1738）九月十九日报官之日起算，除去年节封印日期，扣至乾隆四年二月十九日，四个月疏防之限已满，上司屡催，贼盗未获，负有疏防责任的专管官昆都仑协理笔帖式叶赫布、兼辖官归化城理事同知春品尔被山西巡抚石麟依例题参。[①] 按照当时的制度，专管官初参罚俸一年。被参处之后的叶赫布身心俱疲，但是令他身心俱疲的事情并非止此一件。后文提到的脑木达赖一案涉及民人与蒙古纠纷，"会审再四"而未得结案，给叶赫布带来的压力恐怕比马负图案还要大一些。繁难压力与沉疴宿疾交织之下，叶赫布无法正常履职，遂以病躯难以供职为由，请求回旗调养。

叶赫布的告病离任程序走得并不顺畅。归化城蒙古民事同知春品尔奉朔平府委派前往验看，认定病情属实，遂于乾隆五年（1740）二月二十一日上报朔平府。朔平府上报给布政司，布政司以"详结内并未声明是否请休或请解任在本任调理字样"为由，要求朔平府再次确查。六月初四日，朔平府把春品尔重查结果及同知印结、医生甘结再次上报布政司，布政司查

---

① 乾隆四年二月二十八日山西巡抚石麟题，一档馆藏内阁兵科题本，档号：02-01-006-000221-0014。

到叶赫布任内有承缉承审蒙古脑木达赖等一案尚未审明，此时告病请休，"恐涉规避，不便遽行请题"，要求朔平府予以确查。叶赫布申称：

> 卑职前报告病请休，委因痰火之症，又兼小腹跌伤，气血寒凝，力衰病发，百医不效，实系情实，何图至今越加沉重，寸步难移，疼痛几死。又卑职承缉承审蒙古脑木达赖等一案，已经会审再四，毫无规避，今又现奉饬委朔平府会审，中间如果刑逼诬良，卑职有应得之罪，即归旗伍，愿甘承罪。今蒙饬查，不得不据实陈恳，伏叩迅赐转详具题，俾得生归旗伍，皆出再造洪恩矣。

七月十四日，归化城蒙古民事同知春品尔将叶赫布的申诉上报朔平府，知府弋鸣岐复于七月二十四日上报，布政使、按察使查明"该员承缉承审蒙古脑木达赖一案，系夷汉交涉案件，业经奉准将军奏明，应由将军衙门咨调委员审理完结"，才向护理山西巡抚高山详细呈报。高山于乾隆五年（1740）八月初一日上奏，题请允准归化城分驻昆都仑协理笔帖式叶赫布休致。从提出申请到最终获准，叶赫布的告病程序用时超过半年。这个冗长的程序，正是归化城协理笔帖式创设之初权轻责重、制度粗疏情形的真实反映。

和泰 正黄旗人。初为理藩院笔帖式。雍正十三年（1735）三月拣选协理归化城同知事务，被任命为归化城分驻和林格尔协理笔帖式。乾隆五年（1740）八月叶赫布因病休致，所遗昆

四 | 昆都仑并入和林格尔厅史事钩沉

都仑协理通判事务由和泰署理,正式官称是"署归化城东路分驻昆都仑协理通判事南路和林格尔协理通判"。和林格尔与昆都仑辖境毗邻,治所相距不过六十里,由和泰暂署昆都仑事务,便于两头照拂。但是和泰的运气实在是不好,赴任不久,昆都仑就发生了一起轰动一时的盗案。据内蒙古呼和浩特市土默特左旗档案馆收藏的一件汉文档案《申报侯保等四人盗昆都仑通判衙内衣物一案》①:乾隆五年(1740)八月二十六日深夜,原任昆都仑协理通判叶赫布衙舍内衣物被盗。衣物被盗,这类案件本属寻常,但是盗案发生在协厅官署,就不同寻常了:堂堂官署如此不安全,地方治安之差可想而知。和泰接到报案,马上查验现场,讯问相关人等,第一时间向上级报告,呈请归化城都统派员协助办案;又四下悬赏,派遣得力捕役四出侦缉。十一月初三日,捕役李国辅等在大砂口村(今山西省朔州市右玉县杨千河乡大沙口村)抓获一个名叫侯保的案犯,押解回昆都仑。和泰亲自审讯,侯保供称:

> 小的是右玉县人,在大砂口居住,今年二十二岁了。小的素日原与平鲁县捕役崔金、韩国良、赵国成三人认识,他们带票出口拿贼,于八月十九日在大砂口地方叫小的相跟他们出口来的,二十一日一同到了后坝上崔金兄弟

① 乾隆五年十二月,土默特左旗档案馆藏清代归化城土默特副都统衙门档案,档号:80-4-19。按:此件收入内蒙古土默特左旗档案馆、内蒙古科技大学联合整理《土默特左旗档案馆藏土默特历史档案汇编(第一辑)》(广西师范大学出版社,2018年,第4册,第163页),著录标题为《乾隆五年四月押送犯人进京的牌照》,疑误。

崔相家住下，二十三日到了店湾村歇店里住了一夜，至二十四日出店来，崔金与韩国良、赵国成同小的商议要偷昆都仑衙门里的事，等有三更多时，小的们一同到去，赵国成就跳进墙去，不多一会又跳出来说，住房周围贴墙俱有木栅，下手不得，小的们就走了，仍回到崔相家住下。到二十六日，崔金说住房周围俱有木栅，难以进去，我们从窗户里进去偷罢。说毕，小的们四人先在衙门东首山坡上龙王庙内藏着，有三更时候，在衙门后围墙东北角上拆了一个墙缺进去，又在内里围墙东北角上拆了一个墙缺，小的们四人进院，是崔金拿着铁尺将正房东间窗棂打坏，是崔金叫小的进屋里去的，小的看见屋内有灯棹上垛着两个箱子，上边一个箱子小些，还搁着两个包袱，小的将上边这个箱子递出，将两个包袱丢出在院里。小的就要出来，崔金拿着铁尺拦住不叫小的出来，还叫回去拿东西。小的又去拿那个箱子去，就被屋内的人放箭，还不知用什么棍棒打了一下，却打在炕沿上了，没有打着小的。小的丢下箱子就往外走，小的左手掌在打坏的窗台上扎了一下，扎出血来了，如今手上的伤好了，还有这个疤就是扎的。小的急忙出院，小的也顾不得拿箱子，只拿得两个包袱就走了，恐有人赶，小的们还拿拳掷打，就出去走了到崔相家。二十七日黑早，崔金、韩国良他二人拉了马骑上，带了包袱，先回家去了。小的是随后同赵国成步行回家的，只分给小的一件花缎棉袍子，像个灰色的，也认不明白，十月十一日当在云石堡了，票子现在小的母亲收着,还分给了小的一件青花细棉外套,也在家中,小的再没分得别的东西。

大砂口,是外长城威远堡附近的一个村落,时属朔平府右玉县,僻处右玉、平鲁、清水河、和林格尔四地交界之处,距离昆都仑有上百里路程。和泰验明侯保左手掌果有疤痕,确系盗犯无疑,随即于十一月初九日带领多名差役押着侯保前往大砂口起赃,同时派遣差役赶赴平鲁县,请求当地缉拿捕役崔金等人,并收缴余赃。通过讯问侯保母亲及参与典当诸人,确认侯保在云石堡典当的棉袍确系昆都仑衙门盗劫之物。但是就在侯保被官府拿获的十一月初三日,韩国良闻讯而至,从侯母手中索走当票,当天即从云石堡当铺赎走棉袍。不久,平鲁县发来关文,称崔金、韩国良、赵国成确实是奉县廷之命回乡稽查匪类的捕役,三人"不时朋聚,暮归夜出,形迹可疑,恐有不法等事",已经闻风速遁,不知踪影。和泰只好将侯保暂行收羁,同时差拘崔相到案,继续质讯,并将案件进展情况上报给都统等上级。

按照当时归绥诸厅制度规定,盗案命案如系民人所为而与蒙古无关,由朔平府负责承审,昆都仑协理通判负责验明上报而不能承审。但是,如果不能及时破案,"疏防"失职的直接责任仍要由案发地昆都仑的主官承担。此案自乾隆五年(1740)八月二十六日发生之日起,除去封印日期,扣至乾隆六年正月二十五日,四个月疏防之限已满,只捕获伙贼侯保一人,尚有崔金、韩国良、赵国成三犯外逃,作为疏防专管官的署昆都仑协理通判和泰及兼辖官前任参革归化城理事同知春品尔，遂被山西巡抚喀尔吉善题参。① 此案最终如何了结，笔者没有看到相关档案材料。乾隆六年四月，和泰结束了署理昆都仑协理通判这一职务，回归和林格尔本任。

据《题为特参前任昆都仑协理通判海都等员承缉逃犯限满未获事》②，因昆都仑协理通判海都被革职，乾隆十二年（1747）三月初七日至六月二十五日，和林格尔协理通判和泰再次署任昆都仑协理通判。

胡必泰 蒙古正白旗人。据《题报昆都仑协理通判胡必泰在任闻讣丁忧日期事》③，初在内阁中书供职十三年，乾隆五年十二月补授昆都仑协理通判，乾隆六年（1741）四月初九日到任。

据《奏为昆都仑被雹情形事》④，乾隆六年六月十一日，天降冰雹，自新窑子村（今和林格尔县盛乐镇南新夭村）起，从侯家梁（今属和林格尔县盛乐镇）至五拉厂北村（今内蒙古凉城县忽拉厂北村），覆盖范围长十里、阔五里。胡必泰迅即查勘，并向绥远城将军和山西巡抚分别禀报，"查各村麦子俱

---

① 乾隆六年二月十七日山西巡抚喀尔吉善题，一档馆藏内阁刑科题本，档号：02-01-007-015637-0005。
② 乾隆十三年五月初六日山西巡抚准泰题，一档馆藏内阁吏科题本，档号：02-01-03-04632-009。
③ 乾隆十年七月初四日山西巡抚阿里衮题，一档馆藏内阁吏科题本，档号：02-01-03-04328-007。
④ 乾隆六年七月初七日山西巡抚喀尔吉善奏，一档馆藏宫中朱批奏折，档号：04-01-01-0067-016。

已收获,惟秋禾杂粮荞麦等项被雹损伤共地四十余顷,将来秋收不过三四五分不等",以期蠲免租税,抚绥灾民。又据《题为会议查明归绥所属清水河和林格尔被雹成灾分类分别蠲免钱粮事》,乾隆九年七月,胡必泰受归绥道委派,前往和林格尔履亩查勘冰雹伤禾情况,"据委员胡必泰覆称,和林格尔被雹地亩受伤成灾自六分起至七八九十分不等,共中等地六十九亩七分九厘,下等地二百六十五顷八亩二分八厘统计成灾八分"①。

乾隆十年(1745)六月十一日,胡必泰因亲母褚氏去世而丁忧离任,回旗守制。据《题为遵旨察核山西绥远城昆都仑协理通判胡必泰经征乾隆九年钱粮分别完欠事》,因完纳乾隆九年钱粮,而被准许在丁忧结束补官时记录一次。②乾隆十四年,胡必泰出任清水河协理通判。③

海都 籍贯不详。乾隆十年(1745)到任,接连遭遇两件棘手要案,在任两年就被革职,可谓命途多舛。

第一件是一起劫案。乾隆十一年(1746)四月初二日深夜,赶直汗或洞村(今内蒙古呼和浩特市赛罕区榆林镇干丈村)民人孔毓章所开杂货铺遭劫。据孔毓章供称:

---

① 乾隆九年九月二十日吏部尚书协理户部事务讷亲题,一档馆藏内阁户科题本,档号:02-01-04-13667-011。
② 乾隆十一年三月初七日户部尚书海望题,一档馆藏内阁户科题本,档号:02-01-04-13949-015。
③ 乾隆十四年十一月二十九日大学士管理户部事务傅恒题,一档馆藏内阁户科题本,档号:02-01-04-14295-013。

> 是夜二更时分，贼人用檩木撞毁铺门入室，伊等知觉，即行喊叫，贼人携取布锭、锡器、钱文等物，分路而逃，未明火执械，其撞门檩木即系门外所放之物，未识是蒙是汉。①

海都闻报之后，随即亲诣查勘，派遣差役追捕，同时具文上报。此案自四月初二失事之日起，至本年八月初二日，四个月疏防之限已满，盗犯远飙，尚未弋获。八月三十日，山西巡抚阿里衮上奏，题请参处负有疏防责任的相关官员，包括专管官昆都仑协理通判海都、兼辖官归化城蒙古民事同知广绥、统辖官归绥道通安布。就在海都为此案忧心忡忡之际，昆都仑又发生一起重罪犯人越狱逃脱的大案。

昆都仑监狱所羁犯人古鲁扎布，曾因踢人致死而被处拟绞。乾隆十一年七月十四日黎明，古鲁扎布乘禁卒睡熟，扭开锁铐，越墙而逃。当时海都正奉上司委派，在和林格尔查勘灾情，接到报告后，赶紧返回昆都仑，一边上报，一边差役勒缉。拟绞犯人越狱，属于重案，若不能及时破获，直接责任官员要被革职。清代对官员的处分，分为罚俸、降级、革职三个层级，革职是最严重的一级。一朝革职，仕途搁浅。还没有从孔毓章货铺劫案中脱身的海都，再次陷入泥淖之中。

历秋入冬，至十一月十四日，四个月的疏防期限已满，逃

---

① 乾隆十一年八月三十日山西巡抚阿里衮题，一档馆藏内阁兵科题本，档号：02-01-006-000773-0021。

四 | 昆都仑并入和林格尔厅史事钩沉

犯古鲁扎布杳无踪影,问责程序如期启动。十一月三十日,署山西巡抚班第因疏防限满,逸犯未获,奏请将疏防越狱之专管官昆都仑协理通判海都、兼辖官归化城理事同知广绶、统辖官前任归绥道通安布、按察使多纶等一并参处。"绞犯越狱,督抚例有处分",已经调任山东巡抚的前山西巡抚阿里衮也被列入题参名单。同知、道员、藩臬二司、巡抚如何处罚,皆有定例。专管官海都的处罚引发了争议,因为案发之时,海都正在和林格尔执行公务,属于带印公出。班第在题本中也陈明这一事实。① 吏部奉旨议奏:

> 又定例,斩绞重犯越狱,该管官员除赴部引见、委解钱粮、奉调查审案件、承办要务等件因公出省,以及奉调入闱者,该督抚即于疏内声明,仍照因公出境例查议外,但此等人犯俱系命盗首恶,理应严加监禁,镣铐牢固。
>
> 该管官或委署邻邑,或檄调赴省等项公出时,尤当严饬吏卒,交属员加谨稽查,小心防守,务期不致疏脱;如有此等公出,斩绞重犯越狱脱逃者,仍照越狱定例处分。……今此案昆都仑协理通判海都于该犯越狱之日,奉委和林格尔会勘田禾被雹打伤公出,并非因公出省,应仍照越狱定例查议,不便免议,应将疏防越狱之专管官昆都

---

① 《内阁大库档案》,乾隆十一年十一月三十日署理山西巡抚班第题为归化城昆都仑监犯古鲁扎布脱逃题参疏防越狱之专管官昆都仑协理通判海都等员,台北"中研院"历史语言研究所藏,登录号:075031。

仑协理通判海都，照例革职拿问。[①]

海都奉上司委派赴邻厅和林格尔查勘灾情，应该属于因公出差，但由于"并非因公出省"，不在宽宥之列，只能依照斩绞重罪人犯越狱定例，革职拿问。据《题为特参前任昆都仑协理通判海都等员承缉逃犯限满未获事》[②]，乾隆十二年（1747）三月初七日，承缉此案的海都被革职，随即逮捕，解交刑部审问。有意思的是，在此之前的二月初八日，对此案负有督缉责任的归化城理事同知广绶被参离任后，海都一度以昆都仑协理通判暂署归化城理事同知事，承缉、督缉一肩挑，直至三月初十日革职离任。

海都被革职拿问，一众上司被罚俸，但这并不是昆都仑越狱大案的休止符。重犯古鲁扎布仍然在逃，对相关官员的问责仍在继续。此案发生于乾隆十一年七月十四日，正式承缉起始时间是乾隆十二年正月二十日，除去封印日期一个月，扣至乾隆十三年二月二十日限满，逸犯仍未缉获，新任山西巡抚准泰于乾隆十三年五月初六日上奏题参，开出一个长长的名单：

承缉、接缉职名：前任参革拿问昆都仑协理通判海

[①] 《乾隆十二年二月六日大学士管吏部张廷玉题覆晋省绞犯越狱疏防各官分别议处》，张伟仁主编：《明清档案》，台北：联经出版事业公司，1986年，第145册，B81527—B81531。

[②] 乾隆十三年五月初六日山西巡抚准泰题，一档馆藏内阁吏科题本，档号：02-01-03-04632-009。

都、署昆都仑事和林格尔协理通判和泰、接任昆都仑协理通判阿尔图、兼摄昆都仑事归化城蒙古民事同知齐格。

督缉职名：前任参革归化城蒙古民事同知广绥、署理同知事昆都仑前任协理通判海都、署理同知事笔帖式恒庆、现任蒙古民事同知齐格、归绥道卓尔岱、山西按察使多纶、前任山西巡抚爱必达自、前署山西巡抚德沛、现任山西巡抚准泰。①

这个大名单涉及前后任协理通判四名、同知四名、道员一名、按察使一名、巡抚三名，此案影响之大，可见一斑。越狱犯古鲁扎布是否被抓获，此案最终如何收结，由于没有进一步的档案记录，一切无从知晓。我们能够感知的，是彼时昆都仑杂乱难治的社会秩序，以及协理通判海都时运不济时的无奈心情。

海都在任期间，还曾查勘和林格尔厅受灾地亩。据《题为遵旨速议蠲免绥远和林格尔所属被灾村庄钱粮事》②，乾隆十一年（1746）六月十五日，和林格尔厅上骆驼沟里、下骆驼沟里（今属和林格尔县大红城乡）等村庄稼被洪水淤漫冲毁，上窑子村（今属和林格尔县大红城乡）、九犋牛沟村（今属和林格尔县大红城乡）庄稼被冰雹打伤，海都奉绥远粮饷同知福保委

---

① 乾隆十三年五月初六日山西巡抚准泰题，一档馆藏内阁吏科题本，档号：02-01-03-04632-009。

② 乾隆十一年十月二十日协办大学士兼管户部尚书刘于义题，一档馆藏内阁户科题本，档号：02-01-04-13958-014。

派前往和林格尔，会同和林格尔协理通判和泰查勘受灾情况，并商议灾民是否需要赈恤。海都离开不久，六月二十八日，和林格尔厅爱好里（今和林格尔县大红城乡爱好村）、二道沟里（今和林格尔县大红城乡二道沟村）等村复遭雹袭。七月十一日，和林格尔协理通判和泰上报灾情，海都再次奉委前往查勘。他在后来的汇报中说："蒙委即赴和林格尔被水被雹等处，会同该协理通判履亩查勘，共被伤中下地一百五顷三十一亩七分二厘五毫，成灾自六七分至八九十分不等。"昆都仑越狱案，就发生在他第二次查勘期间。

阿尔图 籍贯不详。据《题为特参前任昆都仑协理通判海都等员承缉逃犯限满未获事》，乾隆十二年（1747）六月二十五日接任昆都仑协理通判，十二月二十日离任。

齐格 籍贯不详。以归化城蒙古民事同知兼摄昆都仑协理通判事。乾隆十二年十二月二十日（1748年1月20日）到任。阿尔图与齐格在任期间，除接缉古鲁扎布越狱案，还审理了一起蒙古与民人因经济纠纷引发的命案。

七杆棋子村（今属和林格尔县盛乐镇）的蒙古人萨尔他瓦起，把自家的三具牛地亩租给在邻村郭家营子（今属和林格尔县盛乐镇）居住的民人郭起志、郭宗旺、郭保子等耕种，议定每年每具租银三两，粟谷三石，春季先交租银一年，其余待秋收后清还。郭起志、郭宗旺、郭保子都是山西崞县人，来口外种地谋生，在此地安顿下来，村落遂称郭家营。乾隆十二年（1747）二月，到了交租银的日子，仅郭起志交租银五钱，其他人皆未如约交付。七月十七日，萨尔他瓦起拎着防犬木棒，

四 | 昆都仑并入和林格尔厅史事钩沉

同家人扎木桑一起来郭家营讨索租银,与郭起志发生冲突,先是对骂,继而互殴。郭起志堂兄郭起会用扫帚柄殴伤扎木桑,萨尔他瓦起用木棒将郭起志打倒在地,致其当时殒命。此案涉及蒙古、民人纠纷,时任昆都仑协理通判阿尔图迅即上报,与归化城都统委派的蒙古官员骁骑校公津扎布共同前往郭家营案验,查明案情。① 由于当事人之一扎木桑受伤休养,审案程序延迟半年之久,阿尔图未及解审,于十二月二十日离任。齐格以归化城蒙古民事同知兼摄昆都仑协理通判事身份接审此案,最终形成如下判决:

> 萨尔他瓦起……合依蒙古凡斗殴伤重于五十日内身死者,将殴打之人拟绞监候律,应拟绞监候,秋后处决。郭起会将扎木桑殴伤,合依他物殴人成伤,律笞四十折责十五板。那木扎布原系事后方至,虽初供讹认殴死郭起志,因为主情切,旋经供明请免置议。扎木桑尸场所供系顺从伊兄指使,请与并未在场之郭保子、郭宗旺及无干之蒙古内地甲头均免置议。郭起志所欠萨尔他瓦起租银粟谷,业已身死,照例免追,地亩仍还给主。郭保子、郭宗旺各名下所欠租银粟谷俱令照数偿还。②

---

① 乾隆十三年十二月初十日山西巡抚阿里衮题,一档馆藏内阁刑科题本,档号:02-01-07-08358-016。
② 乾隆十三年十一月二十一日山西巡抚阿里衮题,一档馆藏内阁刑科题本,档号:02-01-07-04915-008。

这是一起典型的蒙古、民人因租佃纠纷引发的刑事案件。案件的审理过程和最终处置结果也算合法合情，作为昆都仑父母官的两任协理通判阿尔图、齐格也都尽职尽责，公允处事。

傅隆安 籍贯不详。据《题为遵旨核议山西清水河通判所属时年丰等里村被雹成灾应行蠲缓钱粮事》[①]，乾隆十四年（1749）七月，"昆都仑通判傅隆安前往清水河被雹处所，会同该协履亩查勘"。到任、离任时间亦不详。

普喜 满洲镶黄旗人。据《题为昆都仑协理通判普喜历俸三年期满该员年富力强办事明敏保题事》[②]，雍正九年（1731）由官学生考补太常寺库使。乾隆二年（1737）保举补授太常寺笔帖式。乾隆十一年保举协办同知笔帖式，吏部带领引见并奉旨"着记名"。乾隆十四年十一月补授昆都仑厅协理通判，十二月二十九日到任。

在任期间，曾承审"山西昆都仑客民张伯蒿因酒溢受责误伤冯润身死"[③]"昆都仑协厅民史要因拒讨索欠启衅扎毙雇工史成小子"[④]"昆都仑协朱富荣因赌博纠纷扎伤王新业身死"[⑤]"昆都

---

① 乾隆十四年十一月二十九日大学士管理户部事务傅恒题，一档馆藏内阁户科题本，档号：02-01-04-14295-013。
② 乾隆十九年九月二十五日山西巡抚恒文题，一档馆藏内阁吏科题本，档号：02-01-03-05153-012。
③ 乾隆十八年三月十一日署理刑部尚书阿克敦题，一档馆藏内阁刑科题本，档号：02-01-007-017799-0001。
④ 乾隆十九年闰四月十一日署理刑部尚书阿克敦题，一档馆藏内阁刑科题本，档号：02-01-007-018028-0003。
⑤ 乾隆二十一年二月十二日山西巡抚恒文题，一档馆藏内阁刑科题本，档号：02-01-007-018374-0017。

仓案犯徐公金因被索欠起衅伤毙郝公武"①"昆都仑案犯武福小子因牛只践踏田禾起衅伤毙董三"②"昆都仑厅客民武宝因阻拦酒醉复饮被伤扎死武旭"③"昆都仑厅张尚云因牛食油麦纠纷砍毙蒙民阿拉布坦"④等案。据《题为查明归化城清水河秋禾因旱虫灾分数事》，他还曾于乾隆十八年（1753）八月，奉委前往清水河扑杀蚂蚱，查勘受灾地亩。⑤

  普喜担任昆都仑协理通判期间，以政绩优异著称。按照乾隆七年（1742）获准施行的归化城等处协办笔帖式人员升迁制度，"任事已满三年，果能勤劳供职、廉谨自持、于地方旗民事务实堪胜任者，令该管上司据实保举，送部引见后仍回原任。其奉旨记名者，遇有应升缺出，吏部于带领在京记名人员引见之时，将该员记名之处一并缮写名单进呈，恭候简用"⑥。普喜的行政表现与咨部引见之例相符，故乾隆十七年十一月三年俸满之后，他的两位顶头上司——归化城蒙古民事同知克尔图、

---

① 乾隆二十一年五月初七日刑部尚书鄂弥达题，一档馆藏内阁刑科题本，档号：02-01-07-05407-001。
② 乾隆二十一年五月十二日刑部尚书鄂弥达题，一档馆藏内阁刑科题本，档号：02-01-07-05389-006。
③ 乾隆二十二年二月十二日山西巡抚明德题，一档馆藏内阁刑科题本，档号：02-01-007-018597-0012。
④ 乾隆二十二年六月初八日山西巡抚明德题，一档馆藏内阁刑科题本，档号：02-01-007-018625-0002。
⑤ 乾隆十八年九月二十八日建威将军兼管绥远城右卫富昌题，一档馆藏内阁户科题本，档号：02-01-04-14739-004。
⑥ 乾隆十九年九月二十五日山西巡抚恒文题，一档馆藏内阁吏科档案，档号：02-01-03-05153-012。

绥远城粮饷理事同知勒尔金就予以保举。归绥道道员法保批饬再行确查，适逢勒尔金升迁离任，接署绥远城粮饷理事同知事务的朔平府同知揆林不熟悉普喜政绩，归绥道交办的确查任务暂时搁置。一年之后，新任绥远城粮饷理事同知齐赉与归化城蒙古民事同知克尔图再次联名向归绥道保荐普喜，一档馆所藏档案《题为昆都仑协理通判普喜历俸三年期满该员年富力强办事明敏保题事》记录了两位上司的评语：

> 该协俸满之后，又历载余。考其政绩，每逢朔望，宣讲圣谕，蒙古民人，咸知教化。设立义学，捐备膏火，延请师傅，训迪生徒。办理命盗案件，皆能裕如，并无枉纵。经征银米，从无蒂欠，照依部颁法马，平斛响挡。审理词讼，听断公平。编立保甲，匪类潜踪。巡历乡村，开导有方。约束胥役，闾阎安堵。劝民力穑，户多盖藏。查该协普喜委系年壮力强，廉洁自持，政事勤敏，勇往练达，才具优长，洵为各协中出众之员，实与部议三年俸满题请咨部引见之例相符。①

清代以"守""政""才""年"四项要素来考核地方官，是为"四格"。"守"即操守品行，"政"指为政态度，"才"即行政能力，"年"指身体状况。据乾隆《钦定大清会典》卷六，"守"分清、谨、平三等，"才"分长、平二等，"政"分勤、平

---

① 乾隆十九年九月二十五日山西巡抚恒文题，一档馆藏内阁吏科档案，档号：02-01-03-05153-012。

二等,"年"分青、壮、健三类。用"四格"标准比照齐赍与克尔图的评语,所谓"年壮力强",是说时年四十四岁的普喜身体健康,具备承担繁难政务的身体条件,符合"年"的要求;"廉洁自持",是说他为官清廉,在"守"这项要素上居于优势;"政事勤敏",说明他处政勤勉而机敏,对本职工作认真负责,于"政"为优;"勇往练达,才具优长",说明他具有很强的行政能力,在"才"这一要素上非常突出。清代官箴有云:"才具开展,吏治精勤,除暴安良,案无留牍。或水旱为灾而能设法捍御,事集而民不扰;或奸宄萌动而能掩捕神速,害去而人不知者,是谓能吏。"① 按照上司的评价之语,普喜就是符合"四格"要求的能吏,是归化城"各协中出众之员"。

新任归绥道道员图桑阿确查属实,上报山西布政使多纶、按察使蒋洲,会呈山西巡抚恒文,恒文于乾隆十九年(1754)九月二十五日正式具题,称"覆查普喜勤慎勇往,实心任事,实属出众之员,三年俸满与保举之例相符,相应具题,伏乞皇上敕部议覆施行"②。吏部奉旨议奏如下:

> 今昆都仑协理通判笔帖式普喜,该抚既称该员勤慎勇往,实心任事,三年俸满与保举之例相符等语。臣部查普喜任内并无降革留任之案,其因公参罚案件既经该抚于疏内声明,应令该抚给咨该员赴部,臣部带领引见,如蒙谕旨

---

① [清]徐栋辑:《牧令书》卷二三《宪纲》,《官箴书集成》第七册,合肥:黄山书社,1997年,第564页。
② 乾隆十九年九月二十五日山西巡抚恒文题,一档馆藏内阁吏科题本,档号:02-01-03-05153-012。

记名，臣部照例遇有应升缺出，于带领在京记名人员引见之时，将该员记名之处一并缮写名单进呈，恭候简用。俟命下之日，臣部遵奉施行。臣等未敢擅便，谨题请旨。①

乾隆二十年（1755）四月，普喜如愿以偿得到赴部引见，"着记名，仍回原任"②。按照当时的制度，引见者一旦被记名，就具备了"遇有应升缺出"时"恭候简用"的资格。七协设立二十年，此前从未有人得到保题。护理山西巡抚印务布政使朱一蜚曾一针见血地指出：

> 七协厅员俱由笔帖式拣选外用，仅有三年俸满保题之例，而地处口外，凡刑钱事务每多因公参罚，一经更易，又须辗转试看，故建官已二十余年，保题未有其人。③

口外事务繁杂，培养熟手不易，故七协厅员中即便有符合条件之人，上司也不愿轻易保题放人。普喜的保题具有破纪录性质，故在当时的归化城官场极为轰动。普喜的仕进之门由此洞开，上司们也不惜为之提供"绿灯"之便。据《题为遵议晋省

---

① 乾隆十九年十一月十一日署理吏部尚书杨锡绂题，一档馆藏内阁吏科题本，档号：02-01-03-05145-013。
② 乾隆二十二年三月十二日大学士兼署吏部事务来保题，一档馆藏内阁吏科题本，档号：02-01-03-05388-005。
③ 乾隆十九年九月二十五日山西巡抚恒文题，一档馆藏内阁吏科题本，档号：02-01-03-05153-012。

请以普喜升补归化城理事同知事》①，乾隆二十二年（1757）正月二十四日，因归化城同知格图肯丁忧告假，同知缺出，山西巡抚明德奏请以普喜升补归化城理事同知：

> 归化城同知一缺管理民事，统辖七协，审转蒙古民人命盗等案，职同郡守，政务纷繁……且现在办理军需，而采办驼只、办运籽种粮石，均系该同知应办之事，若以该员升补，更收驾轻就熟之益。……臣查普喜年富才优，办事强干，经前抚臣恒文保题引见，奉旨记名，例应题补归化城同知之员，合无仰恳圣恩，将普喜升补归化城同知，庶口外要地得收驾轻就熟之效，而一切均可资其治理矣。如蒙圣恩允准，则普喜保题引见未满三年，应否仍行送部引见，听候部议，相应循例具题。伏乞皇上睿鉴，敕部议覆施行。再照普喜任内有赵有道殴死刘豹案内失察赌博，又朱富荣扎死王新业案内失察赌博，又李士克等因赌自缢身死案内失察赌博等三案，均各罚俸一月。又周四娃被殴身死凶犯未获，初参住俸，其俸银已完，二参已准部议纪录抵销，将来三参不获，虽应行降留，但定例题请升补官员任内如有住俸缉拿之案，俱准一体保题。此外再无承追、督催有干展参、降革之案，合并声明，谨题请旨。

吏部奉旨议奏：

---

① 乾隆二十二年三月十二日大学士兼署吏部事务来保题，一档馆藏内阁吏科题本，档号：02-01-03-05388-005。

查乾隆七年七月臣部议覆升任山西巡抚喀尔吉善折奏酌定繁简各缺案内归化城等处各协办笔帖式内如有任满三年曾经保题引见奉旨记名者，遇有归化绥远理事同知缺出，准其保题请旨升用等因在案。又定例题请升补升署人员除降级降职革职留任及承追督催停升征收之案不准保题外，其住俸停升缉拿降俸罚俸之案，仍准一体拣选保题。又定例题升知县以上官员俱令送部引见，恭候钦定各等语。今昆都仑协办同知笔帖式普喜，该抚既称该员年富才优，办事强干，经前抚臣恒文保题引见，奉旨记名，例应题补归化城同知之员，将普喜升补归化城同知，庶口外要地……查普喜任内并无不合例事故，与题升之例相符。再查升任官员如有因卓异引见未满三年者，停其调来引见。昆都仑协办同知笔帖式普喜于乾隆二十年四月三年任满照例送部引见，与卓异人员引见未满三年者不同，今升补同知，应令该抚照例给咨赴部，臣部带领引见，可否准其升补归化城理事同知之处，恭候钦定，俟命下之日，臣部遵奉施行。臣等未敢擅便，谨题请旨。

普喜前次引见，时在乾隆二十年（1755）四月。刚过了不到两年时间，又得以赴部引见，打破了"未满三年不得引见"的惯例。巡抚的表述极有分寸，吏部的解释天衣无缝，一路绿灯照亮了普喜的前程。乾隆二十二年八月，普喜由昆都仑通判升任归化城蒙古民事同知。其后还曾以归化城蒙古民事同知护理归绥兵备道印务。

四 | 昆都仑并入和林格尔厅史事钩沉

普喜是归化城诸协内首位升任同知的协理通判。在他升迁的过程中,协理通判升迁制度的不断优化固然是前提,个人"超迈群伦"的行政表现和上司们异口同声的褒扬推抬似乎更为重要。然而具有讽刺意味的是,乾隆二十四年(1759),普喜因婪赃逾万而被处斩立决。当年保举他的各级官员也被追究问责,其中原任山西巡抚明德降二级从宽留任;原任山西布政使多纶降去顶戴四级。① 从乾隆十四年十一月补授昆都仑厅协理通判算起,到乾隆二十二年八月升任归化城蒙古民事同知,普喜任职昆协前后长达九年。

那山 即纳山,满洲正白旗人。乾隆十八年(1753)十一月出任清水河协理通判。乾隆二十年四月前后,因普喜赴部引见,昆都仑事由纳山署理。据《题为会审山西清水河协李如恺因恳求觅工不允扎死乔义乔礼二命一案依例拟绞立决请旨事》②,乾隆二十年二月二十一日即已署理,直至普喜赴部引见之后回归。

拔彦 即巴彦。籍贯不详。最晚于乾隆二十二年(1757)八月到任。其间承审"昆都仑民张福因被鸡奸殴伤韩德身死"③"昆都仑协史廷柱等因不服拘拿打死段可福"④"昆都仑厅民史谊

---

① 乾隆二十四年七月初二日大学士兼管吏部事务傅恒题,一档馆藏内阁吏科题本,档号:02-01-03-05623-001。
② 乾隆二十一年二月二十六日署理刑部尚书阿里衮题,一档馆藏内阁刑科题本,档号:02-01-007-018377-0012。
③ 乾隆二十三年五月初七日山西巡抚塔永宁题,一档馆藏内阁刑科题本,档号:02-01-007-018780-0012。
④ 乾隆二十四年四月二十日山西巡抚塔永宁题,一档馆藏内阁刑科题本,档号:02-01-007-018978-0019。

因买牛皮付银成色争执殴毙蒙古根敦"①等案。据《题为和林格尔下骆驼沟里水冲坍塌地亩已成沙砾河滩难以垦复请豁事》②，曾受归绥道委派，于乾隆二十三年十二月初十日赴和林格尔勘验查丈被水冲塌地亩。

乾隆二十五年（1760）九月，清廷批准山西巡抚鄂弼关于裁撤昆都仑协厅的政改方案，拔彦的昆都仑仕宦生涯开始进入倒计时。当时拔彦正以昆都仑协理通判身份署理和林格尔协理通判，随即变更为"兼办昆都仑通判印务署和林格尔通判"或"兼署昆都仑通判事署和林格尔通判"③，开始以署和林格尔通判的身份兼办昆都仑通判事务。更准确地说，是以署和林格尔通判的身份处理昆都仑通判被裁留下的善后事务。至年底，山西巡抚鄂弼奏请：

> 和林格尔厅通判亦现在员缺，查有裁汰昆都仑协理通判拔彦，到任三年有余，为人率直，办理勇往，请即以拔彦实授和林格尔通判。④

---

① 乾隆二十六年十二月初九日刑部尚书舒赫德题，一档馆藏内阁刑科题本，档号：02-01-007-019365-0013。
② 乾隆二十四年四月二十六日建威将军保德题，一档馆藏内阁户科题本，档号：02-01-04-15172-007。
③ 乾隆二十六年十二月初九日刑部尚书舒赫德题，一档馆藏内阁刑科题本，档号：02-01-007-019365-0013。
④ 乾隆二十六年四月二十六日山西巡抚鄂弼题，一档馆藏内阁户科题本，档号：02-01-04-15427-009。

乾隆二十五年十二月十九日（1761年1月24日），吏部奉旨议奏，准予赴部引见。乾隆二十六年五月初六日，拔彦由吏部带领引见，补授为和林格尔理事通判。八月十二日回到和林格尔履职，同时继续处理昆都仑善后事务，包括审理"昆都仑客民杨三索欠未得争殴伤毙艾夸子"①"昆都仑民人陈印因索欠争闹殴毙贾五"②等案。

孚兰泰 籍贯不详。拔彦赴部引见期间，孚兰泰奉委以"兼办昆都仑事署和林格尔通判印务笔帖式"身份主政和林格尔，并兼办昆都仑善后事务。乾隆二十六年（1761）五月初六日到任，八月十二日卸事。

从雍正十三年（1735）首任协理笔帖式叶赫布走马上任，到乾隆二十六年（1761）最后一位协理通判拔彦改任和林格尔通判，昆都仑协厅存在了不足三十年。由于存续时间短暂，传世记录有限，后人对昆都仑历史的认识难免有失实失准之处。如《和林格尔县志草·沿革》记载："（乾隆）二十五年裁昆都仑协理通判，隶其地，为蒙民理事厅。"③这一表述不够严谨，因为昆都仑协理通判被裁之后，土地、村落部分归并给和林格尔，部分划归了归化城。今本《和林格尔县志》记述本县清代

---

① 乾隆二十七年四月二十二日刑部尚书舒赫德题，一档馆藏内阁刑科题本，档号：02-01-07-05859-012。
② 乾隆二十七年四月二十五日刑部尚书舒赫德题，一档馆藏内阁刑科题本，档号：02-01-07-05871-002。
③ ［清］陈宝晋等纂辑：《和林格尔厅志略·和林格尔行政文·和林格尔县志草》，呼和浩特：远方出版社，2008年，第160页。

沿革时说:"乾隆二十五年,改为昆都仑协理通判。"① 这一表述颠倒历史,因为乾隆二十五年正是昆都仑协理通判退出历史舞台的时间。也有人将之与后来崛起的包头昆都仑混为一谈。如《包头市志·大事记》在乾隆六年条下记述:"增设昆都仑协理笔帖式和善岱协理笔帖式。"② 时间错误且不说,就内容而言,显然是把归化城东边的昆都仑当成了今包头的昆都仑。有研究者探讨"走西口"与包头商业发展关系时记述道:"至乾隆初年,昆都仑已有商户七十二家,西脑包也有商民数十家。乾隆六年,设昆都仑协理通判,以治西脑包。但到乾隆二十五年,由于人口的增长,清政府就取消了昆都仑协理通判,将原昆都仑协理通判属下的汉民统隶于山西省归绥道萨拉齐厅。"③ 清代昆都仑协理通判的治所不在今包头市西脑包,而在今和林格尔县黑老夭乡,两地相距足有数百公里。昆都仑协理通判在乾隆二十五年被取消之后,土地、村落与百姓分拨给毗邻的和林格尔与归化城二厅,不存在将"汉民统隶于山西省归绥道萨拉齐厅"的情形。裁撤后的昆都仑地区如何管理,有些志书记载失实,如《绥远通志》记清高宗弘历乾隆二十五年大事记时说,"裁善岱、昆都仑二协……改置萨拉齐、清水河、和林格尔、托克托厅协理通判为理事通判厅,管理蒙民事务,隶归绥道。

---

① 《和林格尔县志》编纂委员会:《和林格尔县志》,呼和浩特:内蒙古人民出版社,1993年,第53页。
② 包头市地方志编纂委员会:《包头市志》卷1,呼和浩特:远方出版社,2001年,第72页。
③ 郝建平主编:《阴山文化专题研究》,长春:吉林大学出版社,2020年,第275页。

其中和林格尔附设昆都仑协理通判"[①]。实际情况是，昆都仑协理通判裁撤之后，善后事务暂由和林格尔厅通判署理，巡检一员得以保留，也归和林格尔厅管理。

[①] 邢野、姜宝泰主编：《绥远通志》，呼和浩特：内蒙古人民出版社，2005年，第326页。

附录一 清代和林格尔厅通判表

和林格尔厅通判表

序号	朝年	姓名	籍贯	职官	任职	去职
1	雍正	和泰	（？）正黄旗	协理笔帖式、协理通判	雍正十三年三月五日任命，六月到任	乾隆十四年十一月
2	乾隆	胡必泰	蒙古正白旗	协理通判	以清水河协理通判代理，乾隆十四年四月初四日到任	乾隆十四年九月二十三日
3		怀丞	满洲镶黄旗	协理通判	以署朔平府同知署理，乾隆十四年十一月二十七日到任	乾隆十四年十二月二十
4		常平	满洲镶黄旗	协理通判	乾隆十四年十二月二十到任	乾隆十八年二月二十四日革职
5		齐赉	满洲正红旗	协理通判	以归化城协理通判署理，乾隆十八年二月十四日到任	乾隆十八年六月二十五日
6		明德	满洲正黄旗	协理通判	乾隆十八年四月二十五日补授，六月二十五日到任	乾隆二十年二月十五日病离
7		怀清阿	蒙古镶蓝旗	协理通判	以托克托城协理通判署理，乾隆二十年二月二十五日到任	乾隆二十年五月十七日

280

续表

和林格尔厅通判表

序号	朝年	姓名	籍贯	职官	任职	去职
8	乾隆	鄂朔		协理通判	乾隆二十年五月十七日到任	乾隆二十五年十二月二十四日革职
9		拔彦		协理通判	以昆都仑协理通判署理，乾隆二十五年十一月到任	乾隆二十六年五月初六日赴部引见，暂时离任
10		罕兰泰		协理通判	兼办昆都仑署和林格尔通判印务笔帖式，乾隆二十六年五月初六日到任	乾隆二十六年八月十二日
11		拔彦		理事通判	乾隆二十六年八月十二日到任	乾隆二十八年十二月二十日降调
12		堂英	满洲镶蓝旗	理事通判	署理，乾隆二十八年十二月二十日到任	乾隆二十九年四月二十九日
13		僧保	蒙古正红旗	理事通判	乾隆二十九年二月二十七日补授，四月二十九日到任	乾隆三十一年六月病离
14		海明	满洲正蓝旗	理事通判	以清水河通判署理，乾隆三十一年六月到任	乾隆三十一年十二月
15		保琳	满洲正黄旗	理事通判	乾隆三十一年八月二十八日补授	乾隆三十四年六月初六日升迁

续表

和林格尔厅通判表

序号	朝年	姓名	籍贯	职官	任职	去职
16	乾隆	噶尔炳阿	满洲正黄旗	理事通判	署理，乾隆三十四年六月初六日到任	乾隆三十四年六月初十日
17		八格	满洲正蓝旗	理事通判	初为署理和林格尔厅通判，乾隆三十四年六月初十日到任。后转为实授，十一月二十一日到任	乾隆三十五年八月初二日升迁
18		七十五	蒙古正白旗	理事通判	以朔平府粮捕理事同知署理，乾隆三十五年八月初二日	乾隆三十六年二月
19		积福	满洲正蓝旗	理事通判	乾隆三十六年二月初六日到任	乾隆三十九年十月病离
20		德兴	满洲正白旗	理事通判	以清水河通判署理，乾隆三十九年九月到任	乾隆四十年二月初四日
21		富明阿	满洲正黄旗	理事通判	乾隆三十九年十二月初六日补授，乾隆四十年二月到任	乾隆四十一年二月忧解
22		苏尔通阿	满洲镶黄旗		以清水河通判署理，乾隆四十一年二月到任	
23		智常	满洲镶黄旗	理事通判	乾隆四十一年九月任任	乾隆四十二年正月初三日
24		善福		理事通判	署理，乾隆四十二年正月初三日到任	乾隆四十二年二月二十日降调

续表

和林格尔厅通判表

序号	朝年	姓名	籍贯	职官	任职	去职
25	乾隆	景裕	满洲镶黄旗	理事通判	乾隆四十一年十一月补授,四十二年二月二十日到任	乾隆四十六年五月三十日升迁
26		恒龄	满洲正蓝旗	理事通判	以平阴府通判署理,乾隆四十六年五月三十日到任	
27		世麟		理事通判	乾隆四十六年十一月初十日到任,四十九年十二月在任	
28		舒德善		理事通判	乾隆五十年三月在任	乾隆五十二年十一月三十日病离
29		赫本		理事通判	署理,乾隆五十二年十一月三十日署理	乾隆五十三年十二月二十四日
30		阿永	满洲正蓝旗	理事通判	初为署理,乾隆五十三年十二月二十四日到任。五十三年三月二十七日补授,五月初三日到任	乾隆五十六年七月初十日升迁
31		张观	汉军镶白旗	理事通判	署理,乾隆五十六年七月初十日到任	乾隆五十七年八月初十日
32		承柱	满洲正白旗	理事通判	乾隆五十七年八月初三日到任	乾隆五十九年二月十六日忧解

续表

和林格尔厅通判表

序号	朝年	姓名	籍贯	职官	任职	去职
33	乾隆	长琳	蒙古镶黄旗	理事通判	以托克托理事通判兼署，乾隆五十九年二月十六日到任	乾隆五十九年三月二十二日
34		张观	汉军镶白旗	理事通判	再次署理和林格尔通判，乾隆五十九年三月二十二日到任	
35		保志		理事通判	乾隆五十九年八月在任	嘉庆四年六月升迁
36		继昌		理事通判	嘉庆四年八月到任	嘉庆七年七月二十一日调离
37		嵩伊善	满洲正白旗	理事通判	署理，嘉庆七年七月二十一日到任	嘉庆七年十月初十日
38		继昌		理事通判	嘉庆七年十月初十日，由署理萨拉齐厅通判回任和林格尔通判	嘉庆十一年三月优解
39	嘉庆	阿禄		理事通判	嘉庆十一年六月到任	嘉庆十六年八月升迁
40		松禄	满洲镶黄旗	理事通判	嘉庆十六年八月到任	嘉庆十六年十二月二十六日回避
41		德恬		理事通判	兼署，嘉庆十六年十二月到任	嘉庆十七年三月初十日卒
42		塔清阿	满洲正白旗	理事通判	署理，嘉庆十七年三月初十日到任	嘉庆十七年三月二十九日
43		松普	满洲镶红旗	理事通判	嘉庆十七年三月二十九日到任	嘉庆十七年八月初一日

续表

和林格尔厅通判表

序号	朝年	姓名	籍贯	职官	任职	去职
44	嘉庆	常达	满洲镶白旗	理事通判	嘉庆十七年补授，八月初一日到任	嘉庆二十二年三月二十二日病离
45		松禄	满洲镶黄旗	理事通判	以托克托城通判兼署，嘉庆二十二年三月二十二日到任	嘉庆二十二年四月初六日
46		吉龄	满洲正红旗	理事通判	嘉庆二十二年四月初六日署理，六月补授	嘉庆二十五年十一月初六日革职
47		九龄	满洲正黄旗	理事通判	以绥远城粮饷同知暂署，嘉庆二十五年四月任	嘉庆二十五年十一月
48		庆纯		理事通判	以盂县知县署理，十一月	道光元年初
49	道光	富广		理事通判	道光元年初到任	道光四年三，四月间降调
50		德福	蒙古镶白旗	理事通判	署理，道光四年三、四月间	道光四年四月二十七日
51		寿麟	满洲镶黄旗	理事通判	道光四年三月二十二日补授，四月二十七日到任	道光七年七月三十六日调离
52		齐克坦布	满洲镶黄旗	理事通判	道光七年闰五月，与和林格尔厅通判寿麟对调，七月二十六日到任	道光十年七，八月间回避

续表

和林格尔厅通判表

序号	朝年	姓名	籍贯	职官	任职	去职
53	道光	德斌		理事通判	道光十二年正月在任	道光十四年十一月病离
54		荣庆	蒙古正黄旗	理事通判	以山西泽州府东冶镇同知署理,道光十四年十一月到任	道光十五年二月忧解
55		宝昌	满洲镶黄旗	理事通判	以绥远城粮饷理事同知署理,道光十五年二月	道光十五年六月初四日
56		清魁		理事通判	道光十五年六月初四日到任	道光二十二年八月新署归化城同知
57		魁英	满洲镶白旗	理事通判	以坐补归化城通判署理,道光二十二年八月到任	道光二十三年闰七月
58		清恩		理事通判	道光二十三年闰七月后到任	道光二十六年八、九月间
59		毓恩	满洲正蓝旗	理事通判	署理,道光二十六年八、九月间到任	道光二十六年十二月
60		珠隆阿	蒙古正蓝旗	理事通判	道光二十六年十二月到任	道光二十九年三月忧解
61		文山	满洲镶白旗	理事通判	署理,道光二十九年三月后到任	道光二十九年七月
62		伊长阿	蒙古镶黄旗	理事通判	道光二十九年五月初十日补授,七月二十二日到任	咸丰二年七月二十七日忧解

附录一 | 清代和林格尔厅通判表

续表

和林格尔厅通判表

序号	朝年	姓名	籍贯	职官	任职	去职
63	咸丰	珠隆阿	蒙古正蓝旗	理事通判	以托克托城理事通判兼理，咸丰二年七月二十七日	咸丰二年十月初二日
64		哈芬布	满洲正黄旗	理事通判	咸丰二年六月补授，十月初二日到任	咸丰六年正月二十二日卒
65		多芳		理事通判	以托克托城理事通判兼理，咸丰六年正月二十二日到任	咸丰六年三月十三日
66		端良		理事通判	署理，咸丰六年三月十三日到任，八月在任	
67		玉衡	满洲正红旗	理事通判	咸丰六年十一月在任	咸丰七年六月，调署萨拉齐理事通判
68		富山		理事通判	署理，咸丰七年六月在任	
69		玉衡	满洲正红旗	理事通判	咸丰九年正月在任	咸丰十年正月初五日
70		文山	满洲镶白旗	理事通判	署理，咸丰十年正月初五日到任	咸丰十年十一月
71		和绷额	满洲镶白旗	理事通判	咸丰十年十一月到任	同治二年八月升迁
72	同治	塔思哈	满洲正黄旗	理事通判	署理，同治二年八月到任	同治二年二月
73		德昌	满洲镶白旗	理事通判	同治二年补授，三年二月初四日到任	同治三年五月二十六日卒

续表

和林格尔厅通判表

序号	朝年	姓名	籍贯	职官	任职	去职
74	同治	德永	蒙古正白旗	理事通判	以绥远城粮饷理事同知兼理，同治三年六月初二日到任	同治三年九月初一日
75		和升额	满洲正蓝旗	理事通判	以清水河厅理事通判代理，同治三年九月初一日到任	同治三年九月十九日
76		裕厚	满洲镶黄旗	理事通判	以候补知县署理，同治三年九月十九日到任	
77		长青		理事通判	同治四年六月在任	同治五年三月十六日忧解
78		庆启	满洲正黄旗	理事通判	同治四年十二月十八日补授，五年七月十二日到任	同治九年七月二十九日省察看
79		常桂	满洲正黄旗	理事通判	署理，同治九年七月二十九日	同治十年二月初八日调离
80		惠俊	蒙古正蓝旗	理事通判	署理，同治十年二月初八日到任	同治二年十月二十六日
81	光绪	豫临	内务府旗人	理事通判	署理，光绪二年十月二十六日到任	光绪六年三月初九日
82		惠俊	蒙古正蓝旗	理事通判	光绪六年三月九日到任	光绪八年五月四日免职
83		德生	汉军正蓝旗	理事通判	署理，光绪八年五月	
84		恩丞	蒙古镶白旗	抚民通判	以托克托城通判署理，光绪十年	

附录一 | 清代和林格尔厅通判表

续表

和林格尔厅通判表

序号	朝年	姓名	籍贯	职官	任职	去职
85	光绪	张焕	直隶广昌县	抚民通判	光绪九年十二月十三日试署和林格尔抚民通判，十年三月二十五日到任，十二年十二月初八日实授	十四年四月调署萨拉齐同知
86		炳玉	满洲镶蓝旗	抚民通判	署理，光绪十一年三月在任	
87		程世荣	顺天府大兴县	抚民通判	署理，光绪十四年	光绪十五年三月初七日
88		张焕	直隶广昌县	抚民通判	十五年三月初七日到任	光绪十七年
89		周亲民	顺天府宛平县	抚民通判	光绪十六年十二月委署和林格尔抚民通判，十七年三月到任，十九年正月二十九日补授	光绪二十年二月二十四日卒
90		姚濬源	直隶乐亭县	抚民通判	以候补知县暂行代理，光绪二十年三月初八日到任	光绪二十三年四月十八日
91		杨逢春	甘肃清水县	抚民通判	署理，光绪二十三年四月十八日到任	光绪二十三年八月初七日
92		李恕	直隶宝坻县	抚民通判	以托克托城通判兼理，光绪二十三年八月初七日到任	光绪二十三年十月初四日

续表

和林格尔厅通判表

序号	朝年	姓名	籍贯	职官	任职	去职
93	光绪	毛世黼	湖南长沙县	抚民通判	光绪二十三年五月初十日奏补，十月初四日到任	光绪二十七年三月革职
94		吉泰	顺天府	抚民通判	暂署，光绪二十七年三月署	
95		林开荣	福建长乐县	抚民通判	光绪二十七年六月署	
96		任秉铨	直隶吴桥县	抚民通判	光绪二十八年署理	
97		林以绂	江苏江浦县	抚民通判	署理，光绪三十年二月二十四日到任	光绪三十二年三月
98		郝敬端	陕西渭南县	抚民通判	光绪三十一年十二月补授，三十二年二月到任	光绪三十三年正月病离
99		晁鸿年	陕西三原县	抚民通判	署理，光绪三十三年六月署理	光绪三十三年六月十二日告假
100		余宝滋	陕西安康县	抚民通判	光绪三十三年六月署理	光绪三十四年五月革职
101		乔陞荫	陕西朝邑县	抚民通判	署理，光绪三十四年五月到任	宣统二年七月初二日
102		谢锡庆	湖北汉阳县	抚民通判	以清水河厅抚民通判兼理，二年七月初二日到任	宣统二年八月十五日
103	宣统	洪铨	江苏省	抚民通判	宣统二年八月十五日到任	
104		晁鸿年	陕西三原县	抚民通判		

附录二 旧志所见和林格尔厅通判表四种

(一)

《归绥道志·国朝职官表·和林格尔厅》				
序号	朝年	姓名	籍贯	任事年月
1	同治朝	庆启	正黄旗人	五年任
2		常桂	正黄旗人	九年任
3		惠俊	正蓝旗人	十年任
4	光绪朝	豫临	内务府人	二年任
5		惠俊	正蓝旗人	六年任
6		德生	正蓝汉军人	八年任
7		恩丞	镶白蒙人	十年任
8		张焕	广昌县人	十年任
9		恩丞	镶白蒙人	十年任
10		炳玉	镶蓝旗人	十年任
11		程世荣	大兴县人	十四年任
12		张焕	广昌县人	十五年任
13		周亲民	宛平县人	十七年任
14		姚濬源	乐亭(县)人	二十三年任
15		杨逢春	清水县人	二十三年任
16		李恕	宝坻县人	二十三年任
17		毛世黼	长沙县人	二十三年任
18		吉泰	顺天府满洲人	二十七年任
19		林开棻	长乐县人	二十七年任
20		林以绂	江浦县人	二十八年任
21		程世荣	大兴县人	二十九年任
22		郝敬端	渭南县人	三十年任
23		晁鸿年	三原县人	三十二年任
24		余宝滋	安康县人	三十三年任
25		乔槭荫	朝邑县人	三十三年任

(二)

《绥远通志稿·职官·和林格尔厅》				
职衔	姓名	籍贯	任事年月	附考
1	庆启	正黄旗人	同治五年	和林格尔厅亦为乾隆元年初设五路协理通判之一,同治五年以前历任者,无可考
协理通判 2	常桂	正黄旗人	同治九年	
3	惠俊	正蓝旗人	同治十年	
4	豫临	内务府旗人	光绪二年	
5	惠俊	正蓝旗人	光绪六年	
6	德生	汉军正蓝旗人	光绪八年	
7	恩承	镶白旗人	光绪十年	是年,改为抚民通判,兼理事衔
8	张焕	直隶广昌人	光绪十年	
9	恩承	镶白旗人	光绪十年	
10	炳玉	镶蓝旗人	光绪十年	
11	程世荣	顺天大兴人	光绪十四年	
抚民通判 12	张焕	直隶广昌人	光绪十五年	
兼理事衔 13	周亲民	顺天宛平人	光绪十七年	
14	姚潘源	直隶乐亭人	光绪二十三年	
15	杨逢春	甘肃清水人	光绪二十三年	
16	李恕	直隶宝坻人	光绪二十三年	
17	毛世黼	湖南长沙人	光绪二十三年	
18	吉泰	正蓝旗人	光绪二十七年	
19	林开荼	福建长乐人	光绪二十七年	
20	任秉铨	直隶吴桥人	光绪二十七年	

续表

《绥远通志稿·职官·和林格尔厅》				
	职衔	姓名	籍贯	任事年月	附考
21	抚民通判兼理事衔	林以绂	江苏江浦人	光绪二十八年	
22		程世荣	顺天大兴人	光绪二十九年	
23		郝敬端	陕西渭南人	光绪三十年	
24		晁鸿年	陕西三原人	光绪三十二年	
25		余宝滋	陕西安康人	光绪三十三年	
26		乔樾荫	陕西朝邑人	光绪三十三年	
27		魏铨	直隶蔚州人	光绪三十四年	
28		谢锡庆	湖北汉阳人	光绪三十四年	
29		洪铨	江苏省人	宣统二年	
30		晁鸿年	陕西三原人	宣统二年	

（三）

《和林格尔县志草·清朝职官表》						
序号	朝年	职官	姓名	籍贯	任职	备注
1	同治朝	通判	庆启	正黄旗人	五年任	咸丰以前无征
2			常桂	正黄旗人	九年任	
3			惠俊	正蓝旗人	十年任	
4	光绪朝		豫临	内务府人	二年任	
5			惠俊	见前	六年任	
6			德生	正蓝汉军人	八年任	
7			恩丞	镶白蒙古	十年任	
8			炳玉	镶蓝旗人	十年任	
9			程世荣	大兴县人	十四年任	
10			张焕	广昌县人	十五年任	
11			周亲民	宛平县人	十七年任	
12			姚濬源	乐亭县人	二十三年任	
13			杨逢春	清水县人	二十三年任	
14			李恕	宝坻县人	二十三年任	
15			毛世黼	长沙县人	二十三年任	
16			吉泰	顺天府满人	二十七年任	
17			林开荼	长乐县人	二十七年任	
18			任秉铨	吴桥县人	二十七年任	
19			林以绂	江浦县人	二十八年任	
20			程世荣	见前	二十九年任	
21			郝敬端	渭南县人	三十年任	
22			晁鸿年	三原县人	三十二年任	
23			余宝滋	安康县人	三十三年任	
24			乔樾荫	朝邑县人	三十三年任	
25			洪铨			
26			晁鸿年	见前		

(四)

《和林格尔县志·历代郡县职官表》				
序号	朝代	姓名	职务名称	任职年号时间	籍贯
1	清	庆启	通判	同治五年	正黄旗
2		常桂	通判	同治九年	正黄旗
3		惠俊	通判	同治十年	正兰（蓝）旗
4		豫临	通判	光绪二年	内务府
5		德生	通判	光绪二年	正蓝汉军
6		惠俊	通判	光绪六年	正兰（蓝）旗
7		恩丞	通判	光绪七年	镶白蒙左
8		炳玉	通判	光绪十年	镶兰（蓝）旗
9		张焕	通判	光绪十二年	广昌县
10		程世荣	通判	光绪十四年	大兴县
11		周亲民	通判	光绪十七年	宛平县
12		姚睿源	通判	光绪廿三年	乐亭县
13		杨逢春	通判	光绪廿三年	清水县
14		李恕	通判	光绪廿三年	宝庄（坻）县
15		毛世黼	通判	光绪廿三年	长沙
16		吉泰	通判	光绪廿七年	顺天府
17		林开荣	通判	光绪廿七年	长乐县
18		任秉铨	通判	光绪廿七年	吴桥县
19		林以绂	通判	光绪廿八年	江浦
20		程世荣	通判	光绪廿九年	大兴县
21		郝敬瑞（端）	通判	光绪卅年	渭南县
22		晁鸣（鸿）年	通判	光绪卅二年	三原县
23		余宝滋	通判	光绪卅三年	安康县
24		乔越荫	通判	光绪卅三年	朝邑县
25		洪铨	通判		

参考文献

（一）档案文献

朱批奏折，中国第一历史档案馆藏。

录副奏折，中国第一历史档案馆藏。

内阁题本，中国第一历史档案馆藏。

《清世宗实录》，北京：中华书局，1985年。

《清高宗实录》，北京：中华书局，1985年。

《清仁宗实录》，北京：中华书局，1986年。

《清德宗实录》，北京：中华书局，1987年。

张伟仁主编：《明清档案》，台北：联经出版事业公司，1986年。

中国第一历史档案馆编：《雍正朝起居注册》，北京：中华书局，1993年。

中国第一历史档案馆、中国藏学研究中心合编：《六世班禅朝觐档案选编》，北京：中国藏学出版社，1996年。

秦国经主编：《清代官员履历档案全编》，上海：华东师范大学出版社，1997年。

中国第一历史档案馆编：《乾隆朝上谕档》，北京：档案出版社，1998年。

内蒙古自治区档案馆编：《清末内蒙古垦务档案汇编（绥远、察哈尔部分）》，呼和浩特：内蒙古人民出版社，1999年。

中国第一历史档案馆编：《乾隆朝军机处随手登记档》，桂林：广西师范大学出版社，2000年。

［清］托津等奉敕纂：《钦定大清会典事例（嘉庆朝）》，台北：文海出版社，1991年。

［清］允禄等监修：《大清会典（雍正朝）》，台北：文海出版社，1994年。

台北"故宫博物院"编：《宫中档乾隆朝奏折》，编者印行，1982年。

［清］徐致祥等撰：《清代起居注册·光绪朝》，台北：联经出版事业公司，1987年。

中国第一历史档案馆编：《乾隆帝起居注》，桂林：广西师范大学出版社，2002年。

中国第一历史档案馆编：《清宫珍藏杀虎口右卫右玉县御批奏折汇编》，北京：中华书局，2010年。

中国第一历史档案馆编：《清代军机处随手登记档》，北京：国家图书馆出版社，2013年。

土默特左旗档案馆、内蒙古科技大学联合整理：《土默特左旗档案馆藏土默特历史档案》，桂林：广西师范大学出版社，2018年。

中国第一历史档案馆编：《军机处雍正朝满文议复档译编》，北京：商务印书馆，2021年。

(二)典籍与文献汇编

[清]朱寿朋编,张静庐等校点:《光绪朝东华录》,北京:中华书局,1960年。

孙福坤:《蒙古简史新编》,台北:文海出版社,1982年。

谭其骧主编:《中国历史地图集》,北京:中国地图出版社,1982年。

[清]范昭逵:《从西纪略》,《昭代丛书》本,《丛书集成续编》第279册,台北:新文丰出版公司,1988年。

[清]徐栋辑:《牧令书》,《官箴书集成》第七册,合肥:黄山书社,1997年。

刘泽民等主编:《山西通史》,太原:山西人民出版社,2001年。

[清]刚毅修,安颐纂:《晋政辑要》,《续修四库全书》第883、884册,上海:上海古籍出版社,2002年。

[清]海宁总辑,郑源璹等纂辑:《晋政辑要》,美国哈佛大学汉和图书馆藏乾隆五十四年刻本。

石光明主编,国家图书馆分馆编:《清代边疆史料抄稿本汇编》,北京:线装书局,2003年。

[清]曾国荃:《曾国荃全集》,长沙:岳麓书社,2006年。

[清]康基田编著,郭春梅等点校:《晋乘蒐略》,太原:山西古籍出版社,2006年。

曹永年主编:《内蒙古通史》,呼和浩特:内蒙古大学出版社,2007年。

赵德馨主编,谷远峰、周秀鸾点校:《张之洞全集》(一),

武汉：武汉出版社，2008年。

［清］麒庆：《奉使鄂尔多斯驿程日记附驿亭吟稿》（稿本），《中国边疆行纪调查记报告书等边务资料丛编（初编）》第16册，香港：蝠池书院出版有限公司，2009年。

中国人民大学国学院西域历史语言研究所、中国第一历史档案馆编：《清朝前期理藩院满蒙文题本》，呼和浩特：内蒙古人民出版社，2010年。

张祥主编，杀虎口历史文化丛书编委会编：《西口文化论衡》，北京：中国社会出版社，2010年。

虞和平主编：《近代史所藏清代名人稿本抄本》第三辑，郑州：大象出版社，2017年。

冯改朵等：《西口研究——以杀虎口为中心》，太原：山西经济出版社，2012年。

［清］范昭逵撰，忒莫勒、娜仁高娃点校：《从西纪略》，忒莫勒、乌云格日勒主编：《中国边疆研究文库·初编·北部边疆卷》，哈尔滨：黑龙江教育出版社，2014年。

［清］张鹏翮：《奉使俄罗斯日记》，毕奥南整理：《清代蒙古游记选辑三十四种》，北京：东方出版社，2015年。

谭群玉、曹天忠编：《岑春煊集》，广州：广东人民出版社，2019年。

许潞梅整理：《鹿传霖日记·钦派赴归绥查办事件日记》，收入张剑、郑园整理《晚清军机大臣日记五种》，北京：中华书局，2019年。

(三）总志方志

和林格尔县志编纂委员会编:《和林格尔县志》,呼和浩特:内蒙古人民出版社,1993年。

托克托县志编委会编:《托克托县志》,呼和浩特:内蒙古人民出版社,2003年。

北京师范大学图书馆编:《北京师范大学图书馆藏稀见方志丛刊》,北京:北京图书馆出版社,2007年。

绥远通志馆编纂:《绥远通志稿》,呼和浩特:内蒙古人民出版社,2007年。

[清]贻谷等修,高赓恩纂:《归绥道志》,呼和浩特:远方出版社,2007年。

[清]陈宝晋等纂辑:《和林格尔厅志略·和林格尔行政文·和林格尔县志草》,呼和浩特:远方出版社,2008年。

[清]文秀修,卢梦兰纂:《新修清水河厅志》,呼和浩特:远方出版社,2009年。

包头市地方志编纂委员会:《包头市志》,呼和浩特:远方出版社,2001年。

[清]刘鸿逵监修,沈潜总纂,内蒙古师范大学图书馆编:《归化城厅志》,呼和浩特:远方出版社,2011年。

呼和浩特市地方志编修办公室、内蒙古图书馆、内蒙古社会科学院图书馆编:《绥远旗志·绥乘·归绥县志》,呼和浩特:远方出版社,2012年。

上海书店出版社编:《中国地方志集成》,上海:上海书店出版社,2013年。

《山西通志》，清光绪版，太原：三晋出版社，2015年。

［清］钟秀、张曾编，李治国点校：《古丰识略》，呼和浩特：内蒙古人民出版社，2016年。

（四）著作

郝维民主编：《内蒙古近代简史》，呼和浩特：内蒙古大学出版社，1990年。

牛平汉主编：《清代政区沿革综表》，北京：中国地图出版社，1990年。

刘海源主编：《内蒙古垦务研究》，呼和浩特：内蒙古人民出版社，1990年。

袁森坡：《康雍乾经营与开发北疆》，北京：中国社会科学出版社，1991年。

周清澍主编：《内蒙古历史地理》，呼和浩特：内蒙古大学出版社，1994年。

刘子扬：《清代地方官制考》，北京：紫禁城出版社，1994年。

黄惠贤、陈锋主编：《中国俸禄制度史》，武汉：武汉大学出版社，1996年。

忒莫勒：《建国前内蒙古方志考述》，呼和浩特：内蒙古大学出版社，1998年。

牛敬忠：《近代绥远地区的社会变迁》，呼和浩特：内蒙古大学出版社，2001年。

邸永君：《清代翰林院制度》，北京：社会科学文献出版社，2002年。

孙喆：《康雍乾时期舆图绘制与疆域形成研究》，北京：中国人民大学出版社，2003年。

闫天灵：《汉族移民与近代内蒙古社会变迁研究》，北京：民族出版社，2004年。

黄宗智：《清代的法律、社会与文化：民法的表达与实践》，上海：上海书店出版社，2007年。

王志明：《雍正朝官僚制度研究》，上海：上海古籍出版社，2007年。

王卫东：《融会与建构：1648~1937年绥远地区移民与社会变迁研究》，上海：华东师范大学出版社，2007年。

陈志明主编：《土默特历史档案集粹》，呼和浩特：内蒙古人民出版社，2007年。

王泽民：《杀虎口与中国北部边疆》，呼和浩特：内蒙古大学出版社，2007年。

晓克主编：《土默特史》，呼和浩特：内蒙古教育出版社，2008年。

云贵、王凯、马赞文：《反清丈》，呼和浩特：内蒙古人民出版社，2008年。

［日］江上波夫等著，赵令志译：《蒙古高原行纪》，呼和浩特：内蒙古人民出版社，2008年。

王杰瑜：《政策与环境：明清时期晋冀蒙接壤地区生态环境变迁》，太原：山西人民出版社，2009年。

李理：《清代官制与服饰》，沈阳：辽宁民族出版社，

2009年。

王凯、吴欣:《西口第一镇》,呼和浩特:内蒙古人民出版社,2009年。

李典蓉:《清朝京控制度研究》,上海:上海古籍出版社,2011年。

瞿同祖著,范忠信、何鹏、晏锋译:《清代地方政府》(修订译本),北京:法律出版社,2011年。

王志明:《清代职官人事研究:基于引见官员履历档案的考证分析》,上海:上海书店出版社,2016年。

刘文鹏:《清代驿站考》,北京:人民出版社,2017年。

刘铮云:《档案中的历史:清代政治与社会》,北京:北京师范大学出版社,2017年。

宋希斌:《清代军机处职权的来源及其演变:以公文运转程序与政局变动为核心的考察》,北京:中国社会科学出版社,2018年。

刘伟:《清季州县改制与地方社会》,北京:北京师范大学出版社,2019年。

邹爱莲:《清宫档案说清史》,武汉:华中科技大学出版社,2020年。

薛刚:《清代文官考核研究》,北京:中国社会科学出版社,2020年。

张万军:《清代乾隆朝归化城土默特刑案研究》,北京:商务印书馆,2020年。

郝建平主编:《阴山文化专题研究》,长春:吉林大学出版社，2020年。

陈一容:《清代州县问责制度与地方社会治理研究》，北京：科学出版社，2021年。

胡恒:《边缘地带的行政治理：清代厅制再研究》，北京：社会科学文献出版社，2022年。

（五）论文

金峰:《清代蒙古台站的管理机构》，《内蒙古大学学报（哲学社会科学版）》1979年第1期。

黄十庆:《清代的引见制度》，《历史档案》1988年第1期。

魏天安、葛金芳:《中国古代土地制度的发展特点和趋势》，《中州学刊》1990年第4期。

陈锵仪、郭美兰:《六世班禅承德入觐述略》，《中国藏学》1992年第4期。

达力扎布:《清初对蒙古右翼三万户的政策及其背景》，《明清史研究》1997年第6期。

张永江:《论清代漠南蒙古地区的二元管理体制》，《清史研究》1998年第2期。

安介生:《清代山西口外蒙古地区政区建置述论》，《中国方域》1999年第1期。

乌云格日勒:《略论清代内蒙古的厅》，《清史研究》1999年第3期。

王志明:《雍正朝引见制度的若干问题》，《故宫博物院院刊》2002年第5期。

乌云格日勒:《口外诸厅的变迁与清代蒙古社会》,《山西大学学报(哲学社会科学版)》2007年第2期。

李典蓉:《编户下的回民:以清朝杜文秀京控案为例》,《清史研究》2007年第2期。

田宓:《清代归绥地区的基层组织与乡村社会》,刊于《中国社会历史评论》第九卷,天津:天津古籍出版社,2008年。

田宓:《清代归化城土默特地区的土地开发与村落形成》,《民族研究》2012年第6期。

常冰霞:《嘉庆朝开禁京控与吏治治理》,《内蒙古大学学报(哲学社会科学版)》2013年第4期。

张振国:《论清代"冲繁疲难"制度之调整》,《安徽史学》2014年第3期。

朱浒:《食为民天:清代备荒仓储的政策演变与结构转换》,《史学月刊》2014年第4期。

李治国:《清代归绥道政府机构的变化发展》,《昆明学院学报》2014年第5期。

田宓:《民国归化城土默特地区的地方动乱与聚落形态》,《中国历史地理论丛》2015年第1期。

张淑利:《民国年间内蒙古地方志繁荣原因探讨》,《阴山学刊》2015年第1期。

田宓:《清代内蒙古土地契约秩序的建立——以"归化城土默特"为例》,《清史研究》2015年第4期。

张振国:《论清代官不久任与"冲繁疲难"缺分之调整——以乾隆十二年为中心》,刊于《明清论丛》第十五辑,北京：故宫出版社，2015年。

邬卫华：《新编内蒙古地方志文献统计分析》，《中国地方志》2016年第3期。

田宓：《从归化城副都统衙门档案谈清代旅蒙贸易及部票制度》，《历史档案》2016年第4期。

乌仁其其格：《四柱清册档案中的蒙旗经济与管理——以归化城土默特为例》，《财经理论研究》2016年第6期。

王澎：《乾隆朝归绥地区蒙汉案件的司法审判程序初探》，《内蒙古民族大学学报（社会科学版）》2017年第3期。

杨永康、刘婉玉：《乾隆刊本〈晋政辑要〉史料价值略论》，《史志学刊》2018年第6期。

张闯辉、岳够明：《杀虎口至归化城的三条茶道及相关遗存》，塔拉主编：《万里茶道学术研讨会论文集》，呼和浩特：内蒙古大学出版社，2019年。

达力扎布：《近十年国内蒙古史研究的回顾与展望》，《中央民族大学学报（哲学社会科学版）》2019年第6期。

梁潇文：《清代归化城土默特地区二元司法审理模式的形成与变迁》，《中国边疆史地研究》2020年第3期。

王丹：《论清朝在蒙古地区涉及民族关系的刑事法律治理——基于清代土默特档案的考察》，《云南民族大学学报（哲学社会科学版）》2021年第4期。

胡恒：《从理事到抚民：清代归绥地区厅制变迁新探》，《清史研究》2022年第2期。

达力扎布：《归化城土默特左翼旗都统丹津出任乌兰察布

盟盟长考》,《西部蒙古论坛》2023年第3期。

黄治国、王晓萍、斯钦布和:《清代绥远城将军满文档案的馆藏分布、内容分类与时代价值》,《内蒙古师范大学学报(哲学社会科学版)》2024年第5期。

傅林祥:《清代地方行政制度专题研究》,复旦大学博士学位论文,2010年。

张青瑶:《清代晋北地区土地利用及驱动因素研究》,陕西师范大学博士学位论文,2012年。

徐雪强:《明清晋蒙交界区商业地理研究》,陕西师范大学博士学位论文,2017年。

杨立:《清代文官升转制度研究》,上海师范大学博士学位论文,2018年。

云飞:《清代归化城土默特地区蒙汉地域社会的演进研究》,西南大学博士学位论文,2022年。

陈硒:《土默特地区地名文化研究》,内蒙古大学博士学位论文,2022年。

后　记

选择和林格尔作为研究对象，缘于我的父亲。

父亲1938年出生于山东省潍坊市昌乐县盖家庄，1959年入伍，先后在辽宁葫芦岛、上海服役。父亲给子女们留下了两个与海军战士有关的印象，一个是写字台玻璃板下面英俊的海魂衫照片，另一个是他从不吃鱼——除了干炸带鱼。1965年退役转业，时逢国家号召"支援社会主义建设"，父亲毅然奔赴内蒙古自治区乌兰察布盟和林格尔县（今呼和浩特市和林格尔县），投入到热火朝天的支援边疆建设革命工作中。

父亲质醇行谨，待人和善，又写得一手好毛笔字，在那个边远小县城算是个人才，先后就职供销社、医药公司、商业局、五金石油公司、石油公司、财政局等单位，1996年还成为和林格尔县第一批公务员。人们都说父亲"时气"好，熟悉他的人都知道：老天眷顾老实人。

母亲张培英也是山东省昌乐县人，和父亲一起拉扯四个孩子，任劳任怨。他们在内蒙古生活了三十多年，始终说山东话，做山东饭，一直没能像其他战友们那样完全入乡随俗。当地人把外来语一律称作"口里话"，有时同学来家里玩，听不懂父母讲的"口里话"，我还得给他们当翻译。

父母一直盼着叶落归根。1997年7月，父亲提前退休。三个月之后，他们就返回了日思夜念的山东。那时大姐已经在济南工作成家，父母也就选择在那里定居。几年后小弟也在济南安顿下来，济南就成了我们离开和林格尔之后的新家。我回济南探亲，父亲总是在饭后点上一支烟，坐在阳台那把专属于他的老旧椅子上，凝望着窗外的小清河，徐徐忆起和林格尔的往事种种。在家父娓娓道来的语调中，我能真切地感觉到他对那时那地的怀念和眷恋。和林格尔，是他奉献青春和挥洒汗水的地方，也是他度过人生最宝贵年华的地方，是他的远方，也是他的第二故乡。从那时起，我就想写一点关于和林格尔的东西，给父亲送上一份惊喜。

没有父亲的指引，我可能不会掀开那段历史的面纱。可以说，本书的作者实际上是家父盖树德。

资料搜集工作始于2018年。2020年的"新冠"疫情给工作和生活带来不便，不过正是在那段时间，我得以专注于档案资料的查阅和抄录，最终搜集整理成六十余万字的资料长编。资料搜集与书稿撰写过程中，主管领导王江副主任经常关切地询问写作进展，一直给予我鼓励和支持。中国第一历史档案馆原馆长邹爱莲先生平易近人，奖掖后学，在档案利用方面给予我专业指导，还在百忙之中赐《序》，令我感动不已。清史中心编纂处李岚老师在第一时间帮我借到了珍贵图书，古道热肠,雷厉风行。原部门领导王立新(现任国家版本馆古籍部主任兼研究部主任)在古籍文献利用方面让我少走了很多弯路。张鸿广处长是书法专业的高才生,他和赫晓琳处长、好友陈虹桥帮我辨识出不少疑难文字。在满文档案识读方面,陈芳、张临希都是我的良师。魏晋、刘红英、王璐璐、殷小青等同事也帮助良多。借此机会,衷心感谢给予我帮助和鼓励的各位领导和师友,真诚地祝大家越来越好!

我的研究生导师中国人民大学清史所董建中教授,一向对学生亲善和蔼,在小稿付梓之际,衷心感谢老师的教诲和宽容。

特别感谢挚友米峻先生,亲赴他的家乡——和林格尔县黑老夭乡拍摄古城墙遗址,并向乡耆细询和林格尔"万里茶道"东线走向。值得一提的是,本书专章讨论的昆都仑厅,厅治就在黑老夭乡。

本书在较短时间内能够顺利出版,要感谢杜晓宇老师、吕方老师和责任编辑董秀娟老师付出的辛勤工作,小稿内容枯燥,大量资料需要校核,但愿没有给他们增加过重的负担。

最后,我要感谢我的家人。感谢父母对我的养育之恩。自19岁离家读书,再没能长时间于身边尽孝,却得到了父母对女儿和外孙太多的帮助和照顾。父亲于2021年1月辞世,让我悲痛欲绝。仅以这本迟来的小书,献给我最敬爱的父亲!感谢先生赵凯和儿子赵雨盖对我的理解。在很长一段时间里,因为心系着这段历史,我对家人的关心和照顾不够,下班回家,敷衍餐食,马上又坐在电脑前。父子俩人不但没有一句怨言,还常常在周末陪我去中国第一历史档案馆。家人的支持让我感动。希望妈妈始于情怀的一路勇敢执着,能够帮助儿子坚定地去追寻他的诗和远方!

盖增莲

2025 年 5 月定稿